《中华人民共和国公司法》
重点规则
修改建议及立法理由

卢代富　盛学军　主编

法律出版社 LAW PRESS · CHINA
北京

图书在版编目(CIP)数据

《中华人民共和国公司法》重点规则修改建议及立法理由 / 卢代富, 盛学军主编. -- 北京 : 法律出版社, 2023

ISBN 978-7-5197-7669-5

Ⅰ. ①中… Ⅱ. ①卢… ②盛… Ⅲ. ①公司法-法律解释-中国 Ⅳ. ①D922.291.915

中国国家版本馆 CIP 数据核字(2023)第 042921 号

《中华人民共和国公司法》重点规则修改建议及立法理由
《ZHONGHUA RENMIN GONGHEGUO GONGSIFA》ZHONGDIAN GUIZE XIUGAI JIANYI JI LIFA LIYOU

卢代富
盛学军 主编

策划编辑 陈 妮
责任编辑 陈 妮 刘会泽 王美懿
装帧设计 汪奇峰

出版发行 法律出版社
编辑统筹 法治与经济出版分社
责任校对 李慧艳
责任印制 吕亚莉
经　　销 新华书店

开本 710 毫米×1000 毫米 1/16
印张 14.5 **字数** 267 千
版本 2023 年 4 月第 1 版
印次 2023 年 4 月第 1 次印刷
印刷 固安华明印业有限公司

地址:北京市丰台区莲花池西里 7 号(100073)
网址:www.lawpress.com.cn
投稿邮箱:info@lawpress.com.cn
举报盗版邮箱:jbwq@lawpress.com.cn

销售电话:010-83938349
客服电话:010-83938350
咨询电话:010-63939796

书号:ISBN 978-7-5197-7669-5
定价:86.00 元

凡购买本社图书,如有印装错误,我社负责退换。电话:010-83938349

主 编 简 介

卢代富

1965年生，四川乐至人，法学博士。西南政法大学教授、博士生导师，全国高校黄大年式教师团队——西南政法大学经济法教师团队负责人，兼任中国法学会经济法学研究会副会长等职。

长期从事经济法学、企业法学的教学和研究工作。合作完成国家社科基金项目“国家干预法治化研究”“经济法理念研究”等；主持完成国家社科基金重点项目“‘宽进严管’背景下的市场主体信用监管制度研究”、国家社科基金重大项目“改革发展成果分享法律机制研究”子课题等。出版《企业社会责任的经济学与法学分析》等个人专著。

两次获优秀教学成果国家级二等奖，科研成果获高等学校科学研究优秀成果奖（人文社会科学）三等奖、重庆市社会科学优秀成果一等奖等奖励。获国务院政府津贴，入选重庆市首批巴渝学者特聘教授、“新世纪优秀人才支持计划”、重庆市学术技术带头人（经济法学）、“新世纪百千万人才工程”国家级人选、重庆市哲学社会科学领军人才等人才工程。

主 编 简 介

盛学军

1969年生，重庆丰都人，法学博士。西南政法大学经济法学院教授、博士生导师，西南政法大学经济法学科召集人，金融科技法治研究院院长。法国马赛第三大学博士后、英国牛津大学访问学者、澳大利亚新南威尔士大学高级研修学者。兼任中国法学会经济法学研究会、银行法学研究会、证券法学研究会常务理事，重庆市人民政府立法评审专家。

从事经济法和金融法研究。公开出版《证券公开规制研究》《欧盟证券法研究》《全球化背景下的金融监管法律问题研究》等科研成果80余项，其中10余篇论文被《新华文摘》、《中国社会科学文摘》、中国人民大学书报资料中心《复印报刊资料》等转载，主持和主研国家社科基金重点项目等课题30余项。

入选教育部新世纪优秀人才支持计划人选、巴渝学者特聘教授、重庆市百千万工程领军人才。获全国法学教材与科研成果奖二等奖、中国法学优秀成果奖二等奖、国家级教学成果二等奖、中国法学教育研究成果奖三等奖、重庆市人民政府教学成果奖一等奖等省部级以上奖励10多项。领衔建设的“经济法学”课程获教育部“精品资源共享课”“国家一流线上线下混合式课程”等称号。

撰稿人简介

吴飞飞 西南政法大学经济法学院副教授、硕士生导师，重庆市巴渝学者，西南政法大学122人才工程“学术拔尖人才”，最高人民法院第四批挂职学者。在《环球法律评论》《比较法研究》《政治与法律》《法商研究》《法制与社会发展》《法律科学》《当代法学》《法学论坛》等法学权威期刊发表学术论文50余篇，10余篇文章被《社会科学文摘》、中国人民大学书报资料中心《复印报刊资料》、《高等学校文科学术文摘》等转载、摘编；出版个人专著1部、合著2部；主持、主研国家级、省部级项目10余项。

赵忠奎 法学博士，法学博士后。西南政法大学经济法学院副教授、硕士生导师，兼职律师，主要研究和教学方向为公司法、金融法、房地产法。在CSSCI来源期刊发表学术论文10余篇。主持国家社会科学基金项目、中国法学会项目、中国博士后科学基金资助项目、重庆市社会科学重点委托项目等国家级与省部级项目多项，主研国家社科基金、省部级研究项目6项。曾获西南政法大学微课比赛三等奖、西南政法大学锦上添花教学新秀奖、中国法学会商法学研究会中青年优秀商法论文一等奖（2020年）。

杨文明 法学博士，西南政法大学经济法学院讲师、硕士生导师，西南政法大学竞争法研究中心副主任，兼任中国法学会商业法研究会理事、重庆市生态环境局环境技术评估专家。主要研究领域为公司法、竞争法、网络法等。在《比较法研究》《现代法学》《法学论坛》等期刊发表学术论文20余篇，主持国家社会科学基金青年项目、教育部人文社会科学规划项目等省部级以上课题7项。

赵　尧 法学博士，西南政法大学经济法学院讲师。兼任中国商业法研究会理事。主要研究领域为金融法学、法律与金融发展。

钟　颖 法学博士，西南政法大学经济法学院讲师、硕士生导师，中国政法大学民商经济法学院博士后研究人员，兼任中国政法大学破产法与企业重组研究中心研究员、成渝地区双城经济圈法治研究会理事。主要研究领域为企业破产法、公司法等。在《现代法学》《民商法论丛》等期刊发表论文10余篇；主持司法部国家法治与法学理论研究项目、重庆市社科规划项目等各类科研项目10余项，参研国家社会科学基金项目、教育部人文社会科学项目以及各类立法委托项目若干。

刘　骏　法学博士，西南政法大学经济法学院讲师、硕士生导师。主要研究领域为经济法基础理论、金融法学、网络法学。在《社会科学》《农业经济问题》等期刊发表论文多篇，主持省部级课题3项。

邹毅强　浙江训和律师事务所主任、金华市政协委员、浙江师范大学法学院法律硕士实务导师。

李子贡　西南政法大学经济法学院博士研究生。主要研究领域为公司法。在《重庆大学学报（社会科学版）》《金融法苑》等期刊发表学术论文数篇。

尹博文　西南政法大学经济法学院博士研究生。主要研究领域为金融法学、网络法学。在《经济法论坛》《现代经济探讨》等期刊发表学术论文数篇。

刘嘉霖　西南政法大学经济法学院硕士研究生、法国艾克斯·马赛大学法学硕士。主要研究领域为企业与公司法学。

晏　妍　西南政法大学经济法学院硕士研究生。主要研究领域为企业与公司法学。

陈慧琳　西南政法大学经济法学院硕士研究生。主要研究领域为公司法学。

前言

《中华人民共和国公司法》(以下简称《公司法》)于1993年制定,于1999年、2004年、2005年、2013年、2018年分别进行了多次修改,尤以2005年的修改最全面、深入、系统,直接奠定了中国公司法的精神气质和基本制度框架,此后的多次修订乃至《中华人民共和国公司法(修订草案二次审议稿)》[以下简称《公司法(修订草案二次审议稿)》]均未突出其所形成的制度雏形。

党的二十大报告提出,“完善中国特色现代企业制度,弘扬企业家精神,加快建设世界一流企业”。全面系统修订《公司法》,提升《公司法》质量,是贯彻党的二十大精神的题中之义。2021年12月25日,全国人大常委会法工委公布《中华人民共和国公司法(修订草案)》[以下简称《公司法(修订草案)》]及其立法说明。《公司法(修订草案)》共15章260条,在现行《公司法》13章218条的基础上,实质新增和修改70条左右。2022年12月30日全国人大网公布了《公司法(修订草案二次审议稿)》,在《公司法(修订草案)》基础上又有较大改动幅度。本次修法系自2005年修法以来修订幅度最大的一次。1993年《公司法》旨在为彼时的国有企业改革、建立现代企业制度服务,目标指向明确,但诸多制度规则备受争议。2005年修法,删除大量强制性规定,增加大量赋权性、补充性规定,中国公司法实现由管制型公司法到自治型公司法的制度转型,理论、实务界一片赞誉,甚至有学者盛赞2005年《公司法》是“21世纪最先进的公司法”。本次全面修法从2018年全国人大将《公司法》修订列入立法工作计划到2022年年底《公司法(修订草案二次审议稿)》公布,虽然公司法相关理论界与实务界人士对本次修法关注、讨论很多,但是从《公司法(修订草案二次审议稿)》内容本身来看,与社会各界期望的全面、系统修订目标还有一定差距。首先,本次修法虽然提出了深化国有企业改革、优化营商环境、保护产权等修法目标,但《公司法(修订草案二次审议稿)》中统领性的、富有号召力和感染力的核心行动纲领仍不够清晰。其次,《公司法(修订草案)》及《公司法(修订草案二次审议稿)》虽然改动幅度不小,但从各条文内容变化上看,其仍旧是延续了2005年修法的规则建构路径,路径依赖特点突出,偏重授权资本制、无面额股、偿债能力测试、董事会中心主义等舶来理念、规则,对中国公司法十余年来的本土实践经验的关注度、吸收度仍需进一步加强。

鉴于此,我们一直在思考当下中国究竟需要一部怎样的公司法以及应该遵循怎样的修法进路以生成这样一部公司法。我们认为,如果说2005年《公司法》的成功之处在于实现了中国公司法从管制主义到自治主义的历史转变,深刻地解放了公司这类市场主体的生产力,那么本次修法则应在2005年《公司法》的基础上"奋力一跃",促成中国公司法由自治主义到服务主义的历史转型。无论是从公司合同主义的理论视角出发,还是从优化营商环境的改革实践视角理解,公司法的基本价值定位都应当是"服务型"的。以"服务品质"作为检验标准审视中国公司法,我们认为中国公司法应当为公司治理创新提供源源不断的制度供给与强力支撑,而不能成为创新的掣肘。近年来,我们在经济领域进行了持续的、卓有成效的供给侧结构性改革,与之相对的经济制度领域的公司法亦应与之同步进行一场深入的供给侧结构性改革。我们对公司法的认识,在很长一段时间内停留在"管"(管制主义)与"放"(自治主义)的争扯之间。近年来,公司法着力于"放"(自治主义),甚至相当一部分观点认为公司法的条文越少,说明"放"(自治主义)得越充分。如果按照这个逻辑推导,那么最自由的公司法似乎就是没有公司法,而这显然是说不通的。中国公司法的供给侧结构性改革,归根结底就是要将视线跳跃出“管”(管制主义)与“放”(自治主义)的认知樊篱,着眼于“服”,以“软家长主义”的呵护之情、“服务者”的柔软身段回应商主体治理创新、国民经济转型升级的规则需求。对于中国公司法来说,由“管”(管制主义)到“放”(自治主义)的转变体现在文本与规范层面主要是在做“减法”,而由“放”(自治主义)到“服”则主要是要做“加法”,只不过增加的不再是强制性、管制性条款,而是示范性、指引性、可选择、可“排除”条款。将来的公司法或许看起来更像是一部关于公司治理的“指导手册”,成为最不像“法律”的部门法。

本着提升中国公司法“服务品质”的初衷,我们选取了股东出资规则、公司治理结构与权力规则、公司登记规则、有限责任公司股权转让规则、股东除名与失权规则、信义义务规则、公司决议规则、公司法人格否认规则、公司资本流出规则、公司清算规则这十类公司法上法律适用率最高的规则展开讨论。尽管公司法全面修订工作触角庞多、问题点纷繁复杂,公司法条文亦林林总总数百条之多,但实践中争议多发、适用频率比较高的规则相对比较集中,前述十类规则的案件纠纷占比至少可以达到公司治理纠纷数量的80%以上,以此十类规则为“靶子”探讨公司法的修订完善问题,虽不能求其全面,却有提纲挈领之功效。围绕这十类规则,以公司法的本土应用为中心,系统梳理归纳相关典型案例、裁判规则,提炼出中国公司法的“本土问题”以及“东方经验”,并在参考域外制度经验的基础上,就这十类规则的制度完善问题予以探明、澄清,以求为本次公司法修订工作提供些许参考借鉴。

目录

第一章
股东出资规则的修订完善

公司法上的资本规则包括资本流入规则(股东出资规则)和资本流出规则。其中,在资本流入阶段的资本约束机制由股东出资数额、出资形式、出资期限、出资作价及评估和验资等一系列规则构成。股东出资规则针对的是股东的出资行为,其与公司设立密切相关。在《中华人民共和国公司法(修订草案二次审议稿)》[以下简称《公司法(修订草案二次审议稿)》]第三章"有限责任公司的设立和组织机构"、第四章"股份有限公司的设立和组织机构"等章节均有涉及。本次公司法修订,为加强对股东出资和股权交易行为的规范,维护交易安全,对股东出资规则修订的力度较大。结合现行《公司法》框架下的既有股东出资规则以及《中华人民共和国公司法(修订草案)》[以下简称2021年《公司法(修订草案)》]的修订内容,本书认为,股东出资规则至少可在出资形式、股东补充赔偿责任、股东出资加速到期、授权资本制等问题上有所创见,①下文将以立法条文的形式逐一分析。

① 股东欠缴出资的失权制度和瑕疵股权转让时转让方、受让方的出资责任这两个重要的问题将在"有限责任公司股权转让规则"和"股东除名与失权规则"章节进行讨论。

出资方式

股东可以用货币出资,也可以用实物、知识产权、土地使用权、股权、债权、劳务、特许经营权、信用等有价值的非货币财产作价出资;但是,法律、行政法规规定不得作为出资的财产除外。

对作为出资的非货币财产应当由董事会评估作价,核实财产,不得高估或者低估作价。法律、行政法规对评估作价有规定的,从其规定。

条文主旨

本条系对《公司法》第 27 条和《公司法(修订草案二次审议稿)》第 48 条的修订,是关于股东出资方式的规定。

要点提示

1993 年《公司法》在理念上奉行严格的法定资本制,不但规定了较高的资本数量门槛,还对出资形式设定了严格的要求。2005 年《公司法》对股东出资形式有一定程度的放松,货币、实物、知识产权、土地使用权等可以用货币估价并可以依法转让的非货币财产均可作价出资。此后,2013 年和 2018 年的《公司法》未作相关修改。在本次公司法修订中,该问题再次引发关注。

《公司法(修订草案二次审议稿)》进一步扩大了可用作出资的财产范围,首次在法律层面明确股权、债权可以作价出资。根据《公司法(修订草案二次审议稿)》第 48 条的规定:"股东可以用货币出资,也可以用实物、知识产权、土地使用权、股权、债权等可以用货币估价并可以依法转让的非货币财产作价出资;但是,法律、行政法规规定不得作为出资的财产除外。"实际上,股权、债权出资在我国已经有一定的实践基础,但是需在公司法中进一步明确。根据《最高人民法院关于适用〈中华人民共和国公司法〉若干问题的规定(三)》[以下简称《公司法司法解释(三)》]第 11 条规定,"出资人以其他公司股权出资,符合下列条件的,人民法院应当认定出资人已履行出资义务:(一)出资的股权由出资人合法持有并依法可以转让;出资的股权无权利瑕疵或者权利负担;(二)出资人已履行关于股权转让的法定手续;(三)出资的股权已依法进行了价值评估”。该司法解释明确,在符合一定条件时,可用股权出资,但最高人民法院未对债权出资进行规定。2014 年,原国家工商总局发布《公司注册资本登记管理规定》规定,“债权人可以将其依法享有的对在中国境内设立的公司的债权,转为公司股权”,但未明确是否可以使用第三人债权出资。综上所述,此次修改回应了对股权、债权出资的立法诉求。

本书认为,除股权、债权外,还应当作以下修改:其一,将劳务、特许经营权、信用等有经济价值的财产纳入可出资的范围;其二,将公司法目前采取的“可以用货币估价”和“可依法转让”标准修改为“有价值性”;其三,出资财产的价值评估从现有的“第三方评估机构”转变为“董事会”。

背景依据

一、立法反思

如果说认缴制改革解决的是公司资本的数量问题,出资形式的改革则直指公司资本的质量问题,两者共同构成了我国公司资本制度变革的基本方向。股东出资构成了公司资本的基础,支撑了公司的信用,对股东出资的严格要求与法定资本制的功能一脉相承。因此,在我国,股东出资形式属于公司法上的法定事项,遵循强制性规则。在目前的法定主义立场下,我国公司法对出资形式的规制是一种事前规制模式,对出资形式的要求限定于货币估价和依法转让两大要件。其中,前者是为了确保公司资本确实真实,厘清股东出资份额;后者则用以确保公司能够取得股东出资,并且保障相应资产具有债权清偿能力。[①] 本质上,我国对出资形式的规制重心仍然是通过确保到位的出资来维护债权人的利益。

然而,上述规制逻辑并不一定合理,理由如下:其一,在认缴制改革背景下,决定公司信用的基础在于成立后的资产而非成立之时的资本,事前的出资形式规制意义有限。其二,无论是自愿债权人,还是非自愿债权人,对其所施加的利益保护均为私益保护,而非社会公共利益,何以需要通过强制性规则予以实现?[②] 其三,出资形式

---

① 参见刘斌:《股东出资形式的规制逻辑与规范重构》,载《法学杂志》2020 年第 10 期。

② 参见刘斌:《股东出资形式的规制逻辑与规范重构》,载《法学杂志》2020 年第 10 期。

的强规制并不必然带来债权人保护的程度有效提升。商事实践中发展出了大量针对出资形式法律禁止的规避方式,《公司法》和原《中华人民共和国公司登记管理条例》(以下简称《公司登记管理条例》)所施加的限制已经基本落空,例如,《公司法》虽禁止劳务出资,但《中华人民共和国合伙企业法》(以下简称《合伙企业法》)允许。根据《合伙企业法》第16条第1款规定,合伙人(该处指的是普通合伙人)可以用货币、实物、知识产权、土地使用权或者其他财产权利出资,也可以用劳务出资。有的出资人为了达到规避公司法的目的,实践中的做法是,以劳务出资的股东与投资人成立一个合伙企业,后再以合伙企业的名义出资拟设立或收购的公司。再如,通过先进行货币出资完成公司注册,再通过签订劳务合同支付劳动报酬等。然而,实践中规避出资形式禁止性规定的方式无疑增加了交易的成本和风险,在知识经济时代,并不利于营商便利。

综上所述,对于股东出资形式这一股东与公司之间的合同内容问题,应当回归当事人意思自治的规制逻辑,减少商事自由的限制。尽管劳务等形式的出资可能会带来资本不实的问题,但是如果通过立法完善事后的董事责任,在公司解散或者出资期限加速到期时的补充担保责任,那么可以较好地平衡这个问题,因此,我们建议放松对出资形式的规制,调整规制的思路,从"事前规制"走向"事后规制",充分释放各类新型财产的出资价值,满足公司营业对各种商业资源的需求,提高商事效率。

二、立法趋势

从国外立法来看,对股东出资形式的规制路径主要有三种:①

其一,以德国公司法为代表的出资形式规制路径。其中,德国公司法代表了大陆法系公司法严格的资本形式规制,秉持一种事前规制的思路。在出资阶段,德国公司法将劳务等被明确排除于出资范畴之外,②而实物出资必须在章程中确定,并且应当在申请登记之前全部履行,将物的所有权转移或将权利转让给设立中的公司。③ 尽管如此,2008年,修改之后的德国《有限责任公司法》以及之后德国公司法的改革对"隐形的实物出资"加以承认,呈现较明显的弱化出资形式管制趋向。

其二,以美国公司法为代表的交易规制路径。在该种路径下,对出资形式的限制

---

① 参见刘斌:《股东出资形式的规制逻辑与规范重构》,载《法学杂志》2020年第10期。

② See The Second Council Directive of 13 December 1976 (77/91/EEC), Arts. 7.

③ See Andreas Cahn & David C. Donald, *Comparative Company Law*, Cambridge University Press, 2010, p.171.

较宽松,即将规制措施围绕董事会展开,通过设置董事信义义务的方式实现,是一种事后规制的路径。例如,《美国标准示范公司法(修正本)》第6.21条规定:“支付股票的价金可以包括一切有形或者无形财产,或者能使公司享受的利益,包括现金、本票,已经提供的服务,将提供服务的合同,或者公司的其他证券。”《特拉华州公司法》第152条规定:“认购或者购买公司发行的资本股的,根据本编第153条第1款与第2款确定的对价,其支付形式和方式由董事会确定,董事会可以以现金、有形财产或者无形财产、带给公司的受益、或者上述对价的任意组合为对价授权发行资本股。”

其三,以英国公司法为代表的混合规制路径。在英国,2006年英国《公司法》第582条对出资缴付方式进行了一般规定,公司配售的股份以及股份上任何溢价,可以货币或货币等值物(包括商誉和专有技术)缴付。与此同时,该法还对封闭公司和公开公司的出资形式进行了区分规制。封闭公司引入强制性规则,对非货币出资进行强制性的评估,由与公司保持独立的公司审计师负责完成。封闭公司则奉行意思自治。[①] 在事后责任方面,在非货币出资价值不足时,出资股东以及其后手持有人承担共同连带责任,但股份持有人为善意的除外。

综上所述,我国可采用从严格的形式主义规制走向基于交易行为的规制路径。一方面,放松对出资形式的事前规制;另一方面,通过信息公开提示债权人,强化对董事的责任要求以及事后的补充责任等方式的事后规制,从而真正提升我国资本制度的效率。

股东补充赔偿责任

公司不能清偿到期债务,且明显缺乏清偿能力的,没有履行出资义务的股东以及尚未完全履行出资义务的股东应当以其未出资本息为限对公司债权人承担补充赔偿责任,抽逃出资的股东应当以其抽逃出资本息为限对公司债权人承担补充赔偿责任。

---

① 参见葛伟军:《英国公司法精义》,法律出版社2014年版,第85页。

条文主旨

本条系新增条款,是关于股东对公司债权人承担补充赔偿责任的规定。

要点提示

《公司法(修订草案二次审议稿)》第 52 条规定:“有限责任公司成立后,作为出资的非货币财产的实际价额显著低于所认缴的出资额的,应当由该股东补足其差额,设立时的其他股东承担连带责任。股东有前款规定的行为,给公司造成损失的,应当承担赔偿责任,负有责任的董事、监事、高级管理人员应当与该股东承担连带赔偿责任。”该条设定了股东欠缴出资的责任,而这种责任主要是针对公司来说的,并未明确股东对债权人的补充赔偿责任。

根据《公司法司法解释(三)》第 13 条第 2 款和第 14 条第 2 款之规定,如果出现公司债务不能清偿的状况,没有履行出资义务的股东以及尚未完全履行出资义务的股东应当以其未出资本息为限对公司债权人承担补充赔偿责任,抽逃出资的股东应当以其抽逃出资本息为限对公司债权人承担补充赔偿责任。该条直接肯定了股东补充赔偿责任,并在司法实践中得以运用。鉴于此,本书建议增加股东补充赔偿责任条款,以平衡认缴制下股东与债权人之间的利益。该条款包含以下基本内涵:

其一,符合法律规定的瑕疵出资股东和抽逃出资股东作为直接的责任主体对公司债权人承担责任。股东补充赔偿责任彻底突破了传统的公司法人人格制度,在不否定公司独立法律人格的前提下,允许公司债权人请求瑕疵出资股东以及抽逃出资股东对其进行清偿。

其二,瑕疵出资股东和抽逃出资股东仅在公司债务不能清偿的条件下才需要承担补充赔偿责任。换言之,公司债权人要对瑕疵出资股东和抽逃出资股东主张的补充赔偿责任是有条件的,即必须满足公司自身不能清偿这一基本前提。

其三,股东补充赔偿责任是一种有限责任。股东仅在公司无力清偿时才需要承担补充赔偿责任。并且,对于公司没有能力清偿的那一部分债务,瑕疵出资股东和抽逃出资股东也并非必须全部负责,仅限定于未出资本息范围内或抽逃出资本息范围内。

背景依据

一、法政策背景

2013年《公司法》将公司登记制度修改为全面认缴资本,并废除了最低资本制的限制。虽然这种改革在客观上有助于促进投资创业,却增加了债权人利益受损的风险。股东仅以承诺出资即可设立公司,这是否弱化了公司法对债权人利益的保护?如何平衡股东出资期限的意思自治与债权人利益保护之间的矛盾?这些问题成为学界和实务界争论的焦点,而解决如何这些问题也成为公司法规则演进的基本依循。

股东在认缴出资额范围内对公司债务承担有限责任,而股东出资义务的未履行或未全面履行将会导致公司成立之资本瑕疵,使公司无法以认缴的资本对外承担责任。一般而言,股东的出资责任及发起人的资本充实责任归根结底是股东(包括发起人)与公司之间的责任,原则上不涉及债权人。然而,为了克服资本认缴制下由于认缴出资而引发的债权人利益保护弱化这一不足,《公司法司法解释(三)》第13条第2款及第3款突破了债的相对性,将股东及发起人对公司的责任直接扩大适用至债权人。尽管如此,司法实践中仍然存在不少争议。例如,债权人向未履行或未全面履行出资义务的股东行使请求权有无正当性基础和相关法律依据?未届履行期限的股东是否应当承担补充赔偿责任?由于法院存在解释论上的分歧,导致司法实践中产生了同案不同判的现象,这不仅危害司法的公信力,而且也不利于对公司的事中事后监管。但不可否认的是,这一我国司法实践中自然生成的法律规则,在实践中确实对认缴制下债权人利益的保护意义重大,故我们主张不仅要明确股东出资加速到期的规则,同时也要进一步明确股东补充赔偿责任的规则。

二、考量依据

学界关于股东补充赔偿责任性质的存在较大争议,主要存在以下几种主流观点:其一,担保责任说。股东对债权人的补充赔偿责任可以视为一种财产担保责任,即股东出资义务相当于股东对公司承担的一种出资范围内的担保责任,当公司无力清偿到期债务时,股东即应在认缴范围内替代清偿,而不论出资期限是否届满,以构成对债权人更为有效和严密的保护。① 其二,一般侵权责任说。一般侵权责任说认为,股东不履行出资的行为具有违法性,且放任其行为具有明显的过错,这种违法行为与债权人的损失具有因果关系,不履行出资义务的股东是基于侵权责任而承担补充赔偿责任的。② 其三,独立责任说。补充责任被认为是与按份责任、连带责任并列的新类型责任,公司补充赔偿责任既有补充责任的一般性,又有"责任法定、责任补充、责任有限性"的特质。③ 其四,债权人代位权说。对债权人来说,公司是债务人,而未缴纳出资的股东是次债务人,因公司怠于向股东行使债权请求权才导致债权人的权利得不到保障,债权人有权通过代位权越过公司来向股东行使权利。④

上述观点从不同角度解释了股东补充赔偿责任的性质,均具有一定的合理性,但同时也存在一定的局限性。例如,担保责任说把股东对公司承担出资义务理解为股东对公司承担担保责任,这无疑会与公司法中的股东有限责任理论之间产生冲突;一般侵权责任说无论是从侵权法的保护范围,还是从侵权责任承担的方式与范围上分析都难以成立。本书赞同冯果教授的观点:股东的补充赔偿责任实际上是一种法律特别规定的法定责任。⑤ 基于债的相对性,债权人与公司之间的债权债务关系原则上不及于股东,只有满足债权保全情形时,方可突破债的相对性,赋予债权人请求股东履行出资义务的权利。司法解释中规定的股东补偿赔偿责任是基于特殊利益衡量,突破了债的相对性,它是基于公司法中关于股东出资义务的强制性规定所作出的一种细化性解释,其法律依据是公司法而非合同法。

---

① 参见王涌:《论公司债权人对未实缴出资的股东的请求权》,载《中国工商报》2014 年 8 月 9 日,第 3 版。

② 参见李巧毅:《论虚假出资股东对公司债权人的民事责任》,载《武汉大学学报(人文科学版)》2004 年第 5 期。

③ 参见梁上上:《未出资股东对公司债权人的补充赔偿责任》,载《中外法学》2015 年第 3 期。

④ 参见隋璐明:《未出资股东补充赔偿责任的廓清及救济路径》,载《财会月刊》2018 年第 18 期。

⑤ 参见冯果、南玉梅:《论股东补充赔偿责任及发起人的资本充实责任——以公司法司法解释(三)第 13 条的解释和适用为中心》,载《人民司法(应用)》2016 年第 4 期。

典型案例

A公司与B公司及任某、王某借款合同纠纷案①

基本案情

A公司成立于2002年。2015年,公司注册资金增加为10,000万元,其中,任某认缴出资9000万元,王某认缴出资1000万元,但实收资本仅为1180万元。2010年至2014年,A公司共向B公司借款2.5亿元,但债务到期后,A公司迟迟未履行还款义务。随后,B公司起诉A公司要求偿还上述借款,并要求其股东任某、王某分别在未实缴出资的7983万元[(10,000-1180)×90%]、882万元[(10,000-1180)×10%]及利息范围内对上述债务承担责任。安徽省高级人民法院一审法院认为,因任某、王某作为A公司股东,未全面履行出资义务,其均应在未出资本息范围内对公司债务不能清偿的部分承担赔偿责任。任某在抗辩中提出,其将房屋提供给公司使用应视为实物出资,但并未提交相应的财产评估作价等证据加以证明,工商登记亦未有相关记载,故其抗辩理由无事实依据,该院不予采纳。于是,一审判决任某、王某分别在其未出资7983万元、882万元范围内对A公司债务不能清偿的部分承担赔偿责任。B公司后上诉至最高人民法院,最高人民法院二审维持一审判决结果。

审判

最高人民法院裁判认为:关于任某、王某作为A公司股东是否应当在出资不实的范围内承担连带清偿责任的问题。工商登记显示,A公司注册资金增加为10,000万元,任某出资9000万元,占出资90%;王某出资1000万元,占出资10%。工商登记基本情况显示,注册资金为10,000万元,实收1180万元。《公司法司法解释(三)》第13条第2款规定:"公司债权人请求未履行或者未全面履行出资义务的股东在未出资本息范围内对公司债务不能清偿的部分承担补充赔偿责任的,人民法院应予支持……"第19条规定:"有限责任公司的股东未履行或者未全面履行出资义务即转让股权,受让人对此知道或者应当知道,公司请求该股东履行出资义务、受让人对此承担连带责任的,人民法院应予支持;公司债权人依照本规定第十三条第二

---

① 参见最高人民法院民事判决书,(2018)最高法民终964号。

款向该股东提起诉讼,同时请求前述受让人对此承担连带责任的,人民法院应予支持。”因任某、王某作为A公司股东,未全面履行出资义务,依照上述规定,其均应在未出资本息范围内对公司债务不能清偿的部分承担赔偿责任。任某在抗辩中提出其以房屋提供给公司使用应视为实物出资的理由,但其并未提交相应的财产评估作价等证据加以证明,工商登记亦未显示,故其抗辩理由无事实依据,该院不予采纳。

点评

本案是股东出资不实对公司债务不能清偿部分承担补充赔偿责任的典型案例。在本案的裁判中,股东补充赔偿责任存在以下特点:其一,出资不实的股东需对公司债务不能清偿部分的补充赔偿责任。其中,出资不实,是指股东未按期足额缴纳公司章程规定缴纳出资的。在诉讼中,公司债权人在请求公司偿还债务时,可以将未履行或者未全面履行出资义务的股东列为共同被告,要求其对公司债务不能清偿的部分承担补充赔偿责任。本案中,法院判决出资不实的股东任某和股东王某分别在其未出资的7983万元、882万元范围内对A公司债务不能清偿的部分承担赔偿责任。其二,出资不实的股东以出资额为限的补充责任。出资不实的股东对公司债务不能清偿的部分的补充赔偿仅以出资本息为限,这也是其最大的责任范围,利息的计算方法一般以全国银行间同业拆借中心公布的贷款市场报价利率为标准。其三,出资不实的股东补充赔偿后的有限性。出资不实的股东在出资本息范围内对公司债务不能清偿的部分承担补充赔偿责任后,公司其他债权人提出相同请求的,其可以已履行出资为由,抗辩其他债权人。其四,发起人与公司设立时出资不实的股东连带补充责任公司债权人请求公司发起人对公司设立时出资不实的股东的补充赔偿责任承担连带责任的,人民法院应予支持;公司的发起人承担连带责任后,可以向出资不实的股东追偿。股东任某与股东王某同为公司发起人,均须承担连带赔偿责任。

从本案中可以发现,股东补充赔偿责任具有法定性、补充性、有限性、内部连带性等特征,区别于侵权补充责任等其他类型补充责任。本书认为,为了化解司法适用中的争议,同时加强认缴制下债权人的保护,应将其纳入公司法修订之中。

股东出资加速到期

公司不能清偿到期债务,且明显缺乏清偿能力的,公司或者债权人有权要求已认缴出资但未届缴资期限的股东以出资额为限提前缴纳出资。

条文主旨

本条系新增条款,是关于股东认缴出资加速到期的规定。

要点提示

公司注册资本认缴制改革有助于释放投资活力。然而机会主义行为随之而来,催生了股东出资的信用危机,其中,股东出资可否加速到期的争议也便成为矛盾焦点之一。从《中华人民共和国企业破产法》(以下简称《企业破产法》)第 35 条及《最高人民法院关于适用〈中华人民共和国公司法〉若干问题的解释(二)》(以下简称《公司法司法解释(二)》)第 22 条第 1 款规定来看,在公司破产或公司不再存续的情况下,股东出资适用加速到期。但是,关于非破产或解散状态下股东出资是否仍适用加速到期,存在较大争议。在实践中,股东出资加速到期的基本裁判规则主要源于《公司法司法解释(三)》第 13 条第 2 款"债权人请求未履行或者未全面履行出资义务的股东在未出资本息范围内对公司债务不能清偿的部分承担补充赔偿责任的,人民法院应予支持",以及 2019 年最高人民法院《全国法院民商事审判工作会议纪要》(以下简称《九民纪要》)第 6 条"在注册资本认缴制下,股东依法享有期限利益。债权人以公司不能清偿到期债务为由,请求未届出资期限的股东在未出资范围内对公司不能清偿的债务承担补充赔偿责任的,人民法院不予支持。但是,下列情形除外:(1)公司作为被执行人的案件,人民法院穷尽执行措施无财产可供执行,已具备破产原因,但不申请破产的;(2)在公司债务产生后,公司股东(大)会决议或以其他方式延长股东出资期限的"的规定。但是前者因概念的不确定性而存在较大争议,而后者又不具有如同司法解释般的法律效力。此外,各地法院关于股东认缴出资加速到期问题的裁判意见五花八门,且相关裁判规则并不统一。

为填补公司出资规则的立法漏洞，加强对债权人的保护，《公司法（修订草案二次审议稿）》吸收了2019年《九民纪要》第6条有关股东出资加速到期的规定，其第53条规定："公司不能清偿到期债务的，公司或者已到期债权的债权人有权要求已认缴出资但未届缴资期限的股东提前缴纳出资。"该条对股东出资加速到期作出专门规定，在立法上明确该规则的适用，具体包含以下基本内涵：一是适用股东出资加速到期的情形是公司不能清偿到期债务。具体是指债权人的债权已经届至，公司却没有资产可供清偿；二是债权人和公司均有权在具备股东出资加速到期的情形时，向出资期限尚未届至的股东主张提前缴纳出资。直接要求股东出资加速到期，是法律明确赋予债权人的权利。

除此之外，本书认为，应当进一步增加"以出资额为限"这一责任范围的限制，以减少将来司法实践中的争议。一般来说，补充债务的责任范围存在全额补充、限额补充和相应补充的区分，而股东的出资责任就属于限额补充。限额补充规则，是指股东的责任范围仅限于其所认缴的未出资金额的部分，而非公司无法清偿的债务金额。这一特征原理源于有限责任制度，因为股东以认缴的出资额或认购的股份承担责任，如果超出其认缴的金额，那么就打破了有限责任制度。①

背景依据

一、理论争议

在非破产场合是否适用股东出资加速到期，理论上还是实践中均有不同见解，主要存在以下三种观点：②

一是"否定说"，理由主要是：其一，缺乏法律依据。认缴出资的期限提前到期仅限于公司破产的场合，除此之外并无适用加速到期的法律依据。其二，严格解释法

---

① 参见陈鸣：《股东出资责任加速到期及其执行路径研究》，载全国法院切实解决执行难信息网2022年8月21日，https://jszx.court.gov.cn/main/ExecuteResearch/220275.jhtml。

② 参见李建伟：《认缴制下股东出资责任加速到期研究》，载《人民司法》2015年第9期；蒋大兴：《论股东出资义务之"加速到期"——认可"非破产加速"之功能价值》，载《社会科学》2019年第2期；蒋大兴：《"合同法"的局限：资本认缴制下的责任约束——股东私人出资承诺之公开履行》，载《现代法学》2015年第5期；岳卫峰：《公司非自愿债权人的法律保护》，载《法律适用》2012年第6期；赵旭东：《资本制度变革下的资本法律责任——公司法修改的理性解读》，载《法学研究》2014年第5期；王涌：《论公司债权人对未实缴出资的股东的请求权》，载《中国工商报》2014年8月9日，第3版。

律。判断股东是否履行出资义务是依据其认缴承诺来看的,若股东未违背认缴承诺,就不存在未履行或者未全面履行出资义务,债权人自然无权要求股东承担补充赔偿责任,不应对《公司法司法解释(三)》第13条第2款的规定作扩张解释。其三,风险自担。股东能够通过信息化、网络化的形式,使公众更易获得股东出资信息,因而推定债权人对股东出资期限是明知的,债权人应自担风险。其四,存在其他的救济途径,如行使撤销权、适用公司法人人格否认等。

二是"肯定说",理由主要是:其一,内部约定不能对抗外部第三人。股东的出资期限记载于公司章程,属于公司内部约定,不产生对外效力,不能对抗债权人。其二,具有救济成本低、效益高之优势。从结果上看,要求债权人提起破产申请和仅仅要求股东出资责任加速到期,对股东的责任影响并无二致,二者的差别在于前者导致公司终结,后者不影响公司存续。其三,资本担保责任论。股东向公司出资的承诺,相当于其为公司债务提供担保,当公司无力清偿到期债务时,无论出资期限是否届满,股东均应在其认缴出资的范围内代替公司清偿债务。其四,约定无效说。实践中不乏股东以出资期限未届满为由阻碍债权人实现债权的事例,然而过长的出资期限实际上是股东对权利的滥用,对该行为应当加以规制。

三是"折中说"。"折中说"主张一般情形下不能要求未届期的股东依据《公司法司法解释(三)》第13条第2款的规定承担补充赔偿责任,但特殊情形除外。其中,特殊情形包括两种:其一,经营困难说。债权人原则上不能向未届出资期限的股东主张补充赔偿责任,但在公司不能清偿到期债务却未达到破产条件的情况下,为保证公司的正常经营,要求公司股东在未出资的范围内承担补足出资责任具有一定的合理性。其二,债权人区分说。公司债权人分为非自愿债权人和自愿债权人。若知晓股东出资期限而自愿成为债权人,其风险自担、责任自负,当其债权无法获得清偿时适用加速到期规则系对公平原则的违背;非自愿债权人对成为公司债权人无法预期和拒绝,不应要求其了解公司信用信息并承受知悉该信息后风险自担的义务,所以,其有权直接要求股东承担补充赔偿责任。《九民纪要》采用了"折中说"的观点,在维护股东出资期限利益的原则下规定了两种让位于债权人期待利益的除外情形。《九民纪要》第6条规定:"在注册资本认缴制下,股东依法享有期限利益。债权人以公司不能清偿到期债务为由,请求未届出资期限的股东在未出资范围内对公司不能清偿的债务承担补充赔偿责任的,人民法院不予支持。但是,下列情形除外:(1)公司作为被执行人的案件，人民法院穷尽执行措施无财产可供执行，已具备破产原因，但不申请破产的；(2)在公司债务产生后，公司股东(大)会决议或以其他方式延长股东出资期限的。"《九民纪要》实际上肯定了认缴制下股东出资的期限利益，这也符合宽松资本政策的取向，有利于资本的流动与市场的发展。但是，这种期限权利并不是无限制的，在两种情形下股东出资仍应加速到期。

二、理论证成

本书认为，从现有理论看，适用股东出资加速到期规则具有法律、法理上的正当性。其主要依据包括以下几个方面。

其一，贯彻资本维持原则。资本维持是公司资本制度的灵魂，包含两个方面的基本含义：股东向公司真实出资和维持其出资的真实。① 资本维持最重要的意义体现就是保证公司资本实缴。认缴制改革后，《公司法》放松了对股东出资的期限限制，但是并未免除股东的实际出资义务。股东拒绝出资或抽逃出资等行为均会打破资本维持原则，对公司的运营造成负面影响。维持公司的正常运营是公司法的基本宗旨，而维持公司的资本的根本目的就是维持公司的运营。因此，在公司走向破产或解散程序前，当特定的情形出现时，尽管出资期限尚未届满，但是股东亦应提前履行出资义务，这是资本维持原则的应有之义，亦是确保公司存续的必由之路。②

其二，基于股东与债权人的利益平衡之需。如何平衡股东出资期限利益与债权人期待利益，理论界一直未有定论。从股东角度出发，股东以其认缴的出资额为限对公司承担相应责任，而出资期限是股东的法定权益，故即使公司存在经营状况欠佳导致无法及时清偿债权的情况，亦不能剥夺股东出资的期限利益。从债权人角度出发，认缴制赋予股东极高自由权的结果，就是让公司债权人成为风险的最终承担者。然而由于债权人在公司外部，难以了解公司内部的资产及经营情况，因此，法律基于债权人信息不对称的弱势地位，对其倾斜保护亦在情理之中。针对上述冲突，股东出资加速到期可以有效平衡股东与债权人的利益，正如蒋大兴教授所言，"非破产加速到期"是成本更小的投资人信用和债权人保护措施，具体体现在它可以填补"破产加

① 参见冯果：《慎重对待"资本维持原则"的存废》，载《中国法律评论》2020 年第 3 期。

② 参见李麦颀：《【案例研究】非破产与解散下股东出资加速到期的认定》，载腾讯网，https://new.qq.com/omn/20220414/20220414A0BLT800.html。

速”的规制漏洞，有助于解决虽未达破产重整界限，但信用缺失的企业之赖债问题，并且执行成本会小于“破产加速”的执行成本，且并不损害股东的“期限利益”“合约理性”。[①]

三、实践考量

在2013年《公司法》修订之前，采用的分期缴纳制有法定最长缴资期限、首期出资比例以及最低资本额等限制，要求股东必须在一定年限后全额缴纳出资，故在资本实缴制下，股东出资加速到期的意义并不大。但在2013年《公司法》修改之后，注册资本由实缴制改为认缴制，天价认缴出资额、未实际出资、事实上的无期出资开始盛行。

在司法实务中，存在“破产加速说”与“非破产加速说”的对立立场，例如，在“上诉人曾某与被上诉人甘肃华慧能数字科技有限公司、冯某、冯某坤股权转让合同纠纷一案”中，最高人民法院对原告提出的请求裁判未届期股东加速到期其应承担的出资责任不予支持。[②] 与此相反，在上海普陀法院则在其处理的上海首例注册资本认缴出资案中，直接支持了“非破产加速说”。可见，在商事信用不佳和资本认缴制改革的背景下，股东出资义务之加速到期存在较大争议，已成商事裁判实务中迫切需要解决的问题。结合现有裁判案例，支撑股东出资加速到期的基本裁判规则主要源于以下几个方面：

一是2018年《公司法》第3条第2款。该款规定：“有限责任公司的股东以其认缴的出资额为限对公司承担责任；股份有限公司的股东以其认购的股份为限对公司承担责任。”从文义解释角度可理解为，有限责任公司的股东对公司承担责任的范围是“其认缴的出资额”。此外，还可以从责任财产及资本维持的角度加以理解，例如，在“安徽省红业医药有限公司、河北浩大医药有限公司买卖合同纠纷案”中，安徽省合肥市中级人民法院认为，责任财产制度也要求资本认缴制下的公司股东在公司出现重大债务时缴纳出资，以对外承担责任。公司应以其全部财产对外承担债务，全部财产不仅应理解为包括公司现有的实际财产，也当然包括认缴制下股东承诺在将来

① 蒋大兴：《论股东出资义务之“加速到期”——认可“非破产加速”之功能价值》，载《社会科学》2019年第2期。

② 参见曾某诉甘肃华慧能数字科技有限公司、冯某、冯某坤股权转让合同纠纷案，最高人民法院(2019)最高法民终230号民事判决书；上海香通国际贸易有限公司诉上海昊跃投资管理有限公司等股权转让纠纷案，上海普陀区人民法院(2014)普民二(商)初字第5182号民事判决书。

的出资。[①] 2018年《公司法》第3条之所以未限定股东对公司的担责是否以认缴期限为准,应理解为股东对债权人的责任无该认缴期限限制,只有认缴范围的限制,透过此种有限责任对价观,可达出资义务“非破产加速”之效果。[②]

二是2018年《公司法》第20条。该条规定:“公司股东应当遵守法律、行政法规和公司章程,依法行使股东权利,不得滥用股东权利损害公司或者其他股东的利益;不得滥用公司法人独立地位和股东有限责任损害公司债权人的利益。公司股东滥用股东权利给公司或者其他股东造成损失的,应当依法承担赔偿责任。公司股东滥用公司法人独立地位和股东有限责任,逃避债务,严重损害公司债权人利益的,应当对公司债务承担连带责任。”该条是关于法人人格否认的条款。在理论解释存在争议的情况下,现行制度所提供的法人格否认通道可以成为解释“非破产加速”合理性的一种方式。例如,安徽省合肥市中级人民法院在“安徽省红业医药有限公司、河北浩大医药有限公司买卖合同纠纷案”中,从法人格否认的视角展开论述。[③]

三是《公司法司法解释(三)》第13条第2款。该款规定:“债权人请求未履行或者未全面履行出资义务的股东在未出资本息范围内对公司债务不能清偿的部分承担补充赔偿责任的,人民法院应予支持。”该款并未特别强调认缴出资的股东应依照约定的期限依法承担出资义务,而是直接规定公司债权人可以“请求未履行或者未全面履行出资义务的股东在未出资本息范围内对公司债务不能清偿的部分承担补充赔偿责任”。很显然司法解释坚持了“内外有别”的规则,有意区分了股东对其他股东或公司的责任与股东对债权人责任的差异。股东对其他股东或者公司的出资违约责

① 参见安徽省红业医药有限公司与河北浩大医药有限公司等买卖合同纠纷上诉案,安徽省合肥市中级人民法院(2017)皖01民终6212号民事判决书。

② 参见蒋大兴:《论股东出资义务之“加速到期”——认可“非破产加速”之功能价值》,载《社会科学》2019年第2期。

③ 在该案中,法院认为,判令闫某峰、闫某权、耿某秋对浩大公司的欠款承担补充赔偿责任,符合平衡保护公司债权人和公司股东利益的立法目的。公司法中的有限责任制原则上要求股东以出资额为限对公司债务承担有限责任,这有利于保护股东利益。如果在公司负债累累的情况下,仍然固守认缴制下的股东一直要等到承诺期限届满才负有缴纳出资义务的理念,则实际上在鼓励股东滥用公司独立人格。在公司负有巨额债务的情况下,公司股东采取认缴制的期限利益就失去了存在的基础,此时认定其出资义务提前到期,更有利于保护债权人利益。参见安徽省红业医药有限公司与河北浩大医药有限公司等买卖合同纠纷上诉案,安徽省合肥市中级人民法院(2017)皖01民终6212号民事判决书。

任及出资义务，原则上仍应以约定的期限为准除非该种约定的期限过长，可能导致约定无效。[①] 但是，股东对债权人的责任，则可以将"股东未履行出资义务"扩张解释为出资义务已到约定缴纳期限和未到约定缴纳期限两种情形。综上所述，在公司不能清偿到期债务的前提下，《公司法司法解释（三）》第 13 条中的"未履行或者未全面履行出资义务的股东"，可以扩张解释为包括出资期限未届期并未实缴全部认缴出资义务的股东，从而为非破产情形下股东出资义务的加速到期提供直接依据。[②] 例如，在"中铁中基控股集团有限公司、中城建（天津）建设发展有限公司票据追索权纠纷案"中，法院支持了债权人请求未全面履行出资义务的股东在未出资范围内对本案债务不能清偿的部分承担补充赔偿责任。[③]

四是 2019 年《九民纪要》第 6 条。该条规定："……债权人以公司不能清偿到期债务为由，请求未届出资期限的股东在未出资范围内对公司不能清偿的债务承担补充赔偿责任的，人民法院不予支持。但是，下列情形除外：（1）公司作为被执行人的案件，人民法院穷尽执行措施无财产可供执行，已具备破产原因，但不申请破产的；（2）在公司债务产生后，公司股东（大）会决议或以其他方式延长股东出资期限的。"对于第一种情形，虽然公司已经具备破产原因，但不申请破产的，支持股东出资加速到期进行偿债。对于第二种情形，公司不能清偿到期债务，公司股东（大）会决议或以其他方式延长股东出资期限的，在该延长的出资期限届满前，债权人可以主张加速到期，但在原出资期限届满前债权人不可以主张加速到期。例如，《最高人民法院公报》2022 年第 1 期刊载的上海市第二中级人民法院商事庭审理的"A 公司等与王某某等民间借贷纠纷案"，即属于该种情形。[④]

此外，各地法院关于股东认缴出资加速到期问题的裁判意见五花八门，且相关

---

① 参见蒋大兴：《"合同法"的局限：资本认缴制下的责任约束——股东私人出资承诺之公开履行》，载《现代法学》2015 年第 5 期。

② 参见李建伟：《认缴制下股东出资责任加速到期研究》，载《人民司法》2015 年第 9 期。

③ 参见中铁中基控股集团有限公司等诉天津市勤业达生铁供销有限公司等票据追索权纠纷案，天津市第二中级人民法院（2018）津 02 民终 1219 号民事判决书。

④ 该案例的"裁判摘要"指出：在注册资本认缴制下，公司债务产生后公司股东（大）会决议或以其他方式延长股东出资期限的，债权人以公司不能清偿到期债务为由，请求未届修改后出资期限的股东在未出资范围内对公司不能清偿的债务承担补充赔偿责任的，人民法院应予支持。参见 A 公司等与王某杰等民间借贷纠纷上诉案，上海市第二中级人民法院（2019）沪 02 民终 10503 号民事判决书。

裁判规则并不统一。因此,为填补公司出资规则的立法漏洞,加强对债权人的保护,本书认为,应当对股东出资加速到期作出专门规定,在立法上明确该规则的适用。

典型案例

A公司等与王某等民间借贷纠纷案①

基本案情

2015年12月30日,原告王某(甲方,出借方)与被告A公司(丙方,服务方)签订《管理咨询服务协议》。《管理咨询服务协议》中未列明乙方(借款方)的具体信息,仅在合同落款处加盖郑某名章。协议主要约定(节选):

2.1甲方及乙方有资金需求及投资需求,通过丙方居间介绍并协助双方办理相关事宜,甲方资金出借期限、回收方式、金额与预期收益如下:出借方式为"澄丰年享",出借金额100万元,年化利率15%,出借起止日期为2015年12月30日至2016年12月29日,派息方式为每月派息的产品派息日为起始出借日之后的每月当日,而到期本息支付方式为到期日当天支付本金及全部利息;3.1甲方在约定时间内将资金以银行汇款或第三方支付的方式汇入乙方指定的账户或指定的银行托管账户,汇款的当日起开始计息;4.1乙方提供担保品作为借款担保,其担保品估值另以协议作为说明,担保品以丙方名义办理抵质押手续,如遇乙方违约时,丙方须负连带责任,承担垫付义务,并负责担保品的处分及收益分配,进行法律诉讼等程序,确保甲方本金及利息的回收;7.2丙方确保其提供的借款人及借款信息真实,不得有虚假、伪造等情形,如因此造成甲方的利益受损,则丙方应承担连带责任;7.5在出借人及借款人借贷关系存续期间,借款人发生违约行为时,丙方须负连带责任,维护甲方合法权益,并积极协助甲方向乙方进行催收及追讨,一旦乙方不能兑现或不能及时兑现甲方的本金和利息,甲方可将债权依法转让给丙方,由丙方代为支付。

同日,原告王某向被告A公司支付款项100万元,A公司向王某出具收据。A公

① 参见上海市第二中级人民法院民事判决书,(2019)沪02民终10503号。

司收款后，未实际出借给郑某。

《管理咨询服务协议》约定的借期届满后，因原告王某未收到借款本息，遂与被告A公司进行交涉。A公司委托前员工葛某向王某还款35万元。葛某分别于2017年2月14日、2月17日、10月2日向王某银行账户汇款10万元、10万元、15万元。证人葛某称，其在向王某还款时曾表示该35万元款项是A公司归还的借款本金。

2017年11月22日，第三人蔡某（甲方，债务人、借款人）与原告王某（乙方，债权人、贷款人）签订《实物质押担保协议》，主要约定：

甲方应偿还乙方借款本金65万元及相应利息，以附件所标明物品（翡翠珠宝）进行质押担保，以保证在约定时间内无法偿还应偿还本金及利息时乙方的权益；协议项下借款的质押实物为翡翠珠宝，详细清单见附件照片，共11件，作为该笔借款的抵押品；本合同一式两份，甲、乙当事人各持一份。

《实物质押担保协议》签订后，蔡某向王某交付了质押物，至于交付的质押物与附件所载是否一致，王某在本案中未予明确。在庭审中，王某及被告A公司各提交了一份《实物质押担保协议》原件，其中原告提供的《实物质押担保协议》原件借款人处有蔡某签名，贷款人处有王某签名，A公司提交的《实物质押担保协议》原件除借款人处有蔡某签名，贷款人处有王某签名外，空白处还有"同意此笔债务转让"字样，并在该文字内容处盖有A公司公章。

另查，被告A公司系成立于2015年11月6日的有限责任公司，注册资本5000万元，股东为被告曲某（认缴出资额2550万元，出资时间2018年12月31日，持股比例51%）、被告郭某（认缴出资额2450万元，出资时间2018年12月31日，持股比例49%），曲某任执行董事，郭某任监事。

审判

关于上诉人郭某的责任。审理中，郭某提供了企业信用信息公示报告，以证明其作为上诉人A公司股东的出资认缴期限并未届满。对此，二审法院认为，在注册资本认缴制下，股东虽依法享有期限利益，然债权人亦享有期待权利。涉案借款发生于2015年12月，借款到期日为2016年12月，此时工商载明的A公司股东的出资认缴期限为2018年12月31日。也就是说，在A公司未按时还款的情况下，被上诉人王某可以期待2018年12月A公司股东出资认缴期限届满时以股东出资获得还款。

且不论郭某并无证据证明其以公司章程、股东会决议或其他合法合规的方式办理了认缴期限变更的手续，即使其确实办理了变更，因该变更系在A公司债务产生后，未经债权人同意的情况下所进行，实质损害了债权人的期待利益，故郭某作为A公司的股东亦不能据此免责。至于王某向A公司转账500万元的凭证，既非原件，真实性无法确认，且仅凭该凭证亦不足以证明系股东向公司履行出资义务，故对此不予认定。

点评

公司债务形成后，股东延长出资期限，债权人以公司不能清偿到期债务为由，请求未届出资期限的股东在未出资范围内对公司不能清偿的债务承担补充赔偿责任，法院应予支持。在该案中，公司股东虽享有期限利益，但未经债权人同意而延长股东出资期限，实际上损害了债权人的期待利益，故股东不能据此免责。《九民纪要》第6条也明确规定了上述股东无法享有期限利益的除外情形，在股东的期限利益与债权人的期待利益之间作出了平衡。

授权资本制

公司章程或者股东会可以授权董事会决定发行公司股份总数中设立时应发行股份数之外的部分，并可以对授权发行股份的期限和比例作出限制。授权发行股份的期限最长不得超过五年，授权发行股份的总数不得超过已发行股份总数的四倍。

公司章程或者股东会授权董事会决定发行新股的，董事会决议应当经全体董事三分之二以上通过。发行新股所代表的表决权数超过公司已发行股份代表的表决权总数百分之二十或导致公司控制权发生变化时，应当经股东会决议。

条文主旨

这两条系新增条款，主要是在股份有限公司中引入授权资本制，并对授权董事会决定发行新股的决策机制作出规范。

要点提示

目前,世界各国公司资本制度主要有三种模式,即法定资本制、授权资本制以及折中资本制。其中,授权资本制,是指股份有限公司设立时只需发行部分股份,公司章程或股东会可作出授权,由董事会根据公司运营的实际需要决定发行剩余股份。该种制度便于公司尽快成立,提高了公司资金利用率,避免投资人资金的浪费或闲置,也免去了通过股东会决议变更注册资本的烦琐程序,提高交易效率。目前,现行《公司法》对募集设立的股份公司严格实行法定资本制,对有限公司、发起设立的股份公司则实行认缴制并允许在规定期限内分期实缴资本。

2021 年公司法修订,首次在股份公司中引入授权资本制,即股份公司募集设立时只需发行部分股份(发起人认购的股份不得少于公司章程规定的公司设立时应发行股份总数的 35%),公司章程或者股东会可以作出授权,由董事会根据公司运营的实际需要决定发行剩余股份,同时,《公司法(修订草案二次审议稿)》对董事会决议发行新股的表决程序作出了规定。[①] 这样既方便股份公司设立,又给予公司发行新股筹集资本的灵活性。但是,《公司法(修订草案)》关于授权资本制的设计仍然有进一步的完善的空间。具体而言:

其一,合理设置授权比例范围和期限,以防止过度授权。当公司选择授权资本制时,并不意味着授权董事会发行股份的数量和期限完全不受限制,否则公众股东的利益难以得到有效保护。虽然《公司法(修订草案二次审议稿)》第 152 条提示当事人可以通过公司章程或股东会决议的方式对授权期限和授权比例作出限制,规定"以授权董事会在三年内决定发行不超过已发行股份百分之五十的股份",但是,不管是授权期限,还是授权比例,总体而言限制过严,不利于公司的灵

① 《公司法(修订草案二次审议稿)》第 97 条第 2 款规定:"以募集设立方式设立股份有限公司的,发起人认购的股份不得少于公司章程规定的公司设立时应发行股份总数的百分之三十五;但是,法律、行政法规另有规定的,从其规定。"第 152 条规定:"公司章程或者股东会可以授权董事会在三年内决定发行不超过已发行股份百分之五十的股份。但以非现金支付方式支付股款的应当经股东会决议。"第 153 条规定:"公司章程或者股东会授权董事会决定发行新股的,董事会决议应当经全体董事三分之二以上通过。"这几个条文奠定了草案中的授权资本制。

活经营。因此,本书建议可以在《公司法(修订草案二次审议稿)》第 152 条的基础上进一步完善,修改为“公司章程或者股东会可以授权董事会决定发行公司股份总数中设立时应发行股份数之外的部分,并可以对授权发行股份的期限和比例作出限制。授权发行股份的期限最长不得超过五年,授权发行股份的总数不得超过已发行股份总数的四倍”。

其二,完善授权的撤回机制。授权股份发行源于股东多数决,同理,公司可以基于股东多数决主动撤回授权,这属于公司内部自治范畴。但是,对于特殊情形下的授权撤回,《公司法(修订草案二次审议稿)》第 164 条设定的“发行新股所代表的表决权数超过公司已发行股份代表的表决权总数百分之二十的”门槛,却容易被规避。① 例如,董事会新股发行 19%,但可能在效果上同样导致公司控制权变化,却不在该大比例发行的例外条款涵盖范围内。因此,我们建议可以在《公司法(修订草案二次审议稿)》第 153 条的基础上进一步完善,修改为:“公司章程或者股东会授权董事会决定发行新股的,董事会决议应当经全体董事三分之二以上通过。发行新股所代表的表决权数超过公司已发行股份代表的表决权总数百分之二十或导致公司控制权发生变化时,应当经股东会决议。”

背景依据

一、理论背景

根据各国公司法实践,公司的资本制度一般被划分为法定资本制、许可资本制、折中授权资本制、授权资本制四种基本模式。② 我国自 1993 年严格采纳法定资本制以来,《公司法》虽经 2005 年、2013 年大幅修订,但仍然被认为是保留较多法定资本制因素的国家。“虽然对资本呈现出规制减缓之势,但法定资本制下的资本信用理

---

① 参见沈朝晖:《授权股份制的体系构造——兼评 2021 年〈公司法〉(修订草案)相关规定》,载《当代法学》2022 年第 2 期。

② 资本制度的类型化划分也被认为是一种“存在较高学理抽象的浪漫主义而欠缺现实基础”的区分,因为随着各国公司法的变革,这些概念所统摄的资本规则呈现出高度的相似性,且极难认定究竟哪一方面的制度差异才是区分各类资本制度的决定性标准,且同一类型的资本制度下,一些环节的具体规则设计亦不乏差异。参见李建伟:《授权资本发行制与认缴制的融合——公司资本制度的变革及公司法修订选择》,载《现代法学》2021 年第 6 期。

念与债权人利益保护优先的思维惯性仍有相当留存,不少规则设计仍有抑制市场主体自由投资需求之嫌,由此产生了实务中公司及利益相关者借助契约或其他安排来规避这些严厉规则的现象。"①当前,《公司法》采纳的完全认缴制,废除了首期出资额、出资期间等规则约束,提升了公司设立的便捷度,但是,其实际效用仍难以与授权资本发行规则相媲美,因此,本次《公司法》修订将引入授权资本发行制视为重要任务。

资本授权制度起源于英美法系,其发行规则更契合公司的运营需求。因为发行权一般由章程赋予董事会,由其依据运营中的实际需要随时决定,无须另行经过股东大会。这样不仅可以降低公司设立成本,而且也使公司增发股份更便捷。虽然我国公司法律制度曾长期坚持法定资本制,但为了适应近些年的经济发展,从《优先股试点管理办法》《股份有限公司规范意见》《上市公司章程指引》《上海证券交易所股票上市规则》《深圳证券交易所创业板股票上市规则》等规范中的个别条款也可以看到授权资本制的影子。此次公司法修订在股份有限公司层面引入资本授权制,给予股份有限公司发行新股融资的灵活性,大大降低了公司融资难度。

引入授权资本发行制,需现行公司资本规则的一系列配套更新。"公司资本制度设计背后的利益冲突与协调,无非发生在公司股东与债权人之间,如过于严苛,将不利于作为创业人的股东,但有利于保护公司债权人利益;反之,则不利于债权人利益保护。"②我国授权资本发行制的设计需妥善处理公司股东与债权人之间的利益冲突和平衡的问题。此种利益的平衡突出体现在以下几个方面:

其一,对授权发行适度限制。《公司法(修订草案二次审议稿)》第152条规定:"公司章程或者股东会可以授权董事会在三年内决定发行不超过已发行股份百分之五十的股份。但以非现金支付方式支付股款的应当经股东会决议。"该条规定意味着公司章程和股东会授权董事会发行股份的,可以选择授权股份份额的期限和比例。但是,对授权给董事会发行股份的期限、比例的限制应该适度,否则不利于公司经营的灵活性。

其二,设置控制权转移的警戒机制。《公司法(修订草案二次审议稿)》第152条

---

① 李建伟:《授权资本发行制与认缴制的融合——公司资本制度的变革及公司法修订选择》,载《现代法学》2021年第6期。

② 李建伟:《授权资本发行制与认缴制的融合——公司资本制度的变革及公司法修订选择》,载《现代法学》2021年第6期。

规定："公司章程或者股东会可以授权董事会在三年内决定发行不超过已发行股份百分之五十的股份……"该条关于新股比例的限制方式容易被规避，例如，当发行不到20%即可实现控制权变化。新股发行的首要目的是为目标公司筹措资金，一旦新股发行将导致公司控制权变动，偏离了该制度的功能和目标，故应以是否导致公司控制权移转为标准作为授权资本发行的控制边界，并以股东大会决议作为阻却机制。①因此，本书建议，除了20%的比例限制之外，可以将控制权转移作为授权撤回的实质性要件，以平衡股东与债权人之间的利益。

二、立法趋势

授权资本制是英美法系国家较成熟的公司资本制度，但鉴于经济和司法制度的差异，并不能完全适应大陆法系国家的需要。因此，日本、德国等大陆法系国家在吸收授权资本制的基础上进行了改进，产生了所谓的折中资本制。其与授权资本制的核心区别就在于对授权董事会发行股份的比例和期限进行限制。这提升了公司资本的确定性，可以减少以欺诈为目的而设立公司的情况出现，从而提升对债权人的保护。从我国公司法改革的进路可以看出，引入授权资本制并加以改进已经成为现实选择。因此，在具体规则层面，本书建议对授权给董事会发行股份的期限、比例加以限制。这样既激发了市场活力，降低融资成本，又维护了交易安全，与现代企业制度的功能更加契合。具体而言：

关于授权比例范围和期限，域外公司法普遍对授权股份制下的授权期限和授权比例范围作统一规定，例如德国法上对于股份公司的规定是公司章程记载的最长授权期限为5年，②英国《公司法》也有5年最长授权期限的规定③。大陆法系引入英美法系的授权资本发行规则时，受制于路径依赖，均从不同方面对董事会的发行权作出限制，如前文提及的发行时限、发行额度等限制。溯及缘由，很大程度上仍是基于保障交易安全的执念。

关于授权的撤回问题，域外存在设置比例门槛和以控制权发生变动为标准的两种模式。例如，美国《示范商事公司法》第6.21(f)条规定，在以下情形之一发生时，

---

① 参见李建伟：《授权资本发行制与认缴制的融合——公司资本制度的变革及公司法修订选择》，载《现代法学》2021年第6期。

② 参见德国《股份公司法》第202条。

③ 参见《英国2006年公司法》(第3版)，葛伟军译，法律出版社2017年版，第451页。

董事会发行新股应当经股东会的同意;支付股份的对价是现金以外的其他形式;新发行的股份所代表表决权超过当前流通股份代表表决权的 20% 。美国《特拉华州公司法》第 251(f)条规定,发行新股超过 20% 须经股东会同意。日本《公司法》规定,当新股发行导致公司控制权发生变化时,新股发行须经股东会表决。① 新股发行的首要目的是为目标公司筹措资金,一旦新股发行将导致公司控制权变动,偏离了该制度的功能和目标,应以是否导致公司控制权移转为标准作为授权资本发行的控制边界,并以股东大会决议作为阻却机制,我国可参考该立法经验。②

---

① 参见日本《公司法》第 206 条第 1 款、第 4 款。

② 参见李建伟:《授权资本发行制与认缴制的融合——公司资本制度的变革及公司法修订选择》,载《现代法学》2021 年第 6 期。

第二章
公司治理结构与权力的修订完善

作为公司法支柱性制度,公司治理结构是30年来公司法修订和改革一直绕不开的话题。具体而言,涉及股东会、董事会、监事会、经理和法定代表人等公司机构权力设计和责任配置。由此在理论和实践中衍生出"股东会中心主义""董事会中心主义""利益相关者保护"等主张。围绕这些命题,公司法一直守正创新,追求符合社会实践发展的制度样本。应当说,公司法的现代化离不开公司治理结构的现代化,本次公司法修订围绕董事会职权、审计委员会、职工董事、公司经理职权、法定代表人等问题作出富有创见的探索,具体体现在《公司法(修订草案二次审议稿)》第11条、第67~69条、第74条、第76条、第121条等。但《公司法(修订草案二次审议稿)》相应条款并不完善,值得进一步探讨、解释或修正,结合《中华人民共和国民法典》(以下简称《民法典》)、《公司法》及公司法相关司法解释,以立法条文的形式对《公司法(修订草案二次审议稿)》公司治理结构条款进行评析。

董事会职权

有限责任公司设董事会。董事会是公司的执行机构,行使本法和公司章程规定属于股东会职权之外的职权。

公司章程对董事会权力的限制不得对抗善意相对人。

条文主旨

本条是对董事会定位、职权,董事会行为效力的规定。

要点提示

现行《公司法》第 37 条、第 46 条分别规定了股东会、董事会职权,通过具体列举的方式进行权力分工,并明确董事会对股东会负责。因此,从法律对二者职权分配来看,股东会和董事会分别职当公司所有者和经营者身份。根据所有权和经营权分离的理论,董事会应当负责公司运营管理,居于核心地位。在实践中,董事会发挥核心作用的地位却名不副实,经理机关、控股股东往往发挥着更为重要的作用。因此,现行公司法关于董事会定位和职权的规定存在缺陷,无法保障董事会积极发挥经营职能。同时,《民法典》第 81 条规定,营利法人应当设执行机构,并就执行机构的职权安排作了规定。公司属于营利法人,公司不仅要设立权力机构,还应当设立执行机构。为此,本书认为,《公司法(修订草案二次审议稿)》应当遵循《民法典》确立的原则,明确董事会是公司的执行机构。

现行《公司法》第 46 条对董事会职权采取列举的方式加以规定,并以公司章程规定作为兜底。这种立法方法可称为"授权式",即"法无明文规定不可行"。同时,考虑到实践中,公司通过章程设定董事会职权的情形少之又少,因此,现行立法中董事会职权一般就限定在了明确列举的条款中。不同于股东会,董事会不仅需要执行股东会决议,还需要为公司日常经营及时下达指令,因而可能会对董事会法定职权形成经常性突破,静态的职权规定无法适应动态实践需要。因此,"授权式"董事会职权应当修正,采取"排除式"立法方法。同时,排除的限度止于股东会职权,并且可以假设,股东会职权极少通过公司章程设定。所以,董事会职权一般就是指法定股东会职权以外的职权,当然考虑到个别公司对股东会职权有特殊需要,可以通过公司章程设定职权,那么最终董事会职权就落脚在本法和公司章程规定属于股东会职权之外的职权。《公司法(修订草案二次审议稿)》第 67 条重新恢复了现行《公司法》关于董事会职权的列举式表达,这种方式虽然明确且兼具普法性,但总的来讲,董事会职权并不以列举事项为限度,"授权式立法"更可取。

当然,董事会职权除了止于股东会职权外,还应服从善意第三人的权利,这也是公司治理中平衡相关者利益的需求。因此,本书认为,公司章程对董事会权力的限制不得对抗善意相对人。同时,《公司法(修订草案二次审议稿)》第32条规定,公司登记机关应当将公司登记事项等信息通过统一的企业信息公示系统向社会公示。换言之,未来公司章程将可以通过企业信息公示系统向社会公示,在这种情况下,是不是公示的公司章程可以对抗所有第三人的"善意"主张。因此,如何界定第三人"善意"将成为重要问题。

背景依据

一、理论背景

我国公司法应当选择股东会中心主义还是董事会中心主义,长期在理论上存在争议,而争议的原因主要在于评判标准不统一。有的观点认为,从公司治理的最终目标判断,追求股东利益最大化即为股东会中心主义,追求公司利益最大化即为董事会中心主义。[①] 有的观点认为,应当区分公司实体权利的归属,其中,最终决定权标准认为,公司主要重大经营管理事项的终局决定者为公司治理中心;[②]剩余权力标准认为,公司法和公司章程未明确类型化的剩余权力享有者即为公司治理中心。[③] 有的观点认为,应当从公司法的合同理论出发,股东和董事被解释为被代理人和代理人的关系,因此,股东会中心主义的结论不难推论。[④]

但是上述立论观点不无缺陷。公司治理最终目标判断标准虽然着眼于公司治理的深层次问题,但在论证上缺乏逻辑性。公司治理目标和公司治理中心属于目的和手段的关系,实现股东利益或者公司利益最大化目标的手段是多元化的,与股东会中心主义或者董事会中心主义无法一一对应。换言之,实现股东利益最大化亦可以采取董事会中心主义的治理方式。如果董事会代表的是股东利益,"以董事会为中心也许是实现股东利益最大化的最优途径和手段"[⑤]。公司法的合同解释说服力也不

---

① 参见赵渊:《"董事会中心说"与"股东中心说":现代美国公司治理学说之辩》,载《比较法研究》2009年第4期。

② 参见冯果:《公司法要论》,武汉大学出版社2003年版。

③ 参见李建伟:《公司法学》,中国人民大学出版社2014年版。

④ 参见张路:《公司治理中的权力配置模式再认识》,载《法学论坛》2015年第5期。

⑤ 韩长印、吴泽勇:《公司业务执行权之主体归属——兼论公司经理的法律地位》,载《法学研究》1999年第4期。

足,一方面,认定股东会和董事会系代理关系实际上属于主观判断,通过预设的代理模型套用到公司治理关系中;另一方面,即便按照代理关系分析,代理的人权力虽源于被代理人,但代理事务处理则完全依赖于代理人,并且代理人的专业能力常常超越于被代理人,其中法定代理关系体现得尤为明显。最终决定权标准也不完善。例如,虽然最终决定权交予股东会,但如果公司治理的大多数事项职权均给予董事会,那么二者在权力的纵向决定关系和横向边界关系上将发生撕裂,即便股东会享有最终决定权,但这种权力的范围很小,这种治理模式更应该归类为董事会中心主义。剩余权力标准强调法律和章程未明确列举权力归属于何者,何者即为公司治理中心。但不得不说,公司治理中的权力源于实践总结并通过类型化的方式凝练于法律条文,那么实际上游离于公司法规定和章程之外的治理权力从影响力到使用率都较低,因而剩余权力看似庞大、实则空虚,无法证成董事会中心主义。

基于上述理论的缺陷,有学者提出"主要事项"标准,即负责公司主要事项的机关处于公司治理的中心。这一理论源于矛盾论,即决定事物本质的一定是事物的主要矛盾。那么,何为公司治理的主要矛盾?诸如公司章程变更、增减资等事项固然重要,但是它们属于公司"基本事项",本身不存在争权问题,也即不存在矛盾。而公司业务执行事项则不同,股东会、董事会甚至经理机关、控股股东都可能参与其中,系公司治理的主要矛盾。因此,判断公司治理中心的根本依据是公司"业务执行事项"的职权归属,只有主要负责公司"业务执行事项"的公司机关才是公司治理的中心。① 再进一步讲,业务执行事项就是公司经营职权,权力的集中者就是公司治理的中心。如是观之,董事会可作为公司经营的中心,在股东会和经理层承上启下,在各类机关协调整合。因此,董事会可定位为权力机关的执行机构、经理机关的决策和监督机构,董事会权力的应当增加,甚至有学者提出,董事会应当成为公司的"协调架构",协调平衡公司各方参与者的利益。为此,本书认为,应当在理论上明确公司治理结构的董事会中心主义,强调董事会的中心地位,防止控股股东和经理滥权,同时强调董事会的专业性,切实履行公司运营的职责,同时加强其信义义务,做到职责统一。

---

① 参见赵旭东:《股东会中心主义抑或董事会中心主义?——公司治理模式的界定、评判与选择》,载《法学评论》2021 年第 3 期。

二、历史嬗变

从历史角度出发,现代公司治理呈现由股东会中心主义到董事会中心主义的转变趋势。19 世纪,公司设立的准则主义为各国公司法普遍尊奉,进而衍生出股东本位思想,受此影响,各国无不认为股东是公司利益的享有者,因而也应当控制公司。股东会由此成为公司万能机关,不仅享有最高权力还负责公司运行,董事会形同木偶完全受股东会控制。比如,1892 年德国制定《有限责任公司法》,有限公司可以只设股东会和经理,董事会虽可依公司章程设立但仍服从于股东会。法国《商事公司法》允许股东直接经营公司。日本自明治维新时起颁布现代商法,采用的也是股东会中心主义,作为最高权力机关,股东可以决策乃至实施公司事务。美国《一般公司法》也是坚持股东会中心主义,公司股东权利得到全面保护。

19 世纪末,伴随技术和商业发展,股东会中心主义的治理模式越发不适应公司的实际发展。一方面,生产技术进步推动生产、分配和交易聚合,形成纵向一体化的公司形态,为此需要大量的投资保证大型公司生态运行。资金缺口倒逼公司不断发行股票,公司股权分散化不可逆转地发生了。另一方面,商业上的合并浪潮不断提高市场集中度,比如,美国在 1895 ~ 1904 年横向合并达到高潮,最终 1800 家小型企业合并成 147 家大型公司,各行业形成垄断寡头。合并的同时,小公司的股东通过换股在大公司的股权不断稀释,股东再也无法像以前一样高度控制公司,公司所有权和经营权加速分离。

因此,从 20 世纪初开始,董事会中心主义治理模式受到认可。1899 年,美国特拉华州首先明确了董事会在公司经营中的领导地位。1906 年,英国的上诉法院的"自动过滤器公司案"标志着董事会中心主义在英国确立,在公司章程的约定下,董事会可以不受股东会干预而独立决策。1937 年,德国《股份法》确立了董事会在公司经营中的主导性和独立性,股东会不得干预董事会在职责范围内的决定。1950 年,美国《标准公司法》明确,除股东协议和公司章程另有约定,董事会对公司享有"所有权力"。1950 年,日本《商法典》第 260 条规定,股份公司的业务执行原则上由董事会决定。因此,无论英美法系还是大陆法系,公司治理都转向了董事会中心主义。

正如伯利和米恩斯在《现代公司与私有财产》中的论断,在大型公众公司中,由于股权分散故没有占主导地位的所有者,控制权在很大程度上脱离所有权,权力、责任以及实物过去作为所有权不可或缺的部分,现在正在让渡给一个手中握有控制权的独立集团,最后产业财富的“所有者”仅剩下象征性的所有权。① 因此,从这个意义上讲,董事会中心主义应当成为当代公司治理的基本原则,《公司法(修订草案二次审议稿)》扩大董事会的职权也是这一原则的应有之义。

典型案例

崔某与甲公司与公司有关的纠纷一案②

基本案情

甲公司于2016年12月5日成立,《公司章程》对股东会和董事会的职权作了规定,其中,股东会的职权包括:审议批准公司对股东或对股东以外的第三人提供抵押、质押等担保,审议批准公司的重大资产处置和负债行为,董事会的职权包括董事会有权审议批准公司的重大事项,包括但不限于人民币1000万元以上的对外投资、担保、负债、资产或股权收购、出售、人事任免等。全体股东均在《公司章程》上签名或加盖公章。公司股东崔某认为,《公司章程》分别将审议公司对外担保、负债、人事任免的权限赋予董事会、股东会,权限相抵触,会导致公司董事会越权行使股东会的法定权利,损害股东利益,破坏公司法人治理制度。崔某提起诉讼请求法院确认公司章程中约定上述董事会的职权的条款无效。

审判

法院经审理认为,董事会职权是公司章程内容之一,除《公司法》第46条第1项至第10项职权外,公司章程有权规定董事会的其他职权,《公司章程》经全体股东签字并在企业登记机关进行了登记,并不违反法律规定,依法有效,对全股股东依法有约束力。法院判决,驳回崔某的诉讼请求。

点评

公司章程是公司必备的,由公司股东或发起人共同制定并对公司、股东、公司经营管理人员具有约束力的,调整公司内部关系和经营行为的自治规则,是全面

---

① 参见[美]阿道夫·A.伯利、加德纳·C.米恩斯:《现代公司与私有财产》,甘华鸣等译,商务印书馆2007年版,第78页。

② 参见《保护投资者合法权益丨济南市中级人民法院发布涉公司类纠纷10大典型案例(2016-2020)》,载微信公众号“济南中院”2021年10月28日,https://mp.weixin.qq.com/s/dFNnPDIorrmBSqEqcsJhwQ。

指导公司行为、活动的基本规范。公司章程一经法定程序制定和修改，且不违反强制性规定，即对公司、股东、公司经营管理人员具有约束力。董事会的组成、职权是公司章程的必要记载事项。在通常情况下，股东会或股东大会与董事会职权范围的划分是比较明显的，股东会或股东大会是公司的权力机关，行使的是所有者权利，董事会行使的是管理者权利。股东会或股东大会的权力是无限的，而董事会的权力是有限的，既可以被股东会或股东大会给予更宽泛的职权，也可以被限缩为很小的职权范围。在不违反法律强制性规定的前提下，股东可以通过公司章程解决股东会或股东大会与董事会职权范围的划分问题。关于公司对外担保事项，《公司法》第 16 条规定，公司向其他企业投资或者为他人提供担保，依照公司章程的规定，由董事会或者股东会、股东大会决议。故股东在公司章程中约定董事会有权审议批准公司对外担保事项，不违反公司法强制性规定，合法有效，对股东具有约束力。

审计委员会

公司可以按照公司章程的规定，在董事会中设置由董事组成的审计委员会，负责对公司财务、会计进行监督，并行使公司章程规定的其他职权。

在董事会中设审计委员会的有限责任公司，可以不设监事会或者监事。设审计委员会且其成员过半数为非执行董事的股份有限公司，可以不设监事会或者监事，审计委员会的成员不得担任公司经理或者财务负责人。

条文主旨

本条是关于设置董事会审计委员会的规定。

要点提示

审计委员会是 2021 年《公司法(修订草案)》新增加的内容，在《公司法(修订草案二次审议稿)》也得以延续。审计委员会与监事会的关系受到理论界和实务界的普遍关注。公司治理结构一直是股东会、董事会、监事会“三驾马车”齐驱，三者在制度设计上分别执掌决定、执行和监督职能。但在实践中,监事会的职能发挥得并不理想。其原因包括监事缺乏专业性、独立性,监事会缺乏专门资金支持履行职能,监事会知情权无法保障等。从更深层次讲,监事会设计并未很好地解决委托代理成本问题。就非公众公司而言,监事会存在的必要性不大。在实践中,非公众公司股东和经营管理机关基本重合,也就基本不存在公司所有者和经营者之间的委托代理成本问题。而监事会和监事的存在成为公司应付登记的"累赘",从监事选拔、职责设置到职责履行,公司及公司股东都没有给予重视,因而实践中监事会不"监事"、形骸化严重。① 就公众公司而言,公司所有者和经营者的委托代理成本很高,设置监督机关非常必要。根据现行《公司法》规定,监事会成员要么源于股东会选举,要么源于职工代表大会选举。在资本多数决的情况下,监事会成员离不开大股东的投票支持,小股东很难选择合适的监事会成员。但反过来,监事会需要监督的恰恰是大股东,有强烈监督愿望的则是小股东。因此,股东选举监事就成了大股东选举监事,监事会无法真正发挥监督职能。对于公司来说,职工代表大会如何召集、提名、选举监事的程序并不清晰,甚至职工代表大会依附于公司经营管理机关的情况也不少见,所以在实践中,职工代表监事往往由公司大股东或经营管理机关提名,当选监事的监督效果自然也不乐观。

在这种情况下,《公司法》有必要重新设计公司监督机关,审计委员会就是个不错的选项。我国《上市公司治理准则》针对上市公司审计委员会进行了有益探索。本书认为,审计委员会制度应当解决定位、如何设置、职权 3 个问题。首先,关于定位,审计委员会应当定位为监督机构。如此,在公司法制度设计中就出现了审计委员会和监事会两种监督机构。其次,在如何设置这个问题上就可以采取灵活的"二选一"方式,即将要不要设置的问题选择权交与公司,公司可依章程设置或者不设置。为避免机构重复,在设置审计委员会的情况下,公司可不再设置监事会或监事。当然,考虑到公众公司监督的复杂性,公众公司一般也可以既设置审计委员会又设置监事会,除非审计委员会成员过半数为非执行董事。最后,关于审计委员会的职责,按照《公司法(修订草案二次审议稿)》的规定,审计委员会职责分为法定职责和意定职

---

① 参见冯果、吴雅璇:《一元制公司治理结构下董事会的功能检视与再造》,载《北京理工大学学报(社会科学版)》2022 年第 5 期。

责。就法定职责而言,它不能被公司章程、决议等文件限制,如果相关文件剥夺、限制审计委员会的财务会计监督权,那么相应条款因违反强制性规定而无效。审计委员会的意定职责可由公司章程规定,现行《公司法》关于监事会的职责均可以赋予审计委员会。除此之外,审计委员会还可对董事、高管执行职务行为进行监督,召集、主持股东会会议,提出罢免董事的议案,代表公司进行诉讼。

背景依据

根据公司是否单独设立监督机构,可将治理结构区分为单层制和双层制。① 单层制以美国为典型,董事会组成后负责高管选任并决定公司经营,监督高管执行公司事务。双层制则另外设定监事会,监督董事会执行公司事务,以德国、日本为代表。虽然两种治理模式并存,但不同国家和地区相互借鉴后两种模式也在融合。

一、双层制

双层制以德国为代表,德国于2009年颁布的《资产负债表法现代化法案》,对德国公司法予以修正,新增加强监事独立性和监事会审计委员会的规定。德国《股份公司法》第107条规定,监事会可设立审计委员会来负责财务会计程序监督,确保内部监控系统、风险管理系统和内部审核系统的有效性,实施决算审查。法律规定专属于监事会的职权不能由审计委员会代行。审计委员会属于上市公司必须设立的机构,但同时该法第161条规定,上市公司有义务在公司治理公告书中声明不设置审计委员会的理由。② 2001年,欧盟颁布的《欧洲公司条例》,赋予欧洲公司③自行选择单层制或双层制公司治理模式的权利。该条例设立了公司管理委员会,负责公司管理、决定公司经营的一般规则并监督规则实施。同时,管理委员会应当建立监督机制,保证公司遵守法律规定进行财务活动。管理委员会与美国公司法上的董事会类似,由此可见,欧盟给予成员国公司选择权,为单层制公司治理模式提供了制度空间。

---

① 参见林一英:《公司监督机构的立法完善:超越单层制与双层制》,载《法学杂志》2022年第4期。

② 参见[德]托马斯·莱塞尔、吕迪格·法伊尔:《德国资合公司法》,高旭军等译,上海人民出版社2019年版,第236页。

③ 跨国设立的公司,即两个发起人必须是两个分别位于不同成员国境内的、根据所在国法律注册设立的股份有限公司。

二、单层制

早在20世纪70年代，纽约证券交易所就要求上市公司组织独立董事组成审计委员会，针对董事会、经理的财务舞弊行为进行调查审计。[①] 美国是单层制公司治理模式的代表，虽然美国《示范公司法》规定董事会主要职责是执行公司业务，并不实施监督。但在实践中，董事会组织会议次数和时间都非常有限，根本无法执行公司业务，公司的实际运营由高管负责。基于这一现实，美国公司董事会逐渐演化为公司监督机关。[②]《萨班斯法案》颁布后，董事会监督功能日益强化，该法案第301条规定，上市公司应当设立审计委员会。在独立性方面，要求委员不得是公司或公司母、子公司的关联人，除作为董事或审计委员会委员获得报酬外不得收受公司任何费用。在专业性方面，该法案第407(a)条规定，上市公司发行人应当发布报告披露审计委员会是否包含至少一名符合证监会要求的财务专家。财务专家应当理解一般公认会计准则和财务报表，有能力对会计准则应用实施评价，有经验实施编制、审计、分析或评价财务报表，理解公司内部控制程序、财务报告程序及审计委员会职能。在权限方面，审计委员会的监督权限包括任免、监督注册会计师并决定其报酬，解决财务报告分歧，受理注册会计师对公司不法行为的报告，受理财务会计舞弊举报等。

日本于2002年开始引入单层制公司治理模式，赋予公司根据章程选择"三委员会设置公司"，即公司可以设立提名委员、监查委员会和薪酬委员会，在这种情况下，公司可不再设置监事会。这种转变是日本增强公司治理弹性、迎接全球化竞争的举措。[③] 在人员构成方面，三委员会分别由独立董事过半数的董事成员构成。同时，日本还创设公司执行官，其目的在于将公司大部分事务交与执行官，而三委员会不再负责具体事务，专司监督职责。从权限上看，监查委员会主要负责监督董事与执行官执行事务，代表公司诉讼，向公司权力机关提出财会人员的选任与解聘，财务报告监督等。日本《公司法》还设置了会计监查人制度，大公司无论上市与否都应当设立会计

---

① 参见[美]莱纳·克拉克曼等：《公司法剖析：比较与功能的视角》，刘俊海译，北京大学出版社2007年版，第39页。

② See Paul L. Davies & Klaus J. Hopt, *Corporate Boards in Europe-Accountability and Convergence*, 61 The American Journal of Comparative Law 301 (2013).

③ Maria Lucia Passador, *Corporate Governance Models: The Japanese Experience in Context*, 15 DePaul Business and Commercial Law Journal 25 (2016).

监查人。会计监查人具有独立性，由专业的注册会计师或审计师构成，并对股东会负责。

三、我国的制度积累

在传统上，我国《公司法》采用双层制，但《公司法(修订草案二次审议稿)》关于审计委员会的规定体现了治理模式融合的趋势。在我国，原国内贸易部1995年制定《直属企业内部审计工作规定》，较早地提到了在董事会建立审计委员会，但并未规定审计委员会的职责和构成。2002年，中国证监会制定《关于在上市公司建立独立董事制度的指导意见》，开始重视公众公司的监督问题。同年，《上市公司治理准则》赋权董事会可依据股东大会决议设立专门委员会，成员由董事组成。其中，独立董事应当在审计委员会中占多数，并且至少一名董事属于财会专业人员。该规定虽是规范性文件，并且也未强制设立审计委员会，但此后所有上市公司都遵循该规定设立了审计委员会。2018年，《上市公司治理准则》修订，要求上市公司必须设立审计委员会，并进一步明确审计委员会的职责：(1)监督及评估外部审计工作，提议聘请或者更换外部审计机构；(2)监督及评估内部审计工作，负责内部审计与外部审计的协调；(3)审核公司的财务信息及其披露；(4)监督及评估公司的内部控制。

职工董事

职工人数五百人以上的公司，除依法设监事会并有公司职工代表之外，其董事会成员中应当有三分之一以上的公司职工代表；其他公司董事会成员中可以有公司职工代表。董事会中的职工代表由公司职工通过职工代表大会、职工大会或者其他形式民主选举产生。

国有独资公司的董事会成员中应当有三分之一以上的公司职工代表，董事会中的职工代表由公司职工代表大会选举产生。

条文主旨

本条是关于职工董事设立、选拔的规定。

要点提示

职工董事制度是各国公司法在公司治理中普遍施行的制度,我国《公司法》第 44 条、第 67 条、第 108 条也规定了这一制度,就职工董事适用范围、选拔条件和程序等作了规定。职工董事是代表职工参与公司决策和监督的基层民主管理形式,有助于完善公司治理结构、构建和谐稳定的劳动关系。为实施职工董事制度,2006 年国务院国资委颁布《国有独资公司董事会试点企业职工董事管理办法(试行)》,2010 年中国金融工会发布《全国金融系统公司制企业建立职工董事和职工监事制度实施办法》。2015 年,中共中央、国务院印发《关于构建和谐劳动关系的意见》,提出"推行职工董事、职工监事制度""依法规范职工董事、职工监事履职规则"的要求。2016 年,中华全国总工会发布《关于加强公司制企业职工董事制度、职工监事制度建设的意见》,提出"推动和督促国有及国有控股公司率先依法建立职工董事制度,引导和支持混合所有制公司、非公有制公司的董事会设立职工董事"。但作为规范性文件,缺乏强制性,职工董事制度仍然限定在现行《公司法》框架下。我国职工董事仅限于两个以上的国有企业或者两个以上的其他国有投资主体投资设立的有限责任公司和国有独资公司,股份有限公司设立职工董事也非法定义务。并且从实践效果来看,职工董事并未发挥民主决策、保护职工等作用。因此,本书认为,职工董事适用范围应当扩大,结合《公司法(修订草案二次审议稿)》的规定,职工人数 500 人以上的公司,其董事会成员中应当有公司职工代表;其他公司董事会成员中可以有公司职工代表,国有独资公司的董事会成员应当有公司职工代表。

背景依据

现行《公司法》职工董事制度不利于职工参与公司治理,由此成为本次立法修订职工董事制度的动因。第一,职工董事角色定位尚未理顺。职工董事既是职工又是董事,当公司利益和职工利益不一致时,双重身份容易导致身份冲突。① 从董事身份来讲,职工董事虽然来自职工选举,但一旦成为董事则需要对公司经营负责,进行客观独立的决策,脱离利益集团的影响,为整个公司服务。当然,在这一过程中,职工董事是通过实现公司全局利益间接保护职工利益。从公司合同理论来讲,公司是股东、

---

① 参见周朝:《职工参与制度法律问题研究》,中国社会科学出版社 2006 年版,第 144 页。

董事、经理、职工、客户、债权人等各主体间的合同集合，超越每个主体的自身利益，并且每个主体也在公司获得超越自己独立经营的利益。为此，在公司治理结构中，各主体间应当实现利益平衡而不是突出哪一方的利益，“合理配置剩余所有权和控制权，以形成科学的自我约束机制和相互制衡机制，目的是协调利益相关者之间的利益和权利关系”①。因此，职工董事应当服务于公司整体利益。第二，职工董事的资格不明确。目前，在实践中，职工董事往往身兼数职，包括党委常委、工会主席、纪委书记、公司人力资源经理等，问题在于，上述人员是否适格？工会主席不适合担任职工董事。我国企业工会组织在经济、组织和人员等方面缺乏独立性，往往受到公司经理机关的制约。如果工会主席担任董事就会陷入既受制于经理，又要约束经理的困境。公司高级管理人员也不适合担任职工董事。高管虽然与公司存在劳动关系，但并非基层职工，其利益诉求和组织方式与基层职工相去甚远。为此，基层职工才是最适合担任职工董事的人选。当然基层职工担任董事不可忽视的问题是专业能力问题，为此，需要设置相应的标准遴选专业能力较高的职工，公司也应当为职工参与民主管理进行培训和教育。职工担任董事的标准可以包括工作年限、学历、职称等职业素质标准，也可以包括管理水平、法律水平等业务素质标准。第三，职工董事待遇保障不力。关于职工董事能否取得报酬，在各国有不同的做法，我国目前没有规定。在实践中，职工董事很少有获得董事报酬的，这一点不利于职工董事履职。有的学者指出，“董事之报酬系指董事为公司服务应得之酬金而言”“董事为股份有限公司之业务执行机关，需具备专业知识，又负有相当重之经营责任，故须给予报酬”。② 一方面，从权责相一致原则看，职工董事为履行职责收集信息、沟通协商、调查决策、发表意见等，无论是工作量还是工作难度、强度都面临较大成本。另一方面，从公平性角度看，包括独立董事在内的其他董事都在公司获得了报酬，唯独没有给职工董事发放报酬有违公平原则。因此，公司应当为职工董事履行董事职责提供必要的条件，职工董事履行职务时的出差、办公等有关待遇参照其他董事执行，同时，因履行董事职责而减少正常收入的，公司应当给予相应补偿；公司应当为职工董事发放报酬，可参考独立董事的薪酬标准。

---

① 刘银国：《国有企业公司治理研究》，中国科学技术大学出版社 2008 年版，第 7 页。

② 柯芳枝：《公司法要义》，台北，三民书局股份有限公司 1996 年版，第 142 页。

职工董事立法中有两个问题:一是职工董事的适用范围;二是职工董事在董事会的比例。在这两个方面,德国《冶矿业劳工参与法》规定,冶矿业公司董事会必须任命1名职工董事,权利与其他董事一致。德国《冶矿业劳工参决补充法》都规定企业董事会中设立1名职工董事,由职工代表担任。在职权范围方面,职工董事主要负责涉及雇员利益的福利保障、人力资源等事务。德国《共同决定法》和《三分之一参与决定法》根据公司职工人数确立了不同的共同决定制度。其中,2000人以上的公司,工会和职工代表的董事占半数董事席位,500人以上2000人以下的小型公司,工会和职工代表的董事占1/3以上董事席位。法国商法原先规定,当职工持有公司3%以上的股份时,则公司职工必须进入董事会。2013年,打破了持股份额限制而采用职工数量条件,当公司在法国境内拥有5000名以上职工,或者在全球拥有10,000名职工时,则公司职工必须进入董事会。

《公司法(修订草案二次审议稿)》依据职工数量确定职工董事设置是国际通行做法,但是在职工数量上需要考虑实际情况。由于《公司法(修订草案二次审议稿)》第75条规定规模较小的公司可以不设董事会,同时,《公司法(修订草案二次审议稿)》第68条规定,职工人数300人以上的公司,董事会成员应当有职工代表。那么,职工人数基本成为衡量公司规模大小的标准。而各行业职工人数差距较大,零售业、批发业拥有300名职工可能属于大企业,建筑业、信息产业等企业规模则要大得多。结合各行业公司职工规模情况,宜将职工人数确定为500人。《公司法(修订草案二次审议稿)》未规定职工董事在董事会的比例,考虑到本次立法对董事会的定位呈现由执行机构向监督机构转变的趋势,应当统合立法体系,规定职工董事在董事会的比例。一则职工董事数量少无法反映公司治理民主参与特点,无法回应职工利益诉求。二则参考国有独资公司董事会职工董事的比例设计。三则设置董事会审计委员会的公司将可以不再设置监事会。换言之,职工参与公司治理的路径正在减少,为此,参考职工监事在监事会的比例设计,将职工董事比例设置为1/3。

典型案例

B 公司与 A 公司决议纠纷案[①]

基本案情

A 公司章程规定:"公司设董事会,由 5 人组成。非职工代表出任的,由股东会选举产生或罢免。职工代表出任的,由公司职工通过职工大会民主选举产生或罢免。"A 公司与股东 B 公司《投资协议》约定,B 公司有权向 A 公司委派 1 名董事。2020 年 7 月,B 公司委派的董事张某辞任,A 公司决定召开股东会选举新的董事。2020 年 7 月 27 日,A 公司职工代表大会选举周某为职工代表董事。2020 年 8 月 10 日,A 公司召开股东会,投票表决同意周某为新的董事,并形成 2020 年第三次股东会决议,导致新成立的董事会没有 B 公司委派的董事。2020 年 9 月,B 公司以该股东会决议违反公司章程,请求人民法院予以撤销。

审判

法院经审理认为,《公司法》第 44 条第 2 款规定,有限责任公司董事会成员中可以有公司职工代表。董事会中的职工代表由公司职工通过职工代表大会、职工大会或者其他形式民主选举产生。A 公司章程规定,董事会可以有职工代表。《投资协议》中 B 公司与 A 公司关于委派董事的约定并未体现在公司章程中,且该协议也不具备公司章程性质。2020 年,A 公司第三次股东会决议未违反法律和公司章程规定。

点评

设置职工董事是现行公司法赋予公司的权利,作为任意性规范可以在公司章程中体现。《公司法》第 22 条第 2 款规定,股东会或者股东大会、董事会的会议召集程序、表决方式违反法律、行政法规或者公司章程,或者决议内容违反公司章程的,股东可以自决议作出之日起 60 日内,请求人民法院撤销。在本案中,B 公司与 A 公司《投资协议》不具有公司章程的性质,关于委派董事的约定也未体现在公司章程。A 公司的章程中关于董事选任的规定不违反法律规定。

---

① 参见重庆市第四中级人民法院民事判决书,(2020)渝 04 民终 1691 号。

公司经理

有限责任公司应当设经理，由董事会决定聘任或者解聘。

经理对董事会负责，根据公司章程的规定或者董事会的授权行使职权。经理列席董事会会议。

规模较小的有限责任公司，可以不设董事会，设一名董事或者经理，行使本法规定的董事会的职权。

条文主旨

本条是关于公司经理设置和职权的规定。

要点提示

我国《公司法》将经理定位为高级管理人员，《公司法》立法对此着墨不多，在理论和实践中关于经理的讨论远不如股东会、董事会等公司层面热烈。例如，现行《公司法》规定，有限责任公司"可以"设经理，经理职位似乎可有可无。在公司实际运作中，经理却发挥着重要作用。有学者认为，经理是决定了公司这台机器能否妥善运转并创造巨大价值的非常关键的"零部件"。① 这种重要性体现在经理与各治理机关的关系上。关于经理与股东会，按照公司契约理论，经理产生于公司所有权与经营权分离，经理与股东会系委托代理关系，进而决定了经理在公司治理结构中的地位。在公司发展早期，经理基于委托产生信义义务，事事时时围绕股东实施其决策。在实践中，有些职能通常由经理实施，因而通过立法授权的方式将经理职权法定化、类型化。伴随着"两权分离"，经理与股东渐行渐远，产生代理成本问题，这种张力需要我们通过立法予以调试。经理与董事会关系的发生也有相同之处，早期公司董事会对经理任免去留有决定权，但公司治理结构越发复杂，董事会无法实时视事，董事会参与公司治理的频度大大降低，甚至不少独立董事、职工董事都要依赖于经理才能发挥职

---

① 参见赵旭东：《公司法修订中的公司治理制度革新》，载《中国法律评论》2022 年第 3 期。

权。甚至有学者认为,我国公司治理结构事实上是"经理层中心主义"。[①] 为此,《公司法》的修订不能忽视经理的作用。

与现行《公司法》相比,《公司法(修订草案二次审议稿)》并未明确列举经理职权,只是规定"根据公司章程的规定或者董事会的授权行使职权",这一处理方式较科学。其一,从法律体系上看,《公司法(修订草案二次审议稿)》已采取列举式立法方式规定了股东会、董事会职权,除董事会职权和公司章程规定的职权外,公司事务悉听董事会治理。经理源于董事会,如果从立法上明确列举经理职权,无疑变相限定了董事会职权,无法做到立法统一。其二,公司法上的公司类型多样,其治理结构安排也不同。有的公司事务庞杂,不设经理不足以应付日常经营管理的方方面面,而有的公司业务精简、条分缕析,其治理结构完全扁平化,董事会作为连接股东会和经理的中间层面被取消,在这种情况下,经理则非设不可。那么,其职权与同时设置董事会和经理的公司必然不同。由此,公司类型异质导致公司治理异质,同时决定了经理异质,其职权无法按照列举式立法方式表达。

背景依据

经理权是经理制度的核心问题,[②]经理角色的塑造和职权设定无不以经理权理论为基础。经理的设置满足了"两权分离"带来的公司治理专业化需求,对内体现为管理权,对外体现为商事代理权。在性质上,经理权作为商事代理权,与民事代理权有所不同,它本质是一种法定权力。从法律渊源来讲,经理权既服从于《民法典》关于民事代理行为的规定,又受到《公司法》关于经理权特别规定的要求。通常而言,《民法典》第 170 条职务代理规定是经理权在民法中的渊源。但在理论上,关于职务代理权的来源有较大的争议,主流观点有"授权行为说"和"职务说"。"授权行为说"将本人与代理人的关系区别为基础法律关系和授权行为。"职务说"则将本人对代理人的授权作为基础法律关系,使授权与基础法律关系呈现同一性。但从实践来看,授权行为先于或独立于基础关系的情形并不鲜见,尤其是在面临商业上复杂性

① 参见赵旭东:《公司法修订中的公司治理制度革新》,载《中国法律评论》2022 年第 3 期。

② 参见司耕旭:《论经理权的法律规制》,载《行政与法》2021 年第 5 期。

时，授权行为先实施而后取得授权的情况比较普遍。因此，“授权行为说”对于解释职务代理权分离问题更有说服力。

实践中往往缺乏判定商事权利外观的具体规则，如何处理好经理、公司以及善意第三人的关系，是理解经理权的试金石。从域外规定来看，对于与职务代理行为相适应的登记制度而言，德国、日本等大陆法系国家均规定，经理权的产生和消灭须进行商事登记。虽然，我国《市场主体登记管理条例》明确经理登记列为公司登记项目之一，但它属于附随登记项目，不能作为经理权生效或消灭的依据。此外，现行《公司法》对经理权的具体职权作了列举，但全部属于公司内部治理职权，对于对外交易中经理权如何体现并未作明确规定，有学者指出，这是公司法上的“重大法律漏洞”。① 解决这一问题，应当坚持体系思维，以《民法典》和《公司法》来重塑经理权。尤其是在《民法典》确立了职务代理一般原则后，《公司法（修订草案二次审议稿）》以概括式立法明确经理权源于董事会授权或公司章程规定，进一步拓展了经理权的空间，同时也概括性地解决了经理对内、对外两个层面的职权逻辑衔接问题。

关于经理权的法律性质，不少国家和地区作了规定。比如，德国《商法典》第 49 条第 1 款规定，经理权授权实施进行营业经营所产生的诉讼上的和诉讼外的一切种类的行为和法律行为。这一规定实际上是德国《商法典》有关一般代理权的特殊表达，主要源于商事交易特别保护的需要。意大利《民法典》第 2204 条规定，“经理得完成委任给他的全部经营活动（委托书中的限制性规定除外），并且经理对其完成的被委任的活动得以企业主的名义出庭。此处之委任可适用民法关于委任的一般规定自明”。日本《商法典》、韩国《商法典》和我国澳门特别行政区《商法典》也对经理人的职权作了类似规定。由此可见，经理权是民法一般代理权的特殊形式，包括对内管理公司事务和对外代理权的双重性质。

对内而言，公司与经理以委托合同界定权力边界；对外而言，经理权与商事代理一致，区别在于产生方式不一。德国《商法典》第 48 条规定，经理权只能由商事营业的所有人（公司或个体商人）或其法定代理（代表）人以明确的意思表示方式授予。当由其法定代理（代表）人授予时还要根据德国《民法典》第 1643 条、第 1822 条的规定，获得监护法院的批准。意大利《民法典》第 2206 条规定，“经理委任书应当存放

---

① 参见冉克平：《论商事职务代理及其体系构造》，载《法商研究》2021 年第 1 期。

于企业机关并进行登记”。可见,经理权授权属于要式行为。我们可参考其他国家关于经理登记的规定,以公示登记强化经理职权。

典型案例

薛某与A公司损害公司利益纠纷上诉案①

基本案情

A公司系中外合资企业,由中方B公司和外方C公司合资成立,聘任薛某为公司董事兼总经理。2015年,A公司与银行签订借款合同,约定借款5000万元,期限自2015年9月1日至2016年9月1日。2015年8月26日,A公司全体董事一致通过并形成董事会决议,内容为向银行申请5000万元贷款用于偿还2016年9月1日到期的贷款。为此,A公司制作了不可撤销承诺函,签署了借款合同和抵押合同。2016年8月27日,薛某认为,董事会决议存在与中方股东利益相冲突的地方,遂扣押承诺函、借款合同和抵押合同,未交予银行办理新的贷款,A公司董事长发现后下发通知暂停薛某总经理职务及所有权力,交出相关文件。但薛某拒不交出文件,这导致A公司2015年的银行贷款逾期未归还。A公司认为,被告身为总经理,拒不执行董事会决议,且私自藏匿相关文件,致使原告无法向银行申请贷款,导致原告逾期还款并被加收罚息、强制扣收贷款、限制公司对外支付款项,故起诉至法院,请求判令孙某赔偿A公司损失。

审判

法院经审理认为,薛某作为A公司的总经理,应按《公司法》及公司章程的规定履行自己对公司的义务。被告不但不执行董事会决议,而且还扣留董事会决议等重要文件不及时交予银行办理贷款,给A公司造成经济损失,对此薛某应承担赔偿责任。

点评

本案中的薛某作为公司总经理,未按董事会决议将相关文件送交银行,致使公司利益受损,其应当对公司损失承担赔偿责任。薛某的侵权行为方式为消极的不作为。不作为侵权,是指行为人在某种情况下,负有特定的作为义务而不履行其义务,导致

---

① 参见北京市第二中级人民法院民事判决书,(2008)二中民终字第03331号。

他人损害。不作为的行为和损害后果之间具有因果关系，行为人应对损害结果负责。根据《公司法》的规定，公司的高级管理人员应当遵守法律、行政法规和公司章程，对公司负有忠实义务和勤勉义务；公司高级管理人员执行职务时违反法律、行政法规或者公司章程的规定，给公司造成损失的，应当承担赔偿责任。

法定代表人

法定代表人以公司名义从事的民事活动，其法律后果由公司承受。

公司章程或者股东会对法定代表人职权的限制，不得对抗善意相对人。

法定代表人因执行职务造成他人损害的，由公司承担民事责任。公司承担民事责任后，依照法律或者公司章程的规定，可以向有过错的法定代表人追偿。

条文主旨

本条是关于公司法定代表人及行为效力的规定。

要点提示

2021年《公司法（修订草案）》新增了本条规定，《公司法（修订草案二次审议稿）》仍然坚持这一立法表达。可见，关于法定代表人的法律地位和权利义务几无争议。该规定直接的渊源就是《民法典》第61条、第62条的规定。在此之前，最高人民法院印发的《九民纪要》也对法定代表人及其越权行为作出了规定，包括法定代表人越权担保的效力、善意相对人的相关规定、公司代表人越权担保的责任、公司权利救济以及盖章行为效力等。公司的法定代表人对外以法人名义进行民事活动时，其与法人之间是代表关系而非代理关系，且其来自法律的明确规定，不需要有法人的授权委托书；其对外的职务行为即为法人行为，后果由法人承担。本条第1款亦作了类似的规定。需要注意的是，法人对法定代表人所负的责任，也包括越权行为的责任。根据《民法典》合同编的规定，法人或者其他组织的法定代表人、负责人超越权限订立的合同，除相对人知道或者应当知道其超越权限的以外，该合同对法人发生效力。另需注意，虽然章程对公司来说非常重要，但作为公司内部的行为规范，在通常情况下不易被外部人员所知道，所以在确定其外部效力方面，要考虑对善意相对人的权益保护。为此，本条第2款对公司章程的对外效力方面作了适当限制，以保护善意相对人的合法权益。关于该款规定的善意相对人的判断，不仅要考虑其事实上是否知道法人章程或权力机构对法定代表人代表权的限制，还要考虑其是否应当知道这一情况。本条第3款是关于公司法定代表人职务侵权责任的规定。因公司的法定代表人职务侵权产生的法人责任，法人承担责任后可向法定代表人追偿，但追偿的条件有两个：一是法定代表人要存在过错，这里的过错不仅包括故意与重大过失，也包括一般过失（这是与其他工作人员过错不同的一点）；二是要有法律法规或法人章程明确规定。

背景依据

一、立法动因

法定代表人制度从《公司法》出现就带有“法定性”特征，但从制度发展历程来看，如何防止法定代表人权力过大而出现权力滥用，是该制度探讨的永恒话题。具体体现为，法定代表人与公司集体决策机制相冲突，与公司治理的分权制衡机制相冲突，与公司代表机关选任的自由和公司自主发展趋势相冲突。[①] 鉴于存在以上冲突，甚至有论者建议废除该制度。[②] 为此，法定代表人制度改革应当考虑如何限制其权力，如何回归该制度的司法属性。现有法定代表人制度不利于公司治理，原因有三。其一，现有法定代表人实行独任制，妨碍公司治理制衡。法定代表人制度应当坚持公司和股东自治，实现不同治理力量均衡。虽然独任法定代表人能提高效率，却缺乏监督约束，一些法定代表人由控股股东控制，或由董事长担任，使董事会、监事会无法发挥监督功能。同时，在实践中，聘请“影子”代表人的情况也不少见，实际行使权力的股东、董事长、经理权力滥用缺乏责任约束更加肆无忌惮。其二，目前的法定代表人制度不利于维护公司交易安全，根本就在于法定代表人权力结构畸形、权力配置失衡。在实践中，法定代表人的职权受到法律和公司章程的约束，但大部分情况下，几

---

① 参见刘道远：《公司法定代表人的角色、制度渊源及其完善》，载《比较法研究》2022年第4期。

② 参见杨继：《中国股份公司法定代表人制度的存废》，载《现代法学》2004年第6期。

乎不存在对法定代表人的限制。在公司内部关系中,控股股东、董事会或经理处于治理结构的中心,法定代表人发挥作用的余地不大,但在对外关系上,法定代表人则具备广泛的代表权,同时承担较重的法律责任。权力结构失衡导致法定代表人权力寻租、权力滥用、越权行事的情况比较多见。其三,法定代表人权力的极化就是"唯公章"论。法定代表人独任制使其面对公司繁杂的事务分身乏术,因而刻制各类公章以应对不同的交易场景,公章甚至被视为公司的象征,但同时盗用、滥用、借用、伪造(变造)、争夺公章的案例不胜枚举,形成大量纠纷,这也是法定代表人制度困境的外化表现之一。

二、制度展望

尽管各国公司治理模式不同,但都灵活性较高,行政管制色彩较淡。在公司代表机关的设置方面留有较大的选择空间,能够应对不同公司的治理需求。从各国经验来看,作为团体组织,公司应当根据法律和公司章程设置的程序,以公司治理分权制衡为原则,进而以法律明确法定代表人授权,实现公司治理机关权力制约。为此,应当尊重公司的私法主体功能,提升具有自由意志的当事各方共享公司团体运作的共同收益和集合福利。① 一方面,取消法定代表人独任制,消解法定代表人的法定性,赋予公司以更大的自治权和选择权,防止法定代表人专权。另一方面,加强法定代表人信义义务,增强公司实际控制人的信息披露,完善公司股东派生诉讼,建立和完善公司和股东追究法定代表人民事责任的机制。

典型案例

A公司与B公司等借款合同纠纷案②

基本案情

A公司与B公司签订《借款协议》,B公司违约未归还约定款项。A公司提起诉讼,要求B公司归还借款,B公司股东李某承担连带责任。在审理过程中,A公司提交加盖有公司公章及法定代表人人名章的起诉状。但A公司法定代表人张某在审理过程中出庭陈述称公司提交起诉状、授权委托书中的人名章未经其本人同意而加

---

① 参见冯果:《整体主义视角下公司法的理念调适与体系重塑》,载《中国法学》2021年第2期。

② 参见北京市第二中级人民法院民事裁定书,(2022)京02民终8044号。

盖、其不同意定向B公司提起本案诉讼,并提交承诺书不要求李某承担责任。A公司则主张,提起本案诉讼系经公司80%股东决议而为,张某与对方当事人之间存在利益关系。

审判

法院经审理认为,A公司虽主张提起本案诉讼系经公司80%股东决议而为,张某系因与对方当事人之间存在利益关系,因此罔顾公司利益阻挠公司本次诉讼,但考虑张某目前仍为A公司经登记对外公示的法定代表人,根据法律规定,其对外有权代表A公司。在公司股东与公司法定代表人就本案诉讼存在相悖意见的情况下,法院难以对定向公司A公司的诉讼真实意愿、诉讼行为效力等作出判断和确认。且公司法定代表人任职、履职等属于公司内部治理事项,相关法律对于公司董事、监事、高级管理人员不当履职情况下相关法律救济亦有相应规定。在此情况下,法院暂裁定驳回A公司的起诉,A公司可待相关事项明确并依法完成工商变更登记后,另行主张权利。

点评

根据《民法典》第61条第1款、第2款的规定,依照法律或者法人章程的规定,代表法人从事民事活动的负责人,为法人的法定代表人。法定代表人以法人名义从事的民事活动,其法律后果由法人承担。法人章程或者法人权力机构对法定代表人代表权的限制,不得对抗善意相对人。《中华人民共和国民事诉讼法》(以下简称《民事诉讼法》)第51条规定,公民、法人和其他组织可以作为民事诉讼的当事人。法人由其法定代表人进行诉讼,其他组织由其主要负责人进行诉讼。根据《最高人民法院关于适用〈中华人民共和国民事诉讼法〉的解释》第50条规定,法人的法定代表人以依法登记的为准,但法律另有规定的除外。据此,在法定代表人未依法变更登记前,其仍有权代表公司,其法律后果由公司承受。

第三章
公司登记规则的修订完善

因为公司登记直接关系公司的法律主体资格和行为能力范围公司，所以登记规则是公司法中的基础性制度。现行《公司法》第 6 条、第 7 条以及《市场主体登记管理条例》等条文共同构筑了基本的公司登记规则。2021 年《公司法(修订草案)》和 2023 年《公司法(修订草案二次审议稿)》新设“公司登记”一章，明确公司设立登记、变更登记、注销登记的事项和程序。总体而言，《公司法(修订草案)》和《公司法(修订草案二次审议稿)》均新设一章的安排是其亮点之一，但其内容主要是吸收整合了现行《公司法》、《市场主体登记管理条例》(包括早前的原《公司登记管理条例》)中的相关条文，实质性修改有限，新设规则较少。结合现行《公司法》框架下的既有公司登记规则以及《公司法(修订草案)》《公司法(修订草案二次审议稿)》的修订内容。本书认为，公司登记规则至少可在下列三个问题上有所创见，下文将以立法条文的形式逐一分析。

公司登记机关的登记审查义务

公司的设立、变更、终止，应当申请公司登记，并按照法律规定提交材料。

公司应当对提交材料的真实性、合法性和有效性负责。

登记机关应当对提交材料进行审慎审查。

条文主旨

本条是公司登记机关有针对申请公司登记的材料开展审慎审查义务的规定。

要点提示

现行《公司法》第6条仅规定"设立公司,应当依法向公司登记机关申请设立登记"。但并未对应当提供何种材料、登记机关是否审查材料以及如何审查等关涉如何登记的具体事项作具体规定,不能为公司登记的实践操作提供规范指引,进而引发了针对公司登记机关的行政诉讼。这一问题在后续出台的原《公司登记管理条例》并未得到解决,新近出台的《市场主体登记管理条例》明确为"登记机关应当对申请材料进行形式审查",而《公司法(修订草案)》和《公司法(修订草案二次审议稿)》都未能明确公司登记机关的审查义务。并且公司可能会经历设立、变更、终止(注销)三个阶段,公司登记通常也分为设立登记、变更登记、注销登记三个部分,三个部分均要求公司登记,所以公司登记机关的审查应该不限于设立登记,而是需要对设立登记、变更登记、注销登记的申请材料予以审查,《市场主体登记管理条例》已经同等对待,但在《公司法(修订草案)》和《公司法(修订草案二次审议稿)》中似乎都只关注了设立登记的材料审查,如此安排将可能引发法律冲突。因此,本书认为,需要在《公司法》中明确公司登记机关对整个公司登记的"审慎审查义务",进而确保公司登记机关更好地履职。

实质上,公司登记机关对申请资料的客观真实性和实质合法性进行审查需要耗费大量的人力、物力,所以开展实质审查无疑是有难度的。但如果只是对申请资料的表面合法性和形式完整性进行审查,那么此类的审查并无太多实际意义,这不仅增加了行政执法的模糊性,也会影响公司登记的功能定位。故而,登记机关的材料审查需要在登记效率和登记信息准确性两个目标间适当平衡,最理想的方案是介于实质审查和形式审查之间的"审慎审查",具体是指登记机关在审查等级材料时应该尽到"合理注意义务",确保登记机关不会陷入"存在重大过失"的窠臼。

之所以需要明确公司登记机关的审慎审查义务,最终目的在于明确公司登记机关在错误登记中可能承担的法律责任,即只有在存在重大过失的情况下,登记机关可能承担赔偿责任。简言之,登记机关只要尽到了"合理注意义务",错误登记造成的损失无须登记机关赔偿。

背景依据

一、理论背景

在传统意义上,理论界关于公司登记机关的审查义务可以分为形式审查说和实施审查说两类。形式审查说认为,公司登记机关在实施许可时仅对申请材料是否齐全、是否符合法定形式负有审查职责,对申请材料真实性不作审查,也不对申请材料真实性承担责任。实质审查说则主张,登记机关在实施许可时应当对申请材料是否真实有效进行核实,以确保许可的合法有效。不同的审查学说反映不同的审查标准,代表着不同的价值取向:形式审查重在突出登记效率,实质审查旨在强调交易安全。

为了更好地平衡,有学者提出了“审慎合理审查说”①,其实质是要求登记机关在登记审查时要尽到合理的注意义务,具体则要求登记机关及其工作人员在履行登记审查职责时,对于申请人提交的申请材料,在主观上必须尽到作为职业人员的合理注意义务,在客观上必须采取适当的措施并防止危害后果的发生,否则视为登记机关主观上存在过错。其法理基础源于怠于履行行政义务的要素之一——“合理的注意义务”,即要求行政机关尽职尽责,维护相对人的合法权益,减少对相对人造成损害。

相较于形式审查说和实施审查说而言,审慎合理审查说具有一定的折中属性,其既没有要求登记机关只履行流于形式的形式审查,也避免陷入过度介入的实质审查,实则是需要在登记效率和登记信息准确性这两个目标间取得恰当的平衡。②

二、规则演化

实际上,公司登记机关具体应该承担何种材料审查义务在实践中有着多重面相,本书略作梳理。

首先,行政部门在公司登记规范中先后确立了“实质审查—折中审查—形式审查”的演变。国务院 1988 年制定实施的原《中华人民共和国企业法人登记管理条例》(以下简称《企业法人登记管理条例》)第 38 条第 2 款规定:“审查提交的文件、证件和填报的登记注册书的真实性、合法性和有效性,并核实有关登记事项和开办条件。”当时,《公司法》尚未颁布实施,公司登记审查标准的法律依据只能援引原《企业

---

① 汪菲:《行政登记审慎合理审查标准研究——基于中国行政审判案例(第 10 号)而展开的分析》,载《公法研究》2016 年第 2 期。

② 参见刘凯湘:《我国商事主体登记制度改革的难题与路径——以登记效力的考察为中心》,载《中国法律评论》2022 年第 3 期。

法人登记管理条例》确立的实质审查标准,即公司登记机关应当审查申请材料的真实性、合法性和有效性;同时,还应当核实公司登记事项和开办条件。国务院于2000年修订原《企业法人登记管理条例》,并规定:"审查提交的文件、证件和填报的登记注册书是否符合有关登记管理规定,并核实有关登记事项和开办条件。"从审查文件的"真实性、合法性和有效性"转变到只需审查申请文件"是否符合有关规定",说明我国立法对公司登记审查原则的规定已经向"形式审查标准"倾斜。[①]

《中华人民共和国行政许可法》(以下简称《行政许可法》)第 12 条明确规定:"下列事项可以设定行政许可……(五)企业或者其他组织的设立等,需要确定主体资格的事项。"通常认为该条规定从法律上宣告了公司登记的行政许可性质,那么也就意味着公司登记应该适用《行政许可法》的相关规定。《行政许可法》第 34 条规定:"行政机关应当对申请人提交的申请材料进行审查。申请人提交的申请材料齐全、符合法定形式,行政机关能够当场作出决定的,应当当场作出书面的行政许可决定。根据法定条件和程序,需要对申请材料的实质内容进行核实的,行政机关应当指派两名以上工作人员进行核查。"第 56 条规定:"实施本法第十二条第五项所列事项的行政许可,申请人提交的申请材料齐全、符合法定形式的,行政机关应当当场予以登记。需要对申请材料的实质内容进行核实的,行政机关依照本法第三十四条第三款的规定办理。"自此,公司登记机关的审查权具有了根据"需要"来开展实质审查的裁量权。此种规定在原《公司登记管理条例》第 53 条中得到了延续,具体表述为"公司登记机关需要对申请文件、材料核实的,应当自受理之日起 15 日内作出是否准予登记的决定",即表明登记机关形成了以形式审查为主、实质审查以需要为限的折中审查模式。

《市场主体登记管理条例》第 19 条则第一次明确了,登记机关应当对申请材料进行的是形式审查,国家市场监督管理总局在《市场主体登记管理条例实施细则(征求意见稿)》第 59 条将"形式审查"界定为"登记机关对申请材料的形式要件是否具备进行审查,包括申请材料是否齐全,是否符合法定形式",然而在最终通过的《市场主体登记管理条例实施细则》则删除了该条文,仅在第 18 条将登记

---

① 参见李孝猛:《我国公司登记审查的法律原则:新折衷审查标准——基于规范分析的实证视角》,载《中国工商管理研究》2013 年第 3 期。

机关确认登记的条件限定为“申请材料齐全、符合法定形式的”，似乎是在变相解释“形式审查”。

其次，法院通过司法文件和司法裁判确立“审慎审查”和“法定条件审查”两种观点。因为信息不对称的存在致使公司登记中的错误登记在所难免，法院也因此不得不面对大量因错误登记而引发的诉讼，其中有很大一部分是认为公司登记机关审查不力，进而要求登记机关承担错误登记的赔偿责任。然而，既有法律并未对此作明确规定，在此背景下，最高人民法院为了规范公司登记行政案件的审理，于 2012 年出台了《关于审理公司登记行政案件若干问题的座谈会纪要》(以下简称《公司登记纪要》)，其中对“以虚假材料获取公司登记的问题”“登记机关进一步核实申请材料的问题”等问题作出了统一的解释，初步确立了登记机关的“审慎审查”义务。其中，在“登记机关进一步核实申请材料的问题”部分明确提出：“登记机关无法确认申请材料中签字或者盖章的真伪，要求申请人进一步提供证据或者相关人员到场确认，申请人在规定期限内未补充证据或者相关人员未到场确认，导致无法核实相关材料真实性，登记机关根据有关规定作出不予登记决定，申请人请求判决登记机关履行登记职责的，人民法院不予支持。”可见，法院认为，登记机关应该在部分材料的真实性上履行核实职责。之后，最高人民法院在《关于对〈关于审理公司登记行政案件若干问题的座谈会纪要〉的疑问的答复》中将相关问题进一步解释为以下 3 点：(1)因提供的申请材料虚假导致错误登记造成损失的，原则上应当由申请人承担赔偿责任。《行政许可法》第 31 条规定：“申请人申请行政许可，应当如实向行政机关提交有关材料和反映真实情况，并对其申请材料实质内容的真实性负责。”其中，有关申请人对申请材料实质内容的真实性负责的规定，在公司登记中的体现，包括申请人应当承担因申请材料虚假造成错误登记的损失赔偿责任，即因申请材料虚假造成错误登记的赔偿责任，原则上这一责任应当由申请人承担。(2)公司登记机关只有在恶意串通等重大过失的情况下，才可能承担赔偿责任。考虑到法律关于申请人应当对申请材料的真实性负责的要求，公司登记机关原则上对错误登记不承担赔偿责任，只有登记机关对错误登记存在恶意串通、故意或者重大过失的情况下，登记机关才可能承担赔偿责任，《公司登记纪要》关于审慎审查义务的规定，主要是指公司登记机关在登记过程中存在重大过错，例如，已经有明显证据表明登记材料可能存在虚假，或非专业人员在不采取专业技术辨别的情况下也可发现疑问，而公司登记机关未采取进一步调查核实的措施导致错误登记等情况。(3)关于“是不是所有股东签字都要股东本人到场核对笔迹才算尽到审慎审查义务”的问题,《公司登记纪要》规定了公司登记机关在无法确认申请材料中签字或者盖章的真伪时,可以要求申请人进一步提供证据或者相关人员到场确认。但并不等于公司登记机关在办理登记时,未要求申请人进一步提供证明签名真实性的证据或者相关人员到场确认,人民法院就可以认定公司登记机关的登记行为未尽到审慎审查义务。二者不能简单等同,人民法院不能单独以公司登记机关在办理登记时,没有进一步要求申请人提供证明签名真实性的证据,或者相关人员到场确认即认定登记机关未尽到审慎审查义务,仍然要结合其他情形判断公司登记机关是否尽到审慎审查义务。简言之,最高人民法院将是否尽到审慎审查义务作为判断登记机关是否承担行政赔偿责任的标准,但对具体的审查内容的规定仍然不够明确。

为了进一步准确地在行政诉讼中评价登记机关的审查行为,最高人民法院在(2017)最高法行申4779号行政裁定中提出了“法定条件审查说”,具体是指公司登记机关根据《公司法》和《公司登记条例》等法律法规的规定,审查相关主体的变更登记申请,如申请人提供的书面材料能够成立,不存在表面上不符合规定之处,则予以变更登记;相反,如申请人提供的书面申请材料存有疑点或者不能确定,则不予变更登记。同时,将前述的“登记机关进一步核实申请材料的问题”细化为5个问题:一是登记机关必须对申请材料真实性进行审查;二是对申请材料真实性的审查首先是形式上的,即看是否存在表面上的不一致或错误之处;三是如果登记机关无法得出真实或虚假的结论,则需要进一步核实,申请人必须配合;四是登记机关无法得出是否真实结论的,可以不予变更登记,或者完善和补充材料后再提出申请;五是登记机关可以判断申请材料本身是否合法、有效,但对申请材料记载的内容是否合法、有效无法作出实质判断,只能是形式上的判断。上述座谈会纪要较全面系统地提出了包括变更登记在内的公司登记的一般审查模式,即法定条件审查模式。

典型案例

丁某诉某行政管理局撤销南京某建材有限公司登记纠纷案①

基本案情

2010年9月7日，持有“郑某”身份证的自然人，以丁某、栾某共同委托代理人的身份向被告申请注册南京某建材有限公司，被告于当日向郑某核发了该公司的营业执照，该公司法定代表人为丁某，股东为丁某、栾某。2012年，丁某称其在办理自己的独资公司的税务登记证时，才发现自己是南京某建材有限公司的法定代表人，遂认为某行政管理局在注册登记南京某建材有限公司时，未尽到审慎的审查义务，要求被告撤销其所注册的“南京某建材有限公司”。

在审理过程中，法院调查了注册为南京某建材有限公司的另一股东的栾某，其陈述，自己从未委托他人注册过公司，也不认识丁某、郑某，注册所用旧身份证在南京市新街口被偷了，其于2010年7月重新办了新身份证。对工商注册登记中出现的“栾某”的签名，栾某表示都不是自己的笔迹；对注册登记中登记为南京某建材有限公司注册地址的大校场路××号×幢×××室，经房产部门查档后发现无此地址，被告注册登记中依据的该房产的产权证也不存在；法院向机场派出所刘警官核实。刘警官表示其管段内无该假房产证上的地址，也无南京某建材有限公司这家单位，通过警务平台也无法查实并联系实际办理公司登记的“郑某”其人。

审判

南京市秦淮区人民法院审理认为，被告作为公司登记机关，应依法履行职责，根据原《企业登记程序规定》中的相关规定，被告对所登记企业的申请材料是否齐全，是否符合法定形式进行审查，需要对申请材料的实质内容进行核实的，应当依法进行核实。从本案中被告提交的登记材料及法院调查的情况看，被告未尽到审慎审查、核实的义务：被告对委托代理人郑某提交的“公司董事会成员情况表”“法定代表人登记表”“共同委托代理人证明”“房屋租赁合同”“产权证复印件”等材料的真实性均交由申请人郑某自行核对，该做法与其法定义务相悖，直接导致以伪造的产权证登记，公司所登记的地址根本不存在的后果；被告在登记中违反出具经营场所证明的相

---

① 参见江苏省南京市秦淮区人民法院行政判决书，(2012)秦行初字第13号。

关规定，以申请人的说明来代替住所所在地居委会或业委会的住所登记表，不符合办理公司登记的流程规范；郑某于 2010 年 9 月 7 日向被告提交的申请材料中，股东会决议、公司章程、验资报告、丁某及栾某委托郑某办理登记的委托手续等材料均在申请登记的当天取得(2010 年 9 月 7 日)，不合常理。综上所述，法院认为，被告在本案的登记过程中未尽到审慎审查的义务，其所登记的南京某建材有限公司注册地址虚假，并有违反审查程序的情形，应当撤销被告对该公司的注册登记。

点评

本案的争议焦点实际上是如何评价公司登记机关对公司登记材料的审查行为是否恰当，其审查行为的瑕疵主要有三：一是登记机关并未自行核对材料真伪，而交由申请人处理；二是登记机关采信申请人的说明，而非法定证明；三是申请人提供的委托材料有悖常理。其中，申请人用自身出具的经营场所证明替代所在地居委会或业委会提供的住所登记表的行为并不符合设立登记的流程规范，属于形式审查的失职，那么出现的产权证伪造、公司登记地址不存在和委托材料有悖常理等情况则不属于形式审查范围，但若不管不顾则会变相鼓励公司登记中使用虚假材料，从而给相对人的利益造成损害。所以，公司登记机关针对登记材料的审查义务必须有一个合理的标准，不能仅停留在“申请材料是否齐全、是否符合法定形式”层面，登记机关应该在一个必要的范围审查登记材料的真实性。

公司登记的效力

申请材料符合规范要求的，公司登记机关应该当场登记，出具登记通知书，并根据需要制发或换发营业执照，同时将公司登记事项信息通过统一的企业信息公示系统向社会公示。

申请材料不齐全或者不符合法定形式的，公司登记机关应当一次性告知需要补正的材料。

公司登记事项未经登记或者未经变更登记，不得对抗善意相对人。

条文主旨

本条是关于公司登记效力的统领性规定。

要点提示

公司登记本身并不是目的,其设计是为了平衡交易安全和效率,确立公司登记的效力体系是公司登记规则的最终落脚点。现行《公司法》第 7 条规定:"依法设立的公司,由公司登记机关发给公司营业执照。公司营业执照签发日期为公司成立日期。公司营业执照应当载明公司的名称、住所、注册资本、经营范围、法定代表人姓名等事项。公司营业执照记载的事项发生变更的,公司应当依法办理变更登记,由公司登记机关换发营业执照。"显而易见,本条规定主要是针对公司设立登记和公司变更登记的确认效力。《公司法》第 32 条第 3 款和《民法典》第 65 条均规定了公司登记事项未经登记或者变更登记不得对抗相对人。《民法典》第 66 条规定"登记机关应当依法及时公示法人登记的有关信息",实际上 2016 年《公司登记管理条例》第 55 条也明确要求"公司登记机关应当将公司登记、备案信息通过企业信用信息公示系统向社会公示",确保公司登记的公信力,但《市场主体登记管理条例》仅规定公司登记机关吊销营业执照撤销市场主体登记等特殊事项的公示义务,《公司法(修订草案)》第 34 条和《公司法(修订草案二次审议稿)》第 32 条吸纳了 2016 年《公司登记管理条例》第 55 条所确立的登记机关公司登记信息公示义务。综上,现有法律规范基本确立了公司登记信息的确认力、公信力、对抗力三种效力体系。但是,公司登记的效力体系是通过多个零散的条文实现的,其体系性不强,并且受到设立登记、变更登记各自分立的影响,缺乏统领性。对此,本书认为,应该确立公司登记效力的统领性规则,形成"统领性规则 + 具体化规则"的效力体系。

通过公司登记获得营业执照是公司成立的标志,是法律对于其商主体资格的确认,但考虑到此处仅适用于设立登记,所以不宜在统领性条款中规定,故而笼统表述为"出具登记通知书,并根据需要制发或换发营业执照"。此处缺失的设立登记效力可以通过单独条款明确,具体可继续沿用现行《公司法》第 7 条第 1 款后半段和第 2 款,即"公司营业执照签发日期为公司成立日期。公司营业执照应当载明公司的名称、住所、注册资本、经营范围、法定代表人姓名等事项"。

通过公示公司登记信息确立其公信力有助于提高登记信息的传播效率,便利社会公众获取登记信息,这无疑是好的。《民法典》第 66 条以及《公司登记管理条例》(已废止)第 55 条、《公司法(修订草案)》第 34 条、《公司法(修订草案二次审议稿)》第 32 条似乎都有意于此,但是也存在问题:一是该条文单独规定公司登记机关的公示义务,无法确定登记与公示的关系,更无法判断法人登记的公示效力是自登记时产生还是公示时产生;二是将公司登记和备案混同处理,但两者明显存在较大差别,[①]如此安排容易造成误导,引发麻烦,也不符合形式逻辑要求。对此,本书认为,将登记机关的公示义务直接放在登记审查之后能够较好地消解前述两个问题。

在解决了公司登记的确认效力和公信效力之后,公司登记的对抗效力也就顺理成章地紧随其后,也即未经登记不得对抗善意相对人,具体可以理解为登记义务人"公司"不得以登记内容对抗相信登记内容的相对人。但现行《公司法》第 32 条第 3 款指向的对抗效力似乎有所限定,结合该条前两款来看,此处的对抗仅限于相信股东登记信息的"第三人",无论是信息范围还是所保护的主体都有所限制。本书认为,可以与《民法典》保持统一,将对抗效力限定为对抗相信登记内容的相对人,保持对"相对人"的范围解释空间。至此,公司登记的确认力、公信力、对抗力在一个条文中得以妥善解决。

背景依据

一、理论背景

公司登记的效力问题素来是公司法中的争议性命题,既有共识,也有分歧,其中,不可避免地涉及公司登记的性质与功能等基础性问题。鉴于此,本书也将相关的理论背景略作介绍。

(一)公司登记的性质

公司登记属于商事登记中最主要的形式,所以也有部分著述将其放在商事登记的框架下讨论,目前的主流观点主要分为行政许可说、行政确认说两种。行政许可说的主张主要依据 2004 年颁布的《行政许可法》第 12 条第 5 款"企业或者其他组织的设立等,需要确定主体资格的事项"可以设定行政许可的规定,进而认为商事登记是

---

① 参见刘斌、张昕惠:《商事主体登记与备案之辨——兼评〈商事主体登记管理条例(草案)〉》,载《经贸法律评论》2021 年第 2 期。

政府对市场进行管理的制度手段，是针对商事主体资格及经营能力的批准行为，属于行政许可的范畴。[①] 行政确认说认为以公司登记为典型的商事登记采用的是准则主义，其本质是对商事主体资格的记载和公示，并非针对普遍禁止的经营范围的赋权，理应属于行政确认。[②]

总体来看，公司登记的行政许可以说多半是受到现行《行政许可法》的影响，但从实质层面来看确实不具有行政许可的特性，定性为行政确认更加妥当。对此，也有研究者将其概括为"行政许可是现状，行政确认是趋势"[③]或者"从行政许可走向行政确认"[④]，本书也主张应该在修订《行政许可法》时改变公司登记名不副实的格局。

（二）公司登记的功能

公司是法律拟制的产物，公司登记是为了确认公司主体资格的记载和公示，其核心功能有二：一是公司登记的确认功能，二是公司登记的公示功能。公司登记使公司取得了商主体资格，就是主体资格确认。公司登记的公示功能具体通过公司登记的公信力和对抗力来实现。商事登记公信力给出的答案是以登记信息所表现出的权利与身份作为真实有效的信息。[⑤] 换言之，对于那些出于对公司登记信息信赖而与商主体进行交易的相对人，其无须担心因信息登记错误而给自己带来损失。商事登记中的对抗力，是指任何商事信息一旦经商事登记予以公示，法律便认为其已经向社会公众公开，事实上公众也确实可以在登记机关或者信息公示平台上获取这些信息。公司登记的效力本质上是为公司登记的功能服务的，所以其效力也就可以分为确认效力和公示效力，而公示效力可以细分为公信力和对抗力。

二、规则演化

前文的阐述已经大致呈现了我国公司登记规则中关于登记效力的主要立法确定，但是其规范分别来自不同时期的规范文本，也就意味着现有的公司登记效力规则

---

① 参见艾琳、王刚：《商事登记制度改革的行政审批视角解析——兼评广东省及深圳市商事登记制度改革的实践》，载《中国行政管理》2014 年第 1 期。

② 参见赵旭东、邹学庚：《商事登记效力体系的反思与重构》，载《法学论坛》2021 年第 4 期。

③ 俞斌：《商事登记立法的三个先决问题》，载《中国市场监管研究》2021 年第 2 期。

④ 罗培新：《优化营商环境视域下我国商事主体登记制度之完善》，载《华东政法大学学报》2021 年第 6 期。

⑤ 参见王令浚：《商事登记法律制度研究》，对外经贸大学 2007 年博士学位论文，第 69 页。

是规则进化的结果。为了更好地理解相关规则的生成背景,下文将进行简要梳理。

我国最先确定的公司登记效力为设立登记的确认力,1993 年颁布的《公司法》第 27 条规定"公司营业执照签发日期,为有限责任公司成立日期",2005 年修订的《公司法》才将公司登记的确认力普遍适用于所有公司,但至今为止尚未确认变更登记的确认力。而公司登记的公信效力始于 1994 年的原《公司登记管理条例》,受制于技术手段将具体方式限定为"供社会公众查阅、复制";2014 年修订的原《公司登记管理条例》开始要求通过企业信用信息公示系统向社会公示,同时也开启了将备案信息与登记信息混同处理的先河。公司登记的对抗效力为法律确认的时间最晚,2005 年修订的《公司法》才开始确立"未经登记或者变更登记的股东信息不得对抗第三人"规则。由此观之,关于公司登记的确认力、公信力、对抗力三维体系在 2005 年才基本成型。

近年来的深化市场改革推动了以"放管服"为核心商事登记制度改革,降低了企业设立门槛,激发了市场内在活力,营商环境不断优化。商事登记制度改革势必会对商事登记的效力产生影响,主要表现为登记确认力弱化、公信力降低和对抗力加强。① 这也意味着公司登记的效力规则体系应该适当调试,确保以确认力、公信力、对抗力为内核的登记效力规则体系化。

典型案例

王某某诉宜兴某化工公司股东资格确认纠纷案②

基本案情

2011 年 12 月,江苏某环境工程承包公司的股东作出决定一份,某企业公司作为江苏某环境工程承包公司的股东持有 100% 的股权,同意江苏某环境工程承包公司新增投资总额 53,000 万元,新增注册资本 35,000 万元;新增注册资本中的 35,000 万元,由其与新增的投资方共同认购,其中宜兴某化工公司股东出资 2887.5 万元认购

---

① 参见张学文:《商事制度改革背景下商事登记效力的变迁》,载《福建论坛(人文社会科学版)》2016 年第 12 期。

② 参见江苏省无锡市中级人民法院民事判决书,(2017)苏 02 民终 3235 号。

江苏某环境工程承包公司本次新增注册资本 550 万元,余额 2337.5 万元作为资本公积。王某某在宜兴某化工公司股东出资认购的江苏某环境工程承包公司前述注册资本中作为实际出资人出资 210 万元,并通过宜兴某化工公司代持其中 40 万股股份。2011 年 12 月 15 日,江苏某环境工程承包公司对注册资本、公司类型、股东等进行了变更登记,注册资本从 5000 万元变更为 40,000 万元,公司类型从有限责任公司(外国法人独资)变更为有限责任公司(中外合资),股东从某企业公司变更为某企业公司、宜兴某化工公司股东等。2016 年 1 月,江苏省宜兴市人民法院裁定受理江苏某农村商业银行对宜兴某化工公司的破产清算申请,后又指定无锡某清算事务公司为管理人。2016 年 7 月,江苏省某环境工程承包公司的首发申请获得证监委通过。截至 2016 年 11 月 14 日,宜兴某化工公司股东仍为江苏某环境工程承包公司股东,持有江苏某环境工程承包公司 550 万股股份。在宜兴某化工公司股东破产后,王某某以其为代持股的实际权利人为由提起诉讼,要求确认股权归其所有。

审判

王某某以宜兴某化工公司名义出资购买讼争股份,并登记于宜兴某化工公司名下。根据《公司法》的相关规定,股权变更经登记发生法律效力,对外具有公示效力,宜兴某化工公司在外观上已具有股东特征。讼争股份作为现拟上市的江苏某环境工程承包公司股份,其股东持有股份和变动的情况更应以依法披露的公开信息及具有公示效力的登记为准。前述登记所具有的公示力对第三人来说,即第三人有权信赖登记事项的真实性。讼争股份是登记在宜兴某化工公司名下的财产,现宜兴某化工公司已进入破产清算程序,并已被法院裁定宣告破产,宜兴某化工公司的债权人难以得到全额清偿。宜兴某化工公司的破产债权人基于讼争股份登记公示的外观,有理由相信宜兴某化工公司是讼争股份的真正权利人,并依据该信赖以讼争股份进行公平清偿。如仅考虑实际出资人和名义股东之间的内部关系,从而支持王某某关于确认及返还股权的诉讼请求,必将损害宜兴某化工公司债权人的利益。因此,法院在对代持股的外部和内部关系所涉及的利益综合衡量的基础上,遵循商法的外观主义和公示主义原则,优先保护宜兴某化工公司的债权人作为善意第三人的信赖利益。但王某某仍可通过破产程序申报债权以实现其债权。法院依据《公司法》第 32 条、第 96 条,《企业破产法》第 30 条之规定,判决驳回王某某的诉讼请求。

点评

本案的主要争议焦点为实际出资人王某某借用名义股东,即宜兴某化工公司的名义向江苏某环境工程承包公司出资,王某某与宜兴某化工公司之间存在代持股关系,在宜兴某化工公司破产后,王某某以其代为持股的实际权利人为由提起诉讼,要求确认股权归其所有的,人民法院应否支持。从诉讼请求来看,实际上是一个实际出资人与名义股东因投资权益的归属争议问题。最高人民法院在《公司法司法解释(三)》第25条规定,有限责任公司的实际出资人与名义股东因投资权益的归属发生争议,实际出资人以其实际履行了出资义务为由向名义股东主张权利的,人民法院应予支持,可见法院并不反对实际出资人谋求股东地位,但该争议不仅涉及实际出资人的股东资格和权益,还涉及公司内部其他股东以及公司外部第三人的权益。为了保障交易安全和效率,需要优先保护外部善意当事人权利。此外,该案的破产债权人是否属于《公司法》第32条规定的第三人范畴也值得关注,通常应解释为"与显名股东存在股权交易关系的债权人",这与立法目的不符,故而本书认为学习《民法典》引入"相对人"更妥当。

公司登记瑕疵的处理

公司登记存在瑕疵的,公司登记机关可以根据利害关系人的申请或者依职权调查处理:因申请人过错导致一般性瑕疵的,可以责令申请人补充或更正材料、变更程序、变更登记;因虚报注册资本、提交虚假材料和采取其他欺诈手段隐瞒重要事实等情形导致严重瑕疵的,应当撤销公司设立登记;因公司登记机关自身的疏忽或未尽审慎审查义务导致的瑕疵,应当采取必要的行政程序纠正。

对公司登记机关处理不服的,利害关系人可以向人民法院提起诉讼。

条文主旨

本条是关于公司登记瑕疵的处理规定。

要点提示

现行《公司法》第198条规定："违反本法规定，虚报注册资本、提交虚假材料或者采取其他欺诈手段隐瞒重要事实取得公司登记的，由公司登记机关责令改正，对虚报注册资本的公司，处以虚报注册资本金额百分之五以上百分之十五以下的罚款；对提交虚假材料或者采取其他欺诈手段隐瞒重要事实的公司，处以五万元以上五十万元以下的罚款；情节严重的，撤销公司登记或者吊销营业执照。"据此，我国当前对于公司登记存在瑕疵的情形处理如下：情节轻微的，责令改正；情节严重的，撤销公司登记或者吊销营业执照；根据申请登记公司的违法情形处以不同额度的罚款。细究之，可以发现以下问题：一是将公司登记存在瑕疵的情形仅仅归为虚报注册资本、提交虚假材料或者采取其他欺诈手段隐瞒三类，忽略了公司登记机关自身可能导致的瑕疵；二是将严重的公司登记瑕疵的处理设置为撤销公司登记或者吊销营业执照，两者在实质上有何异同以及如何区分适用均不明确；三是将公司登记瑕疵的处置机构规定为公司登记，排除了其他可能的救济途径。对此，《公司法（修订草案）》和《公司法（修订草案二次审议稿）》均有所调整，前者将原条款细分为第32条和第244条，将原条款拆分为第39条和第246条，其中将公司登记瑕疵的情形分别表述为"虚报注册资本、提交虚假材料或者采取其他欺诈手段隐瞒重要事实取得公司登记的，公司登记机关根据利害关系人的申请或者依职权调查属实的，撤销公司登记"和"虚报注册资本、提交虚假材料或者采取其他欺诈手段隐瞒重要事实取得公司登记的，公司登记机关应当依法予以撤销"，法律责任统一为"违反本法规定，虚报注册资本、提交虚假材料或者采取其他欺诈手段隐瞒重要事实取得公司登记的，由公司登记机关责令改正，对虚报注册资本的公司，处以虚报注册资本金额百分之五以上百分之十五以下的罚款；对提交虚假材料或者采取其他欺诈手段隐瞒重要事实的公司，处以五万元以上二十万元以下的罚款；情节严重的，处以二十万元以上一百万元以下的罚款，吊销营业执照"。从上述规定中可以发现《公司法（修订草案二次审议稿）》相较于《公司法（修订草案）》的进步在于将公司登记瑕疵的发现方式作了模糊化处理，总体上还是将公司登记瑕疵的处理分为撤销公司登记和行政处罚两个部分，这似乎是在有意强调撤销公司登记不属于行政处罚，但是这两条规定仍未能解决前述的第一个问题和第三个问题，并且为登记瑕疵预留的补救空间也有限。所以，本书认为，公司登记瑕疵应该分情况处理，并提供司法救济为兜底性保障。

公司登记的瑕疵具体可以细分为一般性瑕疵和严重瑕疵，如果一概采用撤销设立登记的处理，有时可能会产生债务清偿主体和责任转移的连锁反应，[①]所以需要审慎对待公司登记瑕疵。具体而言，不违反设立公司的实质条件的一般性瑕疵可以补救，具体可以通过补充或更正材料、变更程序、变更登记来实现；针对违反设立公司的实质条件的严重瑕疵的，应该撤销设立登记。此外，针对公司登记机关可能导致的瑕疵，也应该为其采取行政纠错提供通道。当然，我们还需要考虑公司登记机关的审查能力有限，部分需要针对申请材料开展实质性审查的登记瑕疵可能难以通过公司登记机关解决，无疑需要司法为其兜底，在现实中也是如此，对此法律予以确认也是应当的。

需要说明的是，本条所针对公司登记瑕疵的处理仅仅关注公司登记状态对相关债权人利益的损害程度和对第三人权益或社会经营秩序的影响，并不针对公司登记过程中的过错进行评价，其过错评价应该由相应的法律责任规则所确立，本条款并不涉及法律责任问题，相关问题亦不讨论。

背景依据

一、政策背景

在现行《公司法》中，仅在第198条出现了"撤销公司登记"的表述，并且是将"撤销公司登记"和"吊销营业执照"供选择使用，《公司法(修订草案)》和《公司法(修订草案二次审议稿)》对此有意作了拆分，"撤销公司登记"不再属于法律责任部分，其本质上与当前关于撤销公司登记的法律定性有关。根据最高人民法院《公司登记纪要》规定，"一、以虚假材料获取公司登记问题，因申请人隐瞒有关情况或者提供虚假材料导致登记错误的，登记机关可以在诉讼中依法予以更正。登记机关依法予以更正且在登记时已尽到审慎审查义务，原告不申请撤诉的，人民法院应当驳回其诉讼请求。原告对错误登记无过错的，应当退还其预交的案件受理费。登记机关拒不更正的，人民法院可以根据具体情况判决撤销登记行为、确认登记行为违法或者判决登记机关履行更正职责。公司法定代表人、股东等以申请材料不是其本人签字或者盖章

---

① 参见肖海军：《论公司设立登记撤销制度——以〈公司法〉第199条的适用展开》，载《中国法学》2011年第2期。

为由,请求确认登记行为违法或者撤销登记行为的,人民法院原则上应按照本条第一款规定处理,但能够证明原告此前已明知该情况却未提出异议,并在此基础上从事过相关管理和经营活动的,人民法院对原告的诉讼请求一般不予支持”。又根据全国人大常委会法制工作委员会关于《公司法》第198条“撤销公司登记”法律性质问题的答复意见,撤销被许可人以欺骗等不正当手段取得的行政许可,是对违法行为的纠正,不属于行政处罚。由此可见,在立法者看来,“撤销公司登记”是一种行政纠错行为。

在实践中,冒用他人身份信息取得公司登记是最常见的登记瑕疵,为了更好地解决这一问题,市场监管总局出台了《关于撤销冒用他人身份信息取得公司登记的指导意见》(国市监信〔2019〕128号),其中也要求“审慎作出撤销登记决定”,也表明市场监管总局也认为不能机械地适用理解和适用《公司法》第198条。

二、考量依据

正如前文所述,公司登记机关对公司登记申请材料的审查难以实现实质审查,只能折中选择审慎审查,登记机关只需要尽到合理注意义务,如此安排难以确保申请材料的真实性,尤其是签名的真实性缺乏保障,导致冒名登记现象泛滥,[①]影响了被“签名”的第三人权益和潜在的债权人利益,法律必须针对审慎审查中可能出现的登记瑕疵有所预见。撤销公司登记的最终效果会导致市场主体资格的消灭,实际上会影响整个市场环境,理应审慎作出撤销登记决定。故此,应该将公司登记瑕疵区分为一般性瑕疵和严重瑕疵。一般性瑕疵,是指公司登记瑕疵不会损害相关债权人利益和影响第三人权益或社会经营秩序,相关瑕疵可以通过补救消除的情形,如程序性缺漏的补正或者冒名登记中被冒用人的事后追认均属于可以补救的情形,此时采用撤销公司登记过于严苛;严重瑕疵,是指公司登记瑕疵会损害相关债权人利益和影响第三人权益或社会经营秩序,此类登记通过补救也无法消除登记瑕疵的负面影响,如公司登记中的唯一股东属于冒名且不追认的。

---

① 参见刘凯湘:《我国商事主体登记制度改革的难题与路径——以登记效力的考察为中心》,载《中国法律评论》2022年第3期。

典型案例

胡某某与某市场监督管理局某分局工商行政登记纠纷上诉案①

基本案情

A金属材料公司成立于2003年2月26日，注册资本50万元，股东为原告胡某某和案外人林某某，由胡某某担任法定代表人。因未参加2009年年检，A金属材料公司于2010年12月6日被吊销营业执照。A金属材料公司经过两次公司决议商定了公司的清算与注销事宜。2013年5月6日，胡某某以清算组负责人签名并书面授权委托职工张某向被告提交《公司注销登记申请书》，同时向被告提交了委托书、营业执照正副本、备案通知书、股东会决议、公告和清算报告。同日，某市场监督管理局(以下简称某监管局)根据胡某某和委托人张某签名提交的《公司备案申请书》，在《备案审核表》上核准备案，并制作《企业登记证照颁发及归档记录表》。2017年10月30日，案外人林某某向某监管局提交《关于要求撤销原舟山某金属材料公司注销的请求》。案外人林某某于2018年1月22日向某监管局提交由某司法鉴定中心出具的《司法鉴定意见书》，该鉴定报告明确公司清算、注销等程序中的系列签名系伪造。2018年1月25日，某监管局制作《撤销公司登记立案审批表》。2018年5月28日，某监管局向胡某某和林某某发出《撤销登记听证告知书》。2018年6月12日，某监管局对A金属材料公司出纳张某进行调查询问。2018年6月19日，胡某某向某监管局提交关于要求听证的申请报告，某监管局于同日向胡某某送达《听证通知书》。2018年7月2日，某监管局组织听证，胡某某及其委托代理人参加听证。2018年8月8日，某监管局对林某某制作询问笔录。2018年8月17日，某监管局对胡某某再次进行询问并制作询问笔录。在履行内部讨论程序后，某监管局于2019年1月16日作出了涉案《撤销登记决定书》。胡某某对某监管局作出的舟市监定企撤字(2019)1号《撤销登记决定书》不服，请求法院撤销。

---

① 参见浙江省舟山市中级人民法院行政判决书，(2019)浙09行终89号。

审判

审理法院认为,A 金属材料公司于 2013 年 5 月 6 日经核准注销,该公司在实体上已不复存在,而且没有证据证明该注销登记行为损害了相关债权人利益,亦不存在影响第三人权益或社会经营秩序的问题。公司登记机关作出被诉撤销登记决定,认定 A 金属材料公司构成提供虚假材料取得公司登记且情节严重的违法行为主要依据不足,A 金属材料公司股东林某某认为,相关注销登记申请材料上其签名不实,并不属于违反《公司法》第 198 条等法律规定的应予撤销公司注销登记的情节严重情形。且被上诉人在 A 金属材料公司已实际注销 4 年后,未综合考量 A 金属材料公司因被吊销营业执照后依法必须进行清算、注销,且 A 金属材料公司在注销后已不具备公司法律特征,以及撤销注销登记可能会对既存的社会经营管理秩序造成不良影响等实际情况,径直根据《公司法》第 198 条的规定作出撤销注销登记决定,缺乏必要性与合理性,法律适用不当。至于林某某主张其作为 A 金属材料公司股东在清算、注销登记过程中存在权益被侵害等问题,可以通过民事诉讼等途径另行提起权利救济。

点评

本案案情较复杂,其核心是公司登记机关和法院对《公司法》第 198 条规定的理解。从判决结果来看,两者对于该条文的理解存在差异:案中的某监管局因案外人举报调查发现 A 金属材料公司构成提供虚假签名材料取得公司注销登记,进而认为该情形符合《公司法》第 198 条所规定的情节严重,所以作出了撤销早前公司注销登记的决定,而法院认为,相关注销登记申请材料上其签名不实,并不属于违反《公司法》第 198 条等法律规定的应予撤销公司注销登记的情节严重情形,加上 A 金属材料公司因未通过年检而被吊销营业执照的事实,并不存在损害相关债权人利益和影响第三人权益或社会经营秩序的问题,所以认为公司登记机关撤销注销登记决定的处理不当。简单地讲,法院在理解《公司法》第 198 条时考量了提供虚假材料取得公司登记的后果,而登记机关的处理有些简单。故此,引入法院的审查作为兜底是有必要的。与此同时,为了更好地理解公司登记瑕疵的处理规则,应该对公司登记中存在的瑕疵情形分情况列明,并在考虑相关登记的实际影响基础上认定属于一般性瑕疵还是严重瑕疵,唯有如此,方能实现该条文的立法目的。

第四章
有限责任公司股权转让规则的修订完善

股权转让纠纷是与有限责任公司有关纠纷的焦点,实证研究表明仅涉及股权转让纠纷的案件就占所有"与公司有关的纠纷"的47%。[①] 对此诉争焦点,现行《公司法》第三章(对应条款为第71条至第75条)为有限责任公司的股权转让设置了专门章节,并与《公司法司法解释(三)》和《最高人民法院关于适用〈中华人民共和国公司法〉若干问题的规定(四)》[以下简称《公司法司法解释(四)》]中的相关条文一同构建了有限责任公司股权转让规则。《公司法(修订草案)》及《公司法(修订草案二次审议稿)》对上述有限责任公司股权转让规则体系在吸收整合《公司法》相关司法解释中相关条文的基础上基于学界与业界关注的焦点作出了修订,总体而言修法风格呈现稳中求进的态势,新规则较少。结合现行《公司法》框架下的既有有限责任公司股权转让规则以及两次《公司法(修订草案)》的修订内容,本书认为,有限责任公司股权转让规则至少可在下述4个问题上有所创见,下文将以立法条文的形式逐一分析。

① 参见肖海军:《股权转让合同效力认定的商法规则——以〈公司法〉修改为视角》,载《上海政法学院学报(法治论丛)》2022年第3期。

股权转让规则

有限责任公司的股东之间可以相互转让其全部或者部分股权。

股东向股东以外的人转让股权的，应当就股权转让的数量、价格、支付方式和期限等事项书面通知其他股东，其他股东在同等条件下有优先购买权。股东自接到书面通知之日起三十日内未答复的，视为放弃优先购买权。两个以上股东行使优先购买权的，协商确定各自的购买比例；协商不成的，按照转让时各自的出资比例行使优先购买权。

公司章程对股权转让另有规定的，从其规定。

瑕疵股权转让规则

股东转让已认缴出资但未届缴资期限的股权的，由受让人承担缴纳该出资的义务。

股东未履行或者未全面履行出资义务即转让股权，受让人知道或者应当知道存在上述情形的，由其承担出资责任，出让股东在未履行或者未全面履行出资义务的本息范围内对受让人不能清偿的部分承担补充赔偿责任。

股东向股东以外的人转让股权，存在本条前两款规定的情形的，应当经过公司同意。股东应当就股权转让权的数量、价格、支付方式和期限等事项书面通知公司征求同意，公司应当及时召开股东会作出决议。公司自接到书面通知之日起在合理期限内不予答复的，视为同意转让。

经公司同意转让的股权，在同等条件下，其他股东有优先购买权。

条文主旨

前一条是关于股权转让的一般规定；后一条是关于瑕疵出资股权转让的规定以

及转让后出资责任(义务)承担的规定。[①]

要点提示

一、股权转让规则

现行《公司法》第71条第2款和第3款分别规定了股权对外转让过程中的股东同意权和股东优先购买权。在我国公司治理实践早期便有学者指出第71条存在立法漏洞,即一方面通过第2款"不同意的股东应当购买该转让的股权;不购买的,视为同意转让"赋予不同意股权转让的股东购买义务,架空了股东同意权。[②] 另一方面,股东同意权和优先购买权的重复赋权存在叠床架屋的根本性体系缺陷,使其他股东能够以前后不一致的立场在股权转让过程中利益最大化,有违诚实信用原则。[③]

《公司法》采取这一制度架构可能的原因是立法者欲通过"弱同意权模式"为其他股东提供与出让股东谈判的机会。不同于"强同意模式"项下其他股东被赋予限制股权转让的权利,现行《公司法》对股东同意权的规定旨在出让股东还没有与外人谈判并形成确定价格前,促使现有股东内部形成首轮价格,从而尽最大限度为股权转让所涉及的三方提供博弈机会,以市场化手段实现其他股东对股权转让的介入。但商事实践现状与该立法目的产生了错位,实践中出让股东往往会利用市场手段架空在现有股东内部进行的第一次谈判,由此导致弱同意权空心化。[④]

因此,本书赞同《公司法(修订草案二次审议稿)》第84条[2021年《公司法(修订草案)》第84条]对现行《公司法》第71条的修订,删去股权转让规则中有关股东同意权的规定,以理顺现行《公司法》规定中存在的前述体系缺陷。并且在通过股东优先购买权维系有限公司人合性的同时,减少对股权流转的限制,激发市场活力。但本书同时也建议应当在瑕疵股权转让规则中保留股东(公司)同意权的规定,以实现

---

① 由于公司治理实践中对现行《公司法》第71条股权转让规则的争议主要集中在其第2款和第3款有关股东同意权和股东优先购买权的规定上,且本书对于《公司法(修订草案二次审议稿)》与《公司法(修订草案)》第84条基于现行《公司法》第71条上述两款内容的修订总体上持肯定态度,故本部分将在《公司法(修订草案二次审议稿)》与《公司法(修订草案)》规则的基础上,将对股东同意权与瑕疵出资股权转让规则中的公司同意制度一并讨论。

② 参见徐琼:《论有限责任公司股东的同意权与优先购买权》,载《河北法学》2004年第10期。

③ 参见伍坚:《有限公司股权对外转让制度研究》,载《法学杂志》2019年第10期。

④ 参见杜军:《公司法第七十二条蕴含的商业逻辑及其展开》,载《人民司法(应用)》2013年第11期。

对性质不同的两类股权的转让行为差别对待。

与此同时，对于《公司法（修订草案二次审议稿）》第84条删去了2021年《公司法（修订草案）》第85条有关书面通知具体事项的修订，我们持保留意见。2021年《公司法（修订草案）》第85条在现行《公司法》第71条基础上所增加的具体事项原规定于《公司法司法解释（四）》第18条"人民法院在判断是否符合公司法第七十一条第三款及本规定所称的'同等条件'时，应当考虑转让股权的数量、价格、支付方式及期限等因素"。本书认为，无论是出于精简后续立法的考量还是出于便利股东和公司行使权利的考量，修订后的规则都宜延续2021年《公司法（修订草案）》所列举的书面通知的具体事项。

二、瑕疵股权转让规则

本条实际上涵盖了瑕疵股权转让后出资责任（义务）的承担和股东（公司）同意制度两方面的内容。[①] 现行瑕疵股权转让规则规定于《公司法司法解释（三）》第18条。该条的目的在于确认股权受让人的责任，规定了受让人在知道或应当知道的情形下对瑕疵股权所负出资义务的不真正连带责任，但该条仍存在两方面的问题。

一方面，该规定并未区分已认缴出资但未届缴资期限的股权与已届缴资期限但股东未履行或者未全面履行出资义务的股权。这种区分在实缴资本制背景下不具有实际意义，但当《公司法司法解释（三）》第18条被置于认缴资本制下进行分析时，未届缴资期限的股权上所负的出资义务尚未届履行期限，此时股东"认而不缴"的行为脱离了"未履行或者未全面履行出资义务"的射程，理应不再适用《公司法司法解释（三）》第18条。瑕疵出资股权转让后责任（义务）的承担问题由此成了现行股权转让规则的一个不足。当下司法实践对于未届缴资期限的股权是否应当适用《公司法司法解释（三）》第18条也仍然存在争议，导致相关案件同案不同判的现象越来越突出。

另一方面，现行瑕疵股权转让规则缺少公司同意制度。即便现行《公司法》第71条股权转让的一般规则同样适用于瑕疵股权的转让，但由于两种股权的性质有差异，第71条第2款规定的股东同意制度并不能满足对瑕疵股权转让的规则需求，导致瑕疵股权转让公司同意问题成为当下股权转让规则的又一个不足。具体而言，瑕疵股

① 现行《公司法》第71条第2款"股东向股东以外的人转让股权，应当经其他股东过半数同意"采股东同意制；本部分第2条"瑕疵股权转让规则"第2款则采公司同意制。

权不仅包含权利，还包括对公司和其他股东的义务。[①] 因此，瑕疵股权转让实际上是对其上所附的股东权利和出资义务的一并转让，应当适用民法有关债务概括转让的一般原则，征得债权人同意；[②]在此进路下，股东出资协议作为股东之间签订的为第三人利益的合同，赋予公司直接向债务人请求承担违约责任的独立请求权。[③] 此时转让股东为债务人，公司为债权人，根据债务概括转让的一般原则，股东转让瑕疵股权应当征得公司的同意。[④]

因此，为了对上述两方面的不足进行填补，本书认为应当对瑕疵出资股权转让规则作系统化的专门的规定，建议顺应认缴资本制的改革，对已认缴出资但未届缴资期限的股权与已届缴资期限但股东未履行或者未全面履行出资义务的股权作出区分。对于未届缴资期限股权的转让，由于并不涉及具体的出资之债，仅是对黏合在公司股权上条件未成就的出资义务的转让，故应当由享有股权的受让人承担将来出资义务条件成就后产生的出资之债。

对于已届缴资期限但股东未履行或者未全面履行出资义务的股权，由于缴资期限届满时抽象的出资义务已具体化为与出让股东相联系的出资之债，根据《公司法》第3条的规定“有限责任公司的股东以其认缴的出资额为限对公司承担责任”，出让股东所承担的出资之债因具有组织法属性故并不能在股权转让后完全免除。[⑤] 与此同时，当事人双方之间瑕疵出资股权的转让仍应符合合同法的一般规定，故出资之债应当依照权利义务概括转让的一般原则由受让人承担；与此同时，出让股东应当基于资本充实原则，在未履行或者未全面履行出资义务的本息范围内对受让人不能清偿的部分承担补充赔偿责任，以此彰显公司法的衡平法属性，保护公司及其债权人利益。

---

① 参见李志刚等：《认缴资本制语境下的股权转让与出资责任》，载《人民司法(应用)》2017年第13期。

② 虽然未届缴资期限的股权脱离了现行“未履行或者未全面履行出资义务”的定义范畴，但由于其上仍负有条件尚未成就的义务，故仍应适用民法上权利义务概括转让的一般原则。

③ 参见朱慈蕴：《股东出资义务的性质与公司资本制度完善》，载《清华法学》2022年第2期。

④ 参见梁上上：《有限公司股权对外转让的自由与限制——以利益位阶理论为视角展开》，载《清华法学》2022年第2期。

⑤ 参见王东光：《论股权转让人对公司债权人的补充责任》，载《法律科学(西北政法大学学报)》2020年第2期。

基于以上观点，本书还主张此次《公司法》修订应当在肯定瑕疵股权权利义务概括转让的立场上，遵循民法中的债务人转让债务须征得债权人同意的程序性规则，增设瑕疵出资股权对外转让情形下的公司同意制度，由股东会对是否同意瑕疵股权对外转让作出决议，并赋予其他股东优先购买权，以实现瑕疵股权转让与股权对外转让一般规则的协调。

背景依据

一、政策背景

2011 年实施的《公司法司法解释（三）》第 19 条首次引入了瑕疵出资股权转让后的责任承担规则，一度平息了我国公司治理实践早期有关瑕疵股权转让后出资责任承担问题的争论。随着 2013 年《公司法》改革，我国将注册资本登记制度改为完全的认缴制，一方面，这导致有关股东出资的义务发生了变化，既有实缴资本制项下有关出资义务的规定难以回应认缴资本制带来的期限利益问题；另一方面，体现出公司法新时代的政策导向，赋予公司自由权及出资延展权，最大限度激发市场活力。[①] 在此背景下，“优化营商环境，激发市场主体活力”日益成为公司治理改革的主流导向，而现行瑕疵出资责任承担制度赋予出让股东不可免除的出资责任，因其可能过度影响市场主体投资的积极性，而逐渐受到学者质疑。[②]

在我国早期的公司治理实践中，关于瑕疵股权转让人与受让人的出资责任承担问题曾存在着四种观点。第一种观点以 2003 年《最高人民法院关于审理公司纠纷案件若干问题的规定（一）（征求意见稿）》第 28 条为代表，主张由转让人承担补足出资责任；第二种观点以 2006 年《山东省高级人民法院关于审理公司纠纷案件若干问题的意见（试行）》第 51 条为代表，主张由转让人与受让人承担连带责任；第三种观点以 2003 年《上海市高级人民法院关于审理涉及公司诉讼案件若干问题的处理意见（二）》第 4 条为代表，主张由转让人主要承担补足出资责任，可列受让人为无独立请

---

① 参见陈群峰、张衡：《论出资未届期股权转让后原股东的补充责任》，载《首都师范大学学报（社会科学版）》2022 年第 3 期。

② 有学者基于一项对民营企业平均寿命的实证研究建议将股权转让人的出资责任限于股权转让登记之日起 5 年内。参见王东光：《论股权转让人对公司债权人的补充责任》，载《法律科学（西北政法大学学报）》2020 年第 2 期。

求权第三人;第四种观点支持由受让人承担主要出资责任,转让人承担补充责任。

虽然《公司法司法解释(三)》最终确立的责任承担规则有效地减少了因上述诸多不同司法观点产生的同案不同判的现象,但该规则采取的立法进路表明了严格的法定责任不可移转立场。即便受让人知情并承担了出资责任,但只要合同没有限制,出资责任的最终承担者都是出让股东。这就导致出让股东面临一种困境,即只要对公司资本作出认缴,就需要随时做好承担出资责任的准备,即使该股东已将债务所依附的股权转让给他人。这就可能对市场主体对有限责任公司进行投资造成不利影响,与当下《公司法》改革的导向不符。

另外,我国股权对外转让限制规则确立于 1993 年,彼时《公司法》第 35 条与第 38 条一同构建了“全体股东过半数同意且股东会许可”的股权对外转让模式,严格对第三人加入公司施以限制。随后于 2005 年《公司法》对该规则作了修订,完善股东同意和股东优先购买的程序性规则的同时删去了对股东会许可的要求,并且增加了公司章程可对股权转让作出规定的授权性规则,强化了公司自治。自此,《公司法》股权对外转让规则进入了以限制为原则,以自由为例外的模式。①

虽然自“同意 + 优先购买”的股权对外转让限制模式被构建以来,商事交易中的代理成本得以有效抑制,但学界对该限制模式逻辑体系缺陷的热议从未停息。这种立法体例使其他股东即便已然作出不同意出让股东将股权转让至公司外部第三人的回复,也依然能够继续享有优先购买权。这就导致其他股东为了实现自身利益最大化的“最优选择”是先对出让股东作出不同意股权对外转让的回复,如果此后出让股东不能提出使其获利大于行使优先购买权情况下的方案,则其他股东可拒绝购买该股权,以此重新通过行使优先购买权获利。此种做法不仅有违诚实信用原则,而且严重妨碍股权流转。在实践中,股东故意拖延行使同意权或优先购买权,导致出让股东不得不通过漫长诉讼程序实现股权转让的案例并不鲜见。这种股权转让的限制程序所造成的出让股东与其他股东之间悬殊的地位差异已经影响了公司开展正常的经营活动。

---

① 参见梁上上:《有限公司股权对外转让的自由与限制——以利益位阶理论为视角展开》,载《清华法学》2022 年第 2 期。

二、考量依据

(一)瑕疵股权转让后出资责任承担

《公司法司法解释(三)》第18条规定的"未履行或者未全面履行出资义务"构建于实缴资本制下,彼时股东在公司成立时出资未缴足即违反法定出资义务;自采完全的认缴资本制后,认缴义务与出资义务分离,只有到承诺期的认缴义务才转化为实际的出资义务。① 在这种背景下,未届出资期限股权的转让股东尚未因违反出资义务而承担出资责任,故无须就已出让的未届出资期限的股权承担出资之债。然而《公司法司法解释(三)》第18条并未及时针对认缴制改革作出相应的修订,使未届缴资期限股权问题脱离2018年《公司法》及其相关司法解释规制的范畴,成为新的无法可依的争议问题。

另外,《公司法司法解释(三)》第18条规定,受让人唯有在知道或者应当知道股权存在瑕疵时方能对该出资义务承担连带责任,并且在承担该责任后可以向未履行或者未全面履行出资义务的股东追偿。该规定实际上采取了严格的出资义务法定主义立场,坚守股东出资义务的不可移转性。这种受让人对出让股东的出资责任承担不真正连带责任的设计使瑕疵股权的转让更像是纯粹股东权利的转让,在此基础上衍生的受让人不真正连带责任只能被理解为一种公司法项下的衡平责任。然而这种立场与学界与实务界的通说相左,通说认为瑕疵股权兼负权利和义务,其转让导致股东权利义务的概括转移。在这种背景下,2021年《公司法(修订草案)》第89条以及随后的《公司法(修订草案二次审议稿)》第88条均延续了《公司法司法解释(三)》对权利义务概括转移的通说立场的偏离,也即坚持出让股东承担出资责任不得免除。这种立场似乎暗示着立法者在促进股东投资积极性与保护债权人利益两难困境中作出的艰难抉择,但我们仍坚持对现行规则的修订应当采取当下公司治理实践中权利义务概括转移的通说立场。在此基础上,对于债权人利益保护与股东利益保护的利益衡量困境应当试图通过衡平方法予以解决。

对于有瑕疵(出资义务已成就但出让股东未履行或未全面履行)的股权,《公司法司法解释(三)》和《公司法(修订草案)》的规定都赋予第三人直接向出让股东主

① 参见吴金水、刘金妫:《论股权受让人履行资本充实义务后的追偿规则》,载《法学》2019年第5期。

张出资责任的权利,其区别仅在于2021年《公司法(修订草案)》删去了受让人的追偿权。但《公司法司法解释(三)》第18条第2款规定了双方当事人可通过契约自治排除受让人追偿权。在此背景下,对出让股东来说,2021年《公司法(修订草案)》所作出的修订并不能够从实质上减少其承担责任的风险,因为第三人仍然可以直接向出让股东主张权利。这种立法进路并无益于将股权出让人从可能承担已转让股权的出资责任的忧虑中解脱出来,进而促进其投资积极性和资本流转。为了避免发生上述情形,本书认为,应当将出让股东的出资责任限定为对受让人不能清偿的部分承担补充赔偿责任,在承认出资责任可随股权概括转让的基础上通过公司法的衡平属性保障债权人利益,由此实现意思自治与债权人利益保护之间的平衡。

但对于没有瑕疵(认缴义务尚未转化为实际的出资义务)的股权,应当采取与有瑕疵的股权转让不同的规制路径。现行公司法并没有在认缴资本制改革后出台相应的规则,但《公司法(修订草案)》第89条以及随后的《公司法(修订草案二次审议稿)》第88条均注意到了这方面的问题。尽管二者一致规定由受让股东承担出资义务,但《公司法(修订草案二次审议稿)》在此基础上还增加了出让股东对受让股东未能按期履行出资义务后所生出资之债的补充赔偿责任。这无疑是由立法者一以贯之的债权人保护立场所生的对恶意股权出让人的特殊防范规定,但值得深思的是,以干预股权转让双方的意思自治为代价值以求实现债权人利益保护的手段是否妥当。对此,我们认为原则上出让股东无须负担转让时尚未成就的出资义务,对于股权出让人恶意出让的问题应当交由合同法规制。在这种背景下,只要股权转让双方真实地作出了转让负有尚未届期的出资义务的股权的意思表示,那么就应当由受让股东独自承担出资期限届满时所生出资责任。

(二)股东(公司)同意权

股权转让限制模式大致可分为限制模式与自由流转模式两种。前者主要为大陆法系国家所采,主张股权经股东或公司许可后方可转让;后者为英美法系国家所采,主张股权自由流转是股东的默认权利。我国股权转让限制模式被认为参考了多个大陆法系国家和地区立法模式,但并非所有大陆法系国家和地区均支持限制模式。[①]

① 参见张其鉴:《我国股权转让限制模式的立法溯源与偏差校正——兼评〈公司法司法解释(四)〉第16~22条》,载《现代法学》2018年第4期。

德国即采取了完全的自由流转模式,我国澳门特别行政区《商法典》也并未对股权对外转让作出任何限制,仅通过第381条赋予股东优先购买权。此外,近年来部分大陆法系国家也已通过改革采取了自由流转模式。以日本为例,其曾对股权对外转让作出限制,但2005年日本《公司法》出台后,自由流转模式成为日本现行股权对外转让所采的模式。[①]

股东同意权与股东优先购买权的建构目的都是维护有限责任公司人合性,但我国2018年《公司法》第71条所隐含的立场实质上架空了股东同意权存在的意义。因为其他股东答复与否以及同意与否都不会影响股权转让的行为,其后果至多是由不同意转让的股东收购该转让股权,这种情况也不过是产生与其他股东行使优先购买权相似的结果。[②] 因此,就维护有限责任公司人合性的目的而言,通过股东优先购买权即可实现,利用股东同意权重叠立法对其过度强调并无必要。优先购买权和股东同意权的设置都是通过增加交易成本,舍弃部分对效率的追求以实现公平。同时设置两种限制,意味着双倍社会财富的浪费,与现代社会追求效率的观念不符。[③]

但是这种对股权对外转让一般规则中股东同意权的修订并不影响瑕疵股权转让规则中保留公司同意权。与上述现行《公司法》第71条所规定的股东同意权的法理基础不同,瑕疵股权转让规则中公司同意权的存在基础是民法上的权利义务概括转让原则。《公司法》第71条规定的股权转让一般规则规制对象为非瑕疵股权,其主要内容为权利,不包含义务(或者责任),因此两类性质不同的股权理应受到不同的规则规制。在此基础上,虽然瑕疵股权转让本质上属于债权债务概括转移,似乎难以适用《民法典》规定的合同权利义务一并转移制度,但实际上立法者已经注意到合同权利义务一并转移与债权债务概括转移的关系,只是为体现合同存在的特殊性而沿袭原《合同法》第88条的规定,故债权债务概括转移可以适用《民法典》第555条关

---

① 参见梁上上:《有限公司股权对外转让的自由与限制——以利益位阶理论为视角展开》,载《清华法学》2022年第2期。

② 参见段威:《有限责任公司股权转让时"其他股东同意权"制度研究》,载《法律科学(西北政法大学学报)》2013年第3期。

③ 参见徐琼:《论有限责任公司股东的同意权与优先购买权》,载《河北法学》2004年第10期。

于合同权利义务一并转让的规定。① 综上,本书建议,应当在瑕疵股权对外转让规则中构建单独的公司同意制度。

典型案例

A公司与B公司合同、无因管理、不当得利纠纷案②

基本案情

C公司系中外合资经营企业,成立于1992年年初,注册资本360万美元,其中中方A公司持股30%,外方股东D公司持股70%。1993年12月16日,C公司经批准增资扩股,增资后注册资本为800万美元,股东A公司仍持股30%,共计240万美元,依批复增资额应当自变更后的营业执照签发之日起两年内全部缴足。1994年12月31日C公司资产负债表显示:截至1994年年底,C公司实收资本576万美元,其中,A公司出资108万美元,D公司出资468万美元。1995年7月20日,A公司经批准将20%股份转让给合营乙方顺都公司。

1994年12月7日至1995年8月11日,C公司向莆田市中国银行借款共计300万美元。经判决,C公司无财产可供执行剩余债务后,2004年9月,莆田市中国银行将上述债权转让给B公司,几经辗转后该债权于2011年10月9日由E公司继受。随后,E公司主张A公司在C公司出资不足的范围内,对C公司欠E公司的债务承担补充赔偿责任。

审判

最高人民法院认为,在股份转让时,A公司第二年出资期限尚未届满,尚不具有出资义务,相应的增资义务应由顺都公司承接;A公司对该部分增资所负义务不属于《公司法司法解释(三)》第13条第2款规定的股东未履行或者未全面履行出资义务情形。

点评

在本案中,未届出资期限的股权转让不会导致出让股东未履行或未全面履行出

---

① 参见梁上上:《有限公司股权对外转让的自由与限制——以利益位阶理论为视角展开》,载《清华法学》2022年第2期。

② 参见最高人民法院民事判决书,(2019)最高法民再104号。

资义务，故出资责任由受让人承担的裁判说理是正确的。但当下司法实践对于未届出资期限股权的转让同样存在与此相反的裁判进路，此类裁判进路下的观点大致可分为两类：一类认为，未届出资期限的股权转让后出资责任承担规则参照适用《公司法司法解释（三）》第18条，直接将未届出资期限的股权解释为股东未履行或未全面履行的瑕疵股权。由于当下通说观点认为，股东对未届出资期限的股权享有期限利益，股权转让时出让股东尚未构成“未履行或者未全面履行出资义务”，故此类裁判观点并不可取。另一类观点认为，期限利益是认缴制赋予股东的权益，但其并不优先于债权人的权益，为防止股东恶意逃债损害债权人利益，出让股东应当承担出资责任。对此，债权人利益保护与股东（公司）意思自治为公司治理两大重要原则，因此，对其取舍需要进行利益衡量。在股权转让过程中，公司债权人与转让股东之间不存在“直接”利益关系，公司债权人地位与股权转让相关利益主体间处于“非同等”的法律地位，故在股权转让这一具体的法律关系当中，股东利益位阶高于公司债权人。[①] 在此背景下，即便要对公司债权人利益进行突出保护也并非一定要以直接减损出让股东利益的方式进行，因此，本书认为，这种裁判观点同样存在问题。

综上所述，本书认为未届出资期限的股权转让后由受让人承担出资责任的法理基础在于，股权转让时出让股东所负的法定出资义务未成就，由此导致出资义务转移至受让人，出让股东无须承担股权转让后的出资责任。相应地，对于已届出资期限股权的转让，由于转让时出让股东所负的出资义务已成就，因此，即便股权已转让，但其仍不能完全摆脱出资责任。为了平息几种裁判进路之间的争论，并为未届出资期限的股权和构建一致的法理基础，本书建议应当由立法顺应当下公司治理改革导向，由立法直接规定瑕疵股权转让规则，构建相应的公司同意制度，使其与股权转让一般规则中限制规则的修订进路相协调，以此完善体系化的股权转让规则，减少纷争。

---

① 参见梁上上：《有限公司股权对外转让的自由与限制——以利益位阶理论为视角展开》，载《清华法学》2022年第2期。

股权转让登记规则

依照本法转让股权后,转让股东应当及时书面通知公司,要求变更股东名册并向公司登记机关办理变更登记,公司无正当理由不得拒绝。公司拒绝或者在合理期限内不予答复的,转让人、受让人可以依法向人民法院提起诉讼。

公司作出肯定答复的,应当在合理期限内变更股东名册并向公司登记机关办理变更登记。公司怠于履行的,转让人、受让人可以依法向人民法院提起诉讼。

条文主旨

本条是关于股权变动模式以及股权转让后转让股东和公司的股权变更登记义务的规定。

要点提示

现行《公司法》与《公司法司法解释(三)》规定了股权转让后公司的变更登记义务,但并未明确股权变动应采何种模式,导致公司治理实践中裁判乱象频发。[①] 股权转让生效的时间点存在意思主义模式与形式主义模式之争,意思主义模式将股权转让合同生效视为股权转让生效的节点,形式主义模式将变更登记的完成视为股权转让生效的节点。在当下公司治理实践中,尽管形式主义股权转让模式不乏拥趸者,但其因学理与实践基础两方面的瑕疵而使意思主义股权转让模式成为通说。在这种背景下,股权转让的生效与权利外观之取得之间产生了分离,并由此引发了大量纠纷。

一方面,现行《公司法》及其相关司法解释赋予公司进行变更登记的义务,股权权利主体与变更登记义务主体的错位导致司法实践中公司怠于履行义务的情况频发,出让股东经常面临履行受阻的窘境。尽管根据《公司法司法解释(三)》第23条

---

① 此处对股权变动模式进行的讨论将被置于股权转让规则下,故下文将直接采用股权转让模式代指股权变动模式,故如未特别说明,不对二者进行区分。

股权转让双方当事人能够诉诸司法救济以实现公司履行变更义务,但由此产生的额外交易成本有损于营商环境的优化。另一方面,股权与其外观的分离导致“一股多卖”的情形频发,第三人利益难以得到保障。尽管《公司法司法解释(三)》第 27 条规定了对出让股东无权处分其股权的行为适用善意取得制度,但其作用的基础在于完善的股权登记制度,在现行登记制度存在瑕疵的背景下想要通过善意取得制度维护第三人利益虽然不会是徒劳无功,但恐怕也只能称得上是亡羊补牢。

因此,本书建议,本次《公司法》的修订可明确股权变动模式,采纳当下股权转让意思主义模式的通说,公司对股权转让生效节点有异议的,股权转让双方当事人可请求法院确认股权转让生效。此外,本书还建议应当整合并完善现有股权变更登记规则。为保障股权转让的履行,出让股东应当在股权转让后负有及时通知公司进行变更登记的义务,公司对该通知在合理期限内作出肯定答复的,应当在合理期限内履行变更登记义务,若公司怠于履行该义务,则股权转让双方当事人有权诉诸司法救济。

背景依据

一、法政策背景

股权变动的登记问题历来是学界热议的话题,也是公司治理实践中的基础问题,其核心在于对股权变动模式的争议。《九民纪要》出台后,最高人民法院在对第 8 条的释义中采形式主义股权转让模式,依据 2018 年《公司法》第 32 条将股权变更登记解释为设权登记而非宣示登记,[①]主张“受让人只有在公司股东名册上记载了自己的姓名或者名称后,才能以股东身份对公司主张行使股东的权利,此时才取得了股权”[②]。但《公司法》第 32 条的表述只是肯定股东得依据股东名册记载向公司主张股权,不能由此得出“未记载于股东名册的不是股东”的结论,“记载于股东名册”仅是受让人“行使股东权利”的充分条件而非必要条件。[③] 由于上述原因且绝大多数有限

① 设权登记,是指不经登记就不能产生相应的法律关系;宣示登记,是指登记与否不影响法律关系的产生和存续,登记与否只影响对抗善意第三人的效果。

② 参见最高人民法院民事审判第二庭:《全国法院民商事审判工作会议纪要理解与适用》,人民法院出版社 2019 年版,第 135 页。

③ 参见李建伟:《公司认可生效主义股权变动模式——以股权变动中的公司意思为中心》,载《法律科学(西北政法大学学报)》2021 年第 3 期。

公司并不置备股东名册，[①]持该观点者在司法实践中极少，实证研究表明只有近10%的判决以股东名册变更作为股权转让生效节点。[②]

在最高人民法院民二庭对《九民纪要》作出上述释义前，其曾在对《公司法司法解释(三)》的释义中采意思主义股权转让模式，视股权变更登记为宣示登记。该观点在以往的公司治理实践中被广泛采纳，尽管在意思主义股权转让模式说内部仍就股权转让的生效是否需要公司意思介入存在争议，但就股权变更登记只影响对外对抗效力，而与股权转让的生效无涉这点上各方均达成共识，总体而言，意思主义股权转让模式已然成为公司治理通说。[③]

在意思主义股权转让模式的通说下，股权转让的生效与股权权利外观的取得发生分离。股权转让在内部生效后未经变更登记尚不能对抗外部第三人，导致以"一股多卖"为代表的因股权实际变动与商事外观分离所生之问题在公司治理实践中频发。

二、规则演化

面对因股权转让生效与取得对外对抗效力的分离所产生的问题，有两条解决路径可选择。第一条解决路径为直接采用形式主义股权转让模式，将股权变更登记作为股权转让的生效条件。这种解决路径的问题是显而易见的，一方面，现行《公司法》及其相关司法解释并没有为形式主义股权转让模式提供依据。《公司法》第32条规定："记载于股东名册的股东，可以依股东名册主张行使股东权利。"第73条规定："依照本法第七十一条、第七十二条转让股权后，公司应当注销原股东的出资证明书，向新股东签发出资证明书，并相应修改公司章程和股东名册中有关股东及其出资额的记载。"上述规则仅赋予公司配合股权转让的程序性义务，并没有为公司意志

---

① 实证研究表明公司内部置备有股东名册的案件数量仅占样本数量的10.7%。参见李建伟:《公司认可生效主义股权变动模式——以股权变动中的公司意思为中心》，载《法律科学(西北政法大学学报)》2021年第3期。

② 参见蒋大兴:《合意型股权变动的法律结构——"多重买卖"与股权变动预告登记》，载《清华法学》2021年第3期。

③ 参见陈圣利:《有限责任公司股权转让模式的争论及评述》，载《河南财经政法大学学报》2022年第2期;张双根:《论股权让与的意思主义构成》，载《中外法学》2019年第6期;李建伟:《有限责任公司股权变动模式研究——以公司受通知与认可的程序构建为中心》，载《暨南学报(哲学社会科学版)》2012年第12期。

留以影响股权变动效力的空间,因此依据现行《公司法》而言,这种解决路径并不可取。

另一方面,即便是在《公司法》修订背景下,上述实定法规则有得以修改的空间,但形式主义股权转让模式也依然在法理上难有容身之所。首先,因为股东名册的变更和工商登记的变更都是公司才能实施的行为,如果以此作为出让人与受让人之间股权变动的生效要件,则公司毫无疑问地掌握了股权转让中至关重要的“实体权利”,公司将能够拒绝变更股东名册或工商登记,从而否定受让人的股东资格。[①] 这种立法构造无异于在现有股权转让的限制模式之外又增加了新的限制,不仅会严重危及受让人的利益,而且将大大增加交易成本。其次,即便是在域外立法中,也少有形式主义股权转让模式的参考经验。无论是普通法系的代表国家英国、美国,还是大陆法系的代表国家德国、日本,都采取了“股权变动 + 对抗效力取得”的两阶段式股权转让模式,与我国现行法律构造吻合。[②] 综上,形式主义股权转让模式下的第一条解决路径并不具有可行性。

第二条解决路径与第一条的“一步式”解决方案不同,需要首尾协作,通过尽可能缩小股权变动与权利外观之裂隙以及强化对出让股东不当行为的规制来确保第三人利益不受侵害。我国现行立法例即采用了此路径,但相关立法构造目前呈现一种“前松后紧”的态势。具体而言,《公司法司法解释(三)》第 27 条规定,若原股东处分转让后尚未办理变更登记的股权,受让股东可适用《民法典》有关善意取得的规定主张原股东处分行为无效。[③] 立法者欲通过对原股东的无权处分行为适用善意取得制度,坚守商事外观主义从而维护公司外部第三人利益。但商事外观主义得以有效发挥作用的前提是完善的公示制度,具体到股权转让领域则是指完善的股权变更登记制度。然而在现行立法构造下,股权变更登记制度存在漏洞。2018 年《公司法》第 32 条第 2 款仅将变更登记义务赋予公司,但公司并非股权转让行为的直接利益相关方,

---

① 参见李建伟:《有限责任公司股权变动模式研究——以公司受通知与认可的程序构建为中心》,载《暨南学报(哲学社会科学版)》2012 年第 12 期。

② 参见赵旭东、邹学庚:《股权变动模式的比较研究与中国方案》,载《法律适用》2021 年第 7 期。

③ 《公司法司法解释(三)》第 27 条规定:“股权转让后尚未向公司登记机关办理变更登记,原股东将仍登记于其名下的股权转让、质押或者以其他方式处分,受让股东以其对于股权享有实际权利为由,请求认定处分股权行为无效的,人民法院可以参照民法典第三百一十一条的规定处理。”

因此，其并没有利益驱动及时为股权转让办理变更登记，这就可能导致公司外部第三人赖以作出判断的股权登记信息长期处于“失真”状态。对此，《公司法司法解释（三）》第23条引入了对公司的负向激励，使公司可能因怠于履行变更登记义务而承担不作为的侵权责任。但由于公司变更登记义务履行程序的不清晰，公司很容易陷入不作为侵权责任的泥潭，从而在上述股权转让“善意取得”的立法构造下为出让股东的不当行为“买单”。综上，现行立法模式可能导致交易成本极高并且对公司而言并不公平，故需要完善作为此解决路径“头部”的股权变更登记规则。

本书建议，应当在整合现有股权变更登记相关规则的基础上制定专门的股权转让登记规则，在股权转让意思主义模式项下，赋予出让股东通知公司履行相关变更登记义务的义务。公司若对股权转让的效力有异议，拒绝或在合理期限内未作出答复的，股权转让双方当事人可以依法向人民法院提起诉讼，请求确认股权转让行为的效力。公司对上述出让股东的通知作出同意的答复后，应当在合理期限内履行法定变更登记义务。公司怠于履行该义务的，股权转让双方当事人有权依法向人民法院提起诉讼请求公司履行，如果给股东造成了损失，公司应当承担赔偿责任。

典型案例

A公司与B公司、C公司撤销权纠纷案①

基本案情

2001年2月27日，B公司与C公司签订《转让协议书》，约定B公司将其持有的D公司35.88%的股权划转给C公司。2001年3月19日，南山区国有资产监督管理委员会（以下简称南山区国资委）向C公司作出批复，同意其收购B公司持有的深南石油35.88%的股权。2001年4月6日，D公司依据B公司与C公司2001年2月27日的《转让协议书》，在工商局办理了股东变更登记手续。

审判

最高人民法院认为，就股权转让行为的性质而言，股权转让实质上是在公司内部

① 参见最高人民法院民事裁定书，(2007)最高法民二终字第32号。

产生的一种民事法律关系,股权转让合同签订后,是否办理工商变更登记,属于合同履行问题。就股权转让行为的外部效果而言,股权的工商变更登记仅为行政管理行为,该变更登记并非设权性登记,而是宣示性登记,旨在使公司有关登记事项具有公示效力。因此,是否进行工商变更登记对股权转让合同的效力问题不应产生影响,工商登记并非股权转让合同效力的评价标准。质言之,股权转让合同签订后,是否办理工商变更登记,不应导致股权转让行为是否生效或有效问题,仅应产生当事人的是否违约以及是否具备对抗第三人效力的问题。因此,A 公司关于"债务人行为发生之日"应当是工商变更股权登记之日,于法无据,不予支持。

点评

在股权转让意思主义模式项下,当下公司治理实践中尚存有两种观点:一种观点为本案所认可的通说观点,即当事人意思主义,该裁判进路为多地法院发布的审判指导意见所采纳。其主张股权转让的生效完全取决于双方当事人的真实意思表示,公司的意思及形式要素不影响股权变更的生效。另一种观点为公司意思主义,主张股权转让协议仅是双方当事人间的合意,而股权反映着股东与公司之间的权利义务关系,因此只有公司接纳了受让人,股权才会发生变动。该观点的立论基础一方面在于股权的社员权属性使股权无法脱离公司单独行使;另一方面则是出于对有限责任公司人合性的维护,当事人意思主义模式可能危及公司经营的稳定性。[①] 公司意思主义模式说实质上混淆了股权的继受与股东资格的取得,继受股权上所附的财产性权利并不意味着能够当然地取得股权上所附股东资格。现行《公司法》第 75 条有关股权继承的规定和《公司法司法解释(三)》第 24 条有关股权代持的规定即是股权的财产性权利与股东资格分离的例证,在这种背景下,公司意思主义模式说所依傍的立论基础便不再具有合理性。

在通说意思主义股权变动模式下,股东当然享有处分其财产性权利之自由,不应当受到过多限制。但就作为股权社员属性来源的股东资格而言,其确认应当受到组织法限制,因此本书认为,《公司法(修订草案二次审议稿)》第 86 条[2021 年《公司法(修订草案)》第 87 条]规定公司在"无正当理由"时方不得拒绝履行变更登记义务

---

① 参见李建伟:《公司认可生效主义股权变动模式——以股权变动中的公司意思为中心》,载《法律科学(西北政法大学学报)》2021 年第 3 期。

的目的，即在于赋予公司对出让股东未满足股东资格变更条件时请求公司履行变更登记义务的抗辩权。此处的“正当理由”则应当是指股权转让未满足有关股东资格变动的限制性规定。

股权转让合同特别规则

股权转让合同的订立、变更、终止，适用《中华人民共和国民法典》的有关规定。

股权转让人不履行合同；或者因违反法律、行政法规和公司内部限制性规定签订股权转让合同，导致合同目的不能实现的，应承担违约责任，并赔偿由此给公司和其他股东造成的实际损失。

有限责任公司股东向股东以外的人转让股权，因合同终止导致股权回转的，适用本章股权对外转让规则的规定。

条文主旨

本条是关于股权转让合同的效力认定，出让股东不履行股权转让合同的责任，以及股权转让合同解除后股权回转规则的规定。

要点提示

股权转让合同是整个股权转让规则的基础，股权转让合同效力的认定直接影响对股权转让行为效力的判断。《公司法》并未对股权转让合同效力的判断作专门规定，其原因无外乎立法者认为对合同效力的判断理应以《民法典》“合同编”为依据，无须对《公司法》多作赘述。但这一契约法思维进路下的“约定俗成”却在组织法项下的公司治理实践中遭遇了“水土不服”。

在股权转让的视阈下，对股权归属进行判断的基础在于股权转让合同是否有效，也即股权转让合同是否符合《民法典》“合同编”的规定；在此基础上，股权转让行为还需要符合《公司法》的规定。[①] 由于我国通说采股权变动的意思主义模式，股权转让合同成立生效即发生股权变动，因此在公司治理实践中股权转让的效力是否有瑕疵的问题往往直接等同于股权转让合同是否成立生效的问题。在此裁判进路下，股权转让行为是否满足《公司法》的规定被理所当然地视为能够影响合同是否有效的问题，最终使股权归属之争演变为股权转让合同的效力之争。此种把股权转让中的协议签订（合同行为）与股权变动（公司行为）、合同本身效力与股权变动效力不恰当地混为一谈，即现行股权转让类纠纷中的裁判困境。[②] 因此，为解决股权转让合同的效力判断困境，本书建议应当对股权转让合同作出专门规定。

股权转让包含协议行为和股权变动行为，其中协议行为涉及股权转让合同的订立、变更、终止，故应当对其适用《民法典》“合同编”的相关规定；股权变动行为实质为对股权转让合同的履行，即便依据其他法律、法规或公司内部限制性规定导致出让股东不能按照约定履行股权转让合同，但此类限制性规定本身不会使合同效力产生瑕疵，只会使出让股东对受让人承担因履行瑕疵所产生的违约责任。根据诚实信用原则，出让股东对限制性规定的违反，既属违信行为，也是公司法上的违法行为，须承担相应的违法责任。因此我们建议，如出让人违反组织法上限制性规定的行为造成公司、其他股东的利益受损，则还须承担损害赔偿责任。[③] 考虑到股权转让合同解除后可能发生的股权回转（返还）过程类似于发生新的“股权交易”，而现行《公司法》未对此作出任何限制，此外，司法实践也有意回避该问题。为对此立法漏洞进行填补，本书认为，应当对股权回转（返还）适用股权对外转让规则，以维护有限责任公司人合性。

背景依据

一、理论背景

对于将合同本身效力与股权变动效力相混淆的最具代表性的问题即侵犯股东优先购买权的合同效力问题。《公司法司法解释（四）》第 21 条规定，“其他股东仅提出

---

① 如无特殊说明，下文所使用的“股权”转让/变动包含“股东资格”转让/变动。

② 参见肖海军：《股权转让合同效力认定的商法规则——以〈公司法〉修改为视角》，载《上海政法学院学报（法治论丛）》2022 年第 3 期。

③ 参见肖海军：《股权转让合同效力认定的商法规则——以〈公司法〉修改为视角》，载《上海政法学院学报（法治论丛）》2022 年第 3 期。

确认股权转让合同及股权变动效力等请求,未同时主张按照同等条件购买转让股权的,人民法院不予支持"。尽管最高人民法院民事审判第二庭在其释义中指出,"对此类合同的效力,公司法并无特别规定,不应仅仅因为损害股东优先购买权认定合同无效、撤销合同,而应当严格依照合同法规定进行认定"。[①] 但司法实践中大量案件依然将《公司法司法解释(四)》第 21 条理解为侵犯股东优先购买权的合同无效。由此导致《九民纪要》再次专门对该问题作了回应,其在第 9 条中明确指出"股权转让合同如无其他影响合同效力的事由,应当认定有效"。并且在对《九民纪要》的释义中进一步作出解释:"除转让股东和股东以外的股权受让人恶意串通损害其他股东优先购买权订立的合同无效外,一般情况下,转让股东与股东以外的股权受让人之间签订股权转让合同时即使没有履行《公司法》第 71 条第 2 款、第 3 款的义务侵犯了其他股东的优先购买权,该合同也是有效的。"[②]

尽管最高人民法院在《九民纪要》及其释义中详细阐明了对于股权转让合同效力的判断规则,但该观点的影响力仍是极其局限的,罕有能突破股东优先购买权领域之例。究其原因,裁判者在长期司法实践中惯于将对合同本身效力的判断与对股权变动效力的判断融为一体,进而产生的结果便是上述《九民纪要》的观点所传达的意思在裁判者看来,仅仅在于将《公司法》第 71 条第 2 款、第 3 款的规定排除出"效力强制性规定"的适用范围,进而难以涵摄于原《合同法》所规定的无效事由。

股权所兼具的财产权属性与人身权属性使股权转让行为由"股权权属变更"和"股东资格取得"两个部分组成。[③] 依照《民法典》的规定,股权转让合同成立生效后股权即发生变动,未经公司认可单纯发生于双方当事人之间的合同行为虽有效力,但实际上并不能达成股权转让合同转让股东资格的最终目的,仅能产生类似于股权代持的效力。受限于相对性的约束,合同的效力难以直接及于作为非合同当事人的公司,股权出让人不得不"请求"公司确认受让人的股东资格,以完成对股权转让合同

---

① 杜万华:《最高人民法院公司法司法解释(四)理解与适用》,人民法院出版社 2017 年版,第 16 ~ 17 页。

② 最高人民法院民事审判第二庭:《全国法院民商事审判工作会议纪要理解与适用》,人民法院出版社 2019 年版,第 143 页。

③ 参见胡晓静:《股权转让中的股东资格确认——基于股权权属与股东资格的区分》,载《当代法学》2016 年第 2 期。

的履行。此时受让人的股东资格是否可以被公司确认则需要依照《公司法》进行判断,如果股权转让行为不符合诸如股东同意权、股东优先购买权、章程对股权转让的限制等现行《公司法》的限制规则,那么股权转让的最终目的就可能因为受到公司或其他股东阻却而难以实现。尽管由于《公司法》限制规则的存在,受让人有难以实际受让股东资格之虞,进而影响股权转让合同目的的最终实现。但股权转让限制性条件的先前存在,也只影响特定股权转让合同的实际履行,并不影响股权转让合同本身的效力,即使受让方知道限制性条件及情形的存在,也在所不问。①

二、考量依据

当下公司治理实践中对股权转让问题的裁判思维进路仍以单纯的契约法思路为主导,导致对于违反公司法规则的股权转让合同的效力认定标准不统一。“合同无效说”“合同可撤销说”“合同效力待定说”均在司法实践中不乏支持者,即便《公司法司法解释(四)》明确了“合同有效说”的立场,但裁判者对于该规定依然大多是从“效力性强制性规定”与“管理性强制性规定”的角度进行理解的,导致法院裁判标准混乱的问题难以得到根治。② 因此,本书建议,立法对有关股权转让合同的争议问题进行专门规定。

依照合同法股权转让合同成立、生效后,双方当事人应当按照约定履行合同义务。若出让股东存在违反法律、法规或公司内部限制性规定的情况,裁判者不应当据此评价合同的效力。该合同即使有效,利益相关人也可依据《民法典》第 580 条第 1 项规定的“法律上或者事实上不能履行”事由阻却合同的履行,进而保护其自身利益。③ 这里的“法律上或者事实上”即为法律、法规或公司内部限制性规定对股权转让作出的限制。当出现出让股东履行不能的情况时,受让人亦可根据《民法典》“合同编”的规定终止股权转让合同。考虑到出让股东对上述限制性规则的违反可能损害其他股东或公司利益,本书还建议出让股东的不当行为若导致公司、其他股东的利益受损,则须承担损害赔偿责任。

---

① 参见肖海军:《股权转让合同效力认定的商法规则——以〈公司法〉修改为视角》,载《上海政法学院学报(法治论丛)》2022 年第 3 期。

② 参见陈圣利:《论违反股东优先购买权规定的合同效力》,载《财会月刊》2022 年第 1 期。

③ 参见杜万华:《最高人民法院公司法司法解释(四)理解与适用》,人民法院出版社 2017 年版,第 489 页。

典型案例

汤某某诉周某某股权转让纠纷案[①]

基本案情

原告汤某某与被告周某某于2013年4月3日签订《股权转让协议》及《股权转让资金分期付款协议》,约定被告将其持有的A公司6.35%股权转让给原告,协议约定股权转让款合计710万元,分4期付清。协议签订后,原告依约向被告支付第一期股权转让款150万元。后因原告逾期未支付第二期股权转让款,被告于2013年10月11日向原告送达了《关于解除协议的通知》,以原告根本违约为由,要求解除分期付款协议。次日,原告即向被告转账支付了第二期股权转让款,并完全按照约定履行了后续支付义务。但被告以其已经解除合同为由,退回原告支付的四笔股权转让款。随后原告向法院提起诉讼,要求确认被告发出的解除通知无效,并责令其继续履行合同。此外,2013年11月7日,在案涉公司的变更登记中,被告所持有的股权已经变更登记至原告名下。

审判

本案争议的焦点是原告能否依据原《合同法》第167条规定的分期付款买卖合同解除权解除双方当事人之间的股权转让合同。对此,最高人民法院依据4点裁判理由主张原告不享有原《合同法》第167条规定的合同解除权:第一,本案买卖的标的物是股权,不同于以消费为目的的一般买卖;第二,双方订立《股权转让资金分期付款协议》的合同目的能够实现;第三,依据诚实信用原则的要求,即使原告周某某主张适用原《合同法》第167条也应当首先选择要求汤某某支付全部价款,而不是解除合同;第四,考虑到对交易安全的维护,汤某某受让股权后已实际参与公司经营管理、股权也已过户登记到其名下,社会成本和影响已经倾注其中。如果不是汤某某有根本违约行为,动辄撤销合同可能对公司经营管理的稳定产生不利影响。

点评

本案在实务界与理论界均有极大影响力,其裁判理由中关于“交易安全”与“诚实信用”的价值考量自该发布以来便立刻为司法实践所借鉴。尽管总体而言各界均对本案提出上述两种价值考量的目的持肯定态度,但与司法实践对该案裁判观点的

---

① 参见最高人民法院指导性案例311号(2016年)。

追捧形成对比的是学界对本案呈压倒式的批判。[①] 究其原因,股权转让合同解除后的股权回转无异于发生一次新的股权转让,而现有规则体系并不对此以股东同意等条件施加限制,因此股权回转相较于股权出让而言难以实现体系自洽,理应对其有所限制。但由于我国现行立法的缺位,只能通过司法裁量的方式实现对有限责任公司的人合性维护。为实现该目的,本案选择以组织法价值考量限制合同解除,该方案虽然简单可行,并且能够限制股权任意回转产生的对有限责任公司人合性的威胁,但是现行公司治理实践所采的裁判逻辑奉行公司法与合同法的"适用分离主义",对合同效力的判断排斥公司法规则的直接介入,在此背景下,本案使公司法价值考量直接介入合同解除的裁判规则,使股权变动体系呈现"前松后紧"的逻辑,可能危及体系的一致性。[②] 面对本案"政策目的与手段之间的错配",更合适的解决方案应当是重新阐释股权转让合同解除的法律效果。当下司法实践主流所践行的"直接效果说"使股权在合同解除后无视公司和其他股东的意愿产生自动复归的效果,将无可避免地导致高昂的代理成本。[③] 因此,本书建议,应当根据"折中说"回应上述问题,将合同解除后出让股东的返还股权请求权解释为一种新的"返还债务请求权",此时合同解除后不产生股权立刻发生变动的效果,而是使出让方和受让方之间基于合同解除而形成新的给付权利义务关系。[④] 面对这一新的权利义务关系,由于其与新发生的股权转让并无实质性的差异,因此出于股权变动体系一致性的考量,本书认为,还应当对股权回转适用股权转让规则的相关规定,从而使两者相互配合以实现对交易成本的抑制,维护有限责任公司人合性。

---

① 参见李建伟:《分期付款的股权转让合同解除权的特殊性——兼评最高人民法院第 67 号指导性案例的约束性规范》,载《清华法学》2019 年第 1 期;孙新宽:《分期付款买卖合同解除权的立法目的与行使限制——从最高人民法院指导案例 67 号切入》,载《法学》2017 年第 4 期;吴建斌:《指导性案例裁判要点不能背离原案事实——对最高人民法院指导案例 67 号的评论与展望》,载《政治与法律》2017 年第 10 期;钱玉林:《分期付款股权转让合同的司法裁判——指导案例 67 号裁判规则质疑》,载《环球法律评论》2017 年第 4 期;等等。

② 参见吴飞飞:《论股权转让合同解除规则的体系不一致缺陷与治愈——指导案例 67 号组织法裁判规则反思》,载《政治与法律》2021 年第 7 期。

③ 参见楼秋然:《股权转让合同解除规则的妥当构建:以对指导案例 67 号的审思为核心》,载《西南政法大学学报》2019 年第 5 期。

④ 参见吴飞飞:《论股权转让合同解除规则的体系不一致缺陷与治愈——指导案例 67 号组织法裁判规则反思》,载《政治与法律》2021 年第 7 期。

第五章
股东除名与失权规则的修订完善

《公司法司法解释(三)》第 17 条是公司法中唯一直接规定有限责任股东除名的条款,给股东除名的公司决议提供了正当性的司法裁判准则,①但由于其适用的条件过于严苛,在实践中反而容易被失信股东规避。《公司法(修订草案)》第 46 条引入了股东失权规则,从督促股东出资义务履行的角度出发,股东除名与股东失权具有同质性,两者都对股东身份权和财产权进行了一定的限制和剥夺,在适用上也呈现递进性。《公司法(修订草案二次审议稿)》第 51 条在失权规定中强化了股东出资责任,在第一稿的基础上明确了董事会对股东出资情况的核查催缴义务,新增了其他股东对丧失股权的兜底缴资条款以及失权股东未足额缴纳出资时应该承担赔偿责任的规定。不过股东除名规则与股东失权规则实际为两种不同的制度设计,除名规则以修补团体人合性为出发点,将可能影响公司存续、对团体利益造成损害的个人剔除在外,而失权规则基于公司资本信用,督促股东按期缴纳出资以保障公司资本的充实。为了避免两种规则适用上的混同,本书认为股东除名与失权规则应当在以下四个方面进行重构,文章将以立法条文的形式逐一分析。

① 参见李建伟:《有限责任公司的股东除名制度研究》,载《法学评论》2015 年第 2 期。

股东失权通知规则

公司催缴股东出资的，应载明缴纳出资的宽限期，宽限期自公司发出催缴通知书起，不得少于六十日。宽限期届满，股东尚未缴纳出资的，公司可以向该股东发出失权通知，通知应以书面形式发出。自失权通知达到之日起，该股东丧失其未缴纳出资的股权。失权股东对剥夺其股权的决定有异议的，可以自接到失权通知之日起三十日内，向人民法院起诉。

条文主旨

此条是关于股东失权通知以及股东救济的规定。

要点提示

《公司法（修订草案二次审议稿）》第51条明确了公司给予瑕疵股东的催缴宽限期，宽限期不得少于60日，并且用失权通知代替了烦琐的股东除名决议，更符合商事效率的原则。股东失权影响公司的股权结构以及股东关系的稳定性，其与股东除名制度一样具有惩罚性，但与股东除名所要求的程序不同，第51条用失权通知变更权利状态代替了股东会决议，并采用“通知发出主义”作为股东失权的生效条件，不仅与《民法典》第137条确立的意思表示生效采用“到达主义”相冲突，也没有保障失权股东相应的知情权若董事会作出失权决定的原因或程序违法，例如，没有股东未履行出资义务的相关证明、没有告知其缴纳出资的时间或方式等，失权股东提出异议以及寻求救济的权利就无法得到保障。股东失权制度关系着股东权利的得与失，严重时股东会因丧失全部股权而被强制退出公司，为了保障相对人的权益，应当保持与合同解除规则一致的立场，以通知到达时间作为股东失权的生效时间。同时应该明确异议救济程序，设置30日的期限，从而尽快结束因失权股东带来的公司结构不稳定状态。

背景依据

一、法政策背景

《公司法(修订草案)》第46条创设了股东失权通知,只要符合股东失权的适用条件并严格遵守法定程序,公司无须进行股东会决议,只需对未按期足额履行出资义务的股东发出失权通知,其股权在公司发出通知时即丧失。公司剥夺股东未出资的股权实际上是合同解除规则在商法上的适用,在权利性质上属于形成权,无须征求失权股东的意见。但《公司法(修订草案二次审议稿)》以通知发出时间作为股东失权生效的时间,不仅打破了《民法典》中对意思表示的生效时间采到达主义的一般原则,也与《合伙企业法》第49条第2款的被除名人接到除名通知之日为除名生效时间的规定相违背。有观点认为,"通知生效主义"可以避免"送达难"的问题,对公司来说更具有可操作性,公司可以借助失权制度提高公司运行效率,增强认缴出资的实效性。但"通知生效主义"不足以保护失权股东的利益,若通知发出之后未能顺利到达该股东,其便丧失了对失权通知提出异议、寻求救济的机会,因此股东失权的时间应改为"自通知到达之日起"。

二、考量依据

股东失权通知本质上不同于公司决议,《公司法》针对股东会、董事会决议无效、可撤销、不成立的规则无法适用于失权通知,其也无法被归入现有的公司纠纷类型。在未足额按期出资的场合,股东不容易产生争议,但对于非货币财产出资的实际价额是否显著低于认缴的出资额以及其如何对非货币资产进行评估,则需要避免公司恶意侵权的可能。当股东对公司启动失权程序存在异议的时候,应当允许股东通过诉讼的方式寻求救济。股东在接到失权通知时,应当在合理期限内提出异议,可以参照《合伙企业法》第49条第3款规定,失权股东自接到失权通知之日起30日内,向人民法院起诉。

股东除名事由规则

有限责任公司股东有下列情形之一,导致公司正常经营受到影响的,公司应当书面催告要求股东消除该情形:

(一)股东未履行出资义务和抽逃全部出资;

(二)股东实施了损害公司利益的不正当行为;

(三)股东持续、故意违反公司章程、协议中规定的股东对公司或其他成员的义务;

(四)发生了公司章程、协议中约定的其他除名事由。

公司对股东进行书面催告,应载明消除影响的宽限期。宽限期自公司发出催告书之日起,不得少于六十日。宽限期届满,股东仍未消除该情形的,公司以股东会决议解除该股东的股东资格,并书面通知该股东。除名决议自送达之日起生效,被除名股东认为决议的内容违反法律、行政法规的,可以向人民法院提起无效之诉;认为会议召集程序、表决方式违反法律、行政法规或者公司章程,或者决议内容违反公司章程的,可以自决议作出之日六十日内请求人民法院撤销。

条文主旨

此条是关于股东除名适用条件、催告程序、除名救济之诉的规定。

要点提示

《公司法司法解释(三)》第 17 条规定了对于未履行出资义务和抽逃全部出资的股东,公司可经由股东会决议将其除名。该条回应了传统公司法理论下对股东出资义务的强调,一定程度上解决了公司资本形成与维持的问题,但其规定的除名事由过于狭隘,更未明确公司需要通过章程自行约定除名事由的基本立场,造成了司法实践中对该条款适用的分歧。

从维护公司人合性基础的角度来说,有限责任公司管理权和所有权合二为一由股东行使,股东对于共同利益或目的的违背往往造成公司内部信赖关系的崩塌,解除“害群”股东资格是重建公司人合性效率更高的选择。从公司治理的角度来说,股东人力资本的贡献也举足轻重,公司将股东除名作为股权激励的手段,通过开除离职、不再符合任职资格的股东,强制收回或转让股权来保障公司的“股尽其用”。在实践中,有限责任公司常常基于股权激励、股东特定身份资格的丧失、股东行为严重违反忠实义务等事由开启除名程序,而法院对于公司自治的认定标准不一,除名案件存在着同案不同判的公正性缺失和股东恶意诉讼的道德风险,因此,有必要扩张除名事由并认可公司章程、协议适用的有效性。

开除股东是消除公司经营不良状态最极端且终局的手段,只要存在弥补人合性的可能,公司就不能轻易通过股东会决议将其除名。《公司法司法解释(三)》第17条对于催告程序的规定十分必要,催告程序不仅应作为股东除名的前置程序,还应设置60日的宽限期。从催告作出的主体来看,其必须是以公司名义作出而非个人的名义,才能体现除名的强制效力;从催告方式来看,公司采取的手段应以股东知悉为必要,从告知事项来看,催告通知书需要包括股东被除名的原因,补救方式、救济措施、并告知若不在合理期限内消除被除名的原因、或向公司明确说明、提出申辩将启动除名程序等内容。宽限期的设置可以避免多数决规则的滥用,防止公司在多方股东纷争的关键节点上"突袭式除名",给予被除名股东防御和反应的时间。若股东在宽限期内消除除名的情形,则除名程序无须启动;反之,若无其他弥补公司人合性的更优方式,除名程序即可启动。

被除名股东对于股东会决议有异议可以提起公司决议瑕疵诉讼,法院负责审查除名决议的有效与否。若章程中约定的除名事由违反相应法律、行政法规的规定,被除名股东可请求法院判令该规定无效,除名事由不存在,被除名股东可重新恢复股东身份。若公司的除名程序,如催告程序、表决程序等不符合法律、行政法规或章程的规定,或决议内容违反公司章程,则可以向法院提起撤销之诉或无效之诉。

背景依据

一、理论背景

商事组织成员的除名,肇始于合伙企业、人合公司等以无限责任为特点的商事主体,目的是解决合伙人、无限责任股东的"个人行为能力或债务承担能力减损,危及其他股东利益的问题"①。后来,除名制度的功能逐渐丰富,不仅成为合伙关系解散的替代机制,更具有惩戒不良成员、维系商事组织人合性经营等用途,并适用于有限

① 汪晨:《驱逐有限责任公司的"离心股东"——以构建股东除名制度为核心》,载《证券法苑》2011年第2期。

责任公司。有限责任公司具有显著的人合性特征，公司内部股东之间信任关系和资金的联合是有限责任公司两个不可或缺的责任基础。① 在股东之间的人合性裂痕已经无法修补的情况下，曾经股东之间不设防的相互关系反而会成为公司继续发展的软肋，正如学者所说，“家人反目后的相互间下手更狠，这是众所周知的；而封闭公司像是培养细菌的器皿，极易滋生出形形色色的仇恨、贪婪和奸诈”②。股东除名制度能够通过强制问题股东退出公司，优化公司自治环境，重构公司人合性联结，从而使公司回归正轨。

在传统公司法理论的视域下，股东与公司相互独立，股东仅需对公司承担出资义务，并在出资范围内对公司承担责任，除此之外并无其他义务。因此《公司法司法解释(三)》第 17 条以出资义务违反路径为基础，采取了除名事由具体列举的模式，将“未履行出资义务”和“抽逃全部出资”这两种严重的瑕疵出资行为规定在内，以体现股东除名制度的严厉性。不过根据这种制度设计，股东除名仅是维持公司资本信用的副产品，并不能有效解决有效责任公司“人合性”基础动摇时股东的内部纷争。公司在实际运行过程中会发生异化，股东之间的利益平衡关系会被打破，部分股东基于公司表决权的优势地位而实现了对公司的实际控制，对公司经营有实质上的影响力和控制力，会动摇公司法中股东平等的理念。③ 若无有效的监控机制，控制股东极易滥用权力、以权谋私，损害其他弱势股东的利益。因此，股东也需要遵守忠实义务，在公司与个人事务存在利益冲突时，不能作出无底线损害公司利益的行为，如不正当关联交易、侵占公司资产等，否则公司即可对其进行除名。此外，《公司法司法解释(三)》第 17 条并未规定有“章程另有约定的除外”等类似用语，法院以公司章程约定的除名事由作出股东除名判决似乎存在合法性问题。公司立法，需明确公司需要通过章程对股东除名事由自行规定之基本立场。④ 作为股东之间协议、内部自治规约的公司章程，是公司的组织准则与行为准则，只要内容不违反法律、行政法规的强制性规定，即对公司和全体股东具有法律约束力。在除名规则中明确规定“章程另有约定的除外”的用语不仅与我国立法强化公司自治的理念一致，且有助于克服除名

---

① 参见范建、王建文：《公司法》，法律出版社 2015 年版，第 156 页。

② 朱伟一：《美国公司法判例解析》，中国法制出版社 2000 年版，第 223 页。

③ 参见朱慈蕴：《资本多数决原则与控制股东的诚信义务》，载《法学研究》2004 年第 4 期。

④ 参见李建伟：《有限责任公司的股东除名制度研究》，载《法学评论》2015 年第 2 期。

规则不完善带来的不足。不过这并非意味着公司可以随意约定除名事由，章程的制定与修改往往体现的是大股东的意志，为了避免章程成为控股股东排除异己的工具，法院仍需在适用章程时对其内容进行实质性审查。

二、考量依据

从《公司法司法解释(三)》的立法目的来看，第 17 条对于公司资本安全和债权人利益保护的意义远大于对公司人合性裂缝的修补，其程序设计上既包含失权规则的前置程序又杂糅了除名规则“以股东会决议解除股东资格”的适用条件。但这样的制度创新不但没有如预期的那样兼取两者精华，反而更弱化了原有规则各自功能的实现。不过除名制度在《合伙企业法》中已经有了较完整的构建，《合伙企业法》第 49 条规定了普通合伙中除名的事由、后果、表决程序、救济措施；第 51 条规定了退货人财产的结算；第 52 条规定了财产份额的退还办法；从第 60 条推出有限合伙人也可以适用除名退伙的规定。在域外立法中，《俄罗斯联邦有限责任公司法》规定的除名事由是“严重违反义务或以自己的行为(不作为)致使公司无法经营或造成实质困难”。德国《商法典》规定了针对人合性公司的股东除名规则，第 133 条①对于导致公司解散的重大事由进行了解释，“此种事由特别是指另一名股东故意或重大过失而违背其依公司合同负担的重大义务或此种义务的履行成为不能的情形”。股东可以根据德国《商法典》第 140 条②自行选择以申请除名的方式代替解散。而对于有限责任公司的除名规则，是由德国学理演进与法官判例造法共同推动了完善，③其适用需要满足股东存在重大事由以及形成除名判决等条件。在德国的司法判例中，重大事由包括“年老、精神异常、失去成为股东的前提条件、财务状况恶化、违反忠实义务、违反合同约定等”④。

---

① 参见杜景林、卢谌译著：《德国商法典》，中国政法大学出版社 2000 年版，第 55 页。

② 参见杜景林、卢谌译著：《德国商法典》，中国政法大学出版社 2000 年版，第 57 页。

③ 参见凤建军：《公司股东的“除名”与“失权”：从概念到规范》，载《法律科学(西北政法大学)》2013 年第 2 期。

④ [德]托马斯·莱赛尔、吕迪格·法伊尔：《德国资合公司法》，高旭军等译，法律出版社 2005 年版，第 520 页。

典型案例

A 公司、郭某公司决议纠纷案[①]

基本案情

2019 年 12 月，郭某与宋某为设立 A 公司签订了《合作协议》，约定了合作内容、竞业限制、争议解决、协议生效等内容，并在该协议第 4 条竞业限制中明确约定禁止郭某与公司有同业竞争行为，否则公司股东会有权将其除名；除名后，郭某无条件以 0 元的价格将其持有新公司和持股平台公司的股权转让至宋某名下，并于 10 日内完成工商登记。协议第 8 条约定，新公司和持股平台公司章程与协议不一致的部分，以协议内容为准。在《合作协议》签订后，郭某与宋某依据约定于 2020 年 1 月注册成立了 A 公司。由于郭某在公司成立后仍在与 A 公司有相同业务的公司任职，2020 年 12 月，A 公司作出了对郭某除名的股东会决议。郭某认为，A 公司的股东会决议不符合《公司法》及相关司法解释和公司章程的规定，具有严重瑕疵，请求法院确认该股东会决议不成立。

审判

法院认为，法律并未禁止股东之间通过合意的方式约定其他除名情形，《合作协议》是 A 公司发起人宋某、郭某为设立公司而签订的设立协议，双方在该协议中明确约定禁止郭某与公司有同业竞争行为，否则公司股东会有权将其除名，关于除名以及股权处置的约定是郭某、宋某的真实意思表示，不违反法律、行政法规的强制性规定，合法有效。而之后制定的 A 公司章程实际上亦是股东郭某、宋某之间达成的合意，属于合同约定，其内容中虽未再载有上述除名条款，但结合《合作协议》约定的“本协议与后续成立的新公司和持股平台公司的章程不一致的，以本协议为准”的内容，应认定相关除名条款对各缔约股东依然具有规范和约束的效力。现本案事实为，郭某在 A 公司成立后，仍在与 A 公司有着相同业务的公司任职，且有招募 A 公司员工到其公司任职的行为，故 A 公司依据《合作协议》对郭某作出除名的股东会决议，依据充分，不违反法律规定。

---

① 参见河南省郑州市中级人民法院民事判决书，(2021)豫 01 民终 8685 号。

点评

对于在《公司法司法解释(三)》第17条之外,公司章程是否可以对于除名事由进行规定,我国法院越来越倾向认可章程规定除名事由的自治性效力。现行《公司法》赋予公司章程极大的自主权限,使公司章程在实质意义上有了裁判法源的法律地位。① 同业竞争行为虽未规定在《公司法司法解释(三)》第17条中,但该除名事由的约定是为了避免公司整体经营利益受损,具有合理性和适法性,法院尊重当事人的意思自治,没有轻易认定其违反公司法强制性规定,回应了实践中公司自治的需求。

股东除名决议及表决权排除规则

股东会作出股东除名决议的,拟被除名股东不得参与除名事项的表决,该项决议必须经由其他股东所持表决权三分之二以上通过。

条文主旨

此条是有关股东会除名决议的表决规则。

要点提示

股东表决权排除规则首先体现于现行《公司法》第16条公司关联担保的条款以及第90条中公司创立大会中对发起人表决权的限制,而随着"宋某某诉万禹公司股东出资纠纷案"②中上海市第二中级人民法院对于有限责任公司除名决议中未履行出资义务的股东的进行表决权限制的类推适用,越来越多的法院都借鉴了其中"没有出资就没有权利"的观点,基于公司契约和根本违约的理论,作出了与其一致的判决,认为对拟被除名股东表决权进行排除才能避免股东除名制度被虚置。股东除名权是法律或公司合同赋予拟被除名股东以外的其他全体股东保护公司利益的一种强制性手段和措施,其行使不需要征求拟被除名股东的意愿。此外,除名决议的内容与

① 参见吴飞飞:《公司章程"决议说"之提出》,载《人大法律评论》2015年第2期。

② 参见上海市第二中级人民法院民事判决书,(2014)沪二中民四(商)终字第1261号。

被除名股东具有特别的利害关系，任何人不得充当自己事务的法官，当关系其自身利益时，被除名股东不得参与除名决议表决。因此，公司只需要保持程序上的正当性，通知拟被除名股东参与除名决议，该股东在决议上享有质询和答辩的权利，公司应当对其释明，但对于除名事项，该股东不具有表决权。

就股东会决议表决而言，我国《公司法》既未在股东会表决方式上为股东除名例外地适用人头多数决，也未在表决比例上用绝对多数决代替简单多数决。而对于股东除名事项是否属于《公司法》第 43 条需要适用 2/3 表决权的特殊事项，在实践中法院的观点也有所分化。在表决程序中，司法裁判对于股东除名内容属于一般表决事项还是特殊表决事项意见不一：有的法院认为，股东除名内容涉及对公司形式的变更，需要代表 2/3 以上表决权的股东通过才合法有效；[①]而有的法院则持相反意见，认为其不属于特别事项，代表 1/2 以上表决权的股东通过即可。[②] 股东除名是对股东重大利益的剥夺，引起公司减资以及其他新股东加入，简单多数表决权无法满足除名制度的要求，并且更容易带来股东压制的情形，因此应当适用绝对多数决。

背景依据

一、政策背景

股东除名对股东身份利益及财产利益影响巨大，并且带有一定的惩罚性色彩，所以在程序方面对其进行严格规范才能避免制度被滥用。根据《公司法司法解释（三）》第 17 条的规定，股东除名必须经由股东会作出的除名决议，否则即使符合除名事由，也不得当然除名。但对于股东会具体应当如何作出，理论界与实务界尚存在争议。

股东平等的表决权是公司股东会治理的基础，也是公司实现整体利益的重要工具，其作为股权的固有内容，非经法定或约定不得进行限制。目前，《公司法》对有限责任公司股东表决权的排除与限制情形主要体现为公司给公司股东或者实际控制人提供担保、股东向股东以外的人转让股权的行为，表决权排除制度体现了现代法律所

---

① 参见河南省郑州市中级人民法院民事判决书，(2021)豫 01 民终 8685 号。

② 参见湖北省黄石市中级人民法院民事判决书，(2020)鄂 02 民终 636 号。

追求的实质公平，其最基本的功能在于，防止多数股东及董事滥用控制权力，损害公司利益及其他股东的利益。① 赋予拟被除名股东表决权极易影响除名决议的作出，股东往往会滥用表决权损害其他股东和公司利益，因此我国《合伙企业法》第49条也对拟被除名的合伙人表决权进行了限制。从实践层面来看，我国有限责任公司股权集中，股东人数较少，若不限制拟被除名股东的表决权将会导致该制度被虚置，因此，必须在《公司法》对其表决权的排除进行明确的规定。

我国学界对于决议中适用人头多数决还是资本多数决缺乏针对性的研究，《公司法》第42条规定，"股东会会议由股东按出资比例行使表决权，但是，公司章程另有规定的除外"，由于有限责任公司明显的资合性特征，其股东会决议的作出以资本多数决为原则，以适用人头表决规则为例外。同时，《公司法》第43所明确的绝对多数表决事项也未包括股东除名事项，但由于除名事项关乎被除名股东的根本利益，现有《公司法》的规定未能体现除名制度适用的谨慎性，因此对于表决规则，理论界主要有三种观点：一是认为股东除名涉及股东身份的变动，应当参照《公司法》第71条适用人头表决规则。有学者认为对于资合性事务宜采资本多数决，人合性事务宜采人头多数决，②股东除名属人合性事项，与公司资本组成关系较小，因此不应当适用资本多数决。二是认为应当参照《公司法》第42条规定适用资本多数决，但股东除名应当归为涉及公司经营管理的特殊表决事项，适用绝对多数决。三是认为应当采用双重多数决的原则，被除名股东以外的其他全体股东的过半数且被除名股东以外的其他全体股东所持表决权数的过半数同意的，才能通过。三种方式均具备一定的合理性，同样也都体现了对除名适用的谨慎，但从除名适用效率的角度来说，第二种更合适。

二、考量依据

股东除名往往是因为股东之间人合性的丧失，由于有限责任公司本身的封闭性，股权相对集中，大股东极易滥用控制权倾轧中小股东的利益，动辄将持不同意见的股东排除出公司，股东除名的简单多数决规则会变成大股东博弈的工具。为了避免这种情况，域外立法往往对人合性公司的除名设立了更严苛的表决规则。在德国，除名

---

① 参见刘桂清：《表决权排除制度与公司利益保护》，载《社会科学研究》2003年第4期。

② 参见武翠丹：《股东会处罚权研究》，载《河北法学》2016年第2期。

决议需要达到所行使表决权(排除当事股东的表决权)的3/4加重多数,[①]西班牙《有限公司法》要求股东除名决议需有代表公司资本2/3的表决权才能通过。股东除名是消除公司不良状态的终局性方案,只有拟被除名股东与绝大部分股东都无法继续合作时才会严重影响公司的人合性基础,我国也可考虑在除名决议的作出上使用绝对多数决。而人头表决规则或者双重多数决规则在实践中尚未被广泛采用,公司章程可以对其作出更高的要求,但不宜广泛推广到有限公司中,会带来公司自治的僵化。

典型案例

宋某与A公司股东出资纠纷上诉案[②]

基本案情

A公司设立于2009年3月,设立时注册资本为100万元,股东为宋某和高某。2012年8月A公司召开股东会会议,作出决议:(1)增加公司注册资本,由100万元增至1亿元;(2)吸收B公司为股东;(3)股权比例为:宋某占60万元(0.6%)、高某40万元(0.4%)、B公司9900万元(99%)。2012年9月,两家案外公司汇入B公司的银行账户共计9900万元。同日,B公司将该9900万元汇入A公司的银行账户内。在验资之后,B公司将9900万元从A公司账户转出,还给两家案外公司。A公司要求B公司返还抽逃出资无果后,召开股东会解除了B公司的股东资格。宋某起诉至法院要求确认股东会决议有效,B公司认为即使自己有抽逃出资行为,仍具有股东资格和股东权利,对股东会会议拥有99%的表决权,且其已表决否决了该次股东会决议,该股东会决议无效。

审判

法院认为,根据《公司法司法解释(三)》第17条有关股东除名的规定,股东会对拒不出资股东予以除名的,该股东对该表决事项不具有表决权。A公司对B公司抽逃全部出资的行为,给予合理期限的催告,在召开股东除名决议时给予B公司陈述申辩的机会,B公司不对是否被解除股东资格有表决权。A公司其余两名股东履行

---

① 参见王东光:《德国联邦最高法院商事判例议评》,法律出版社2011年版,第284页。

② 参见上海市第二中级人民法院民事判决书,(2014)沪二中民四(商)终字第1261号。

了出资义务,具有有效的表决权,一致通过了解除 B 公司股东资格的决议,该决议有效。

点评

未履行出资和抽逃全部出资的股东违反了股东基本的出资义务,基于公司契约和根本违约的理论,在对于该股东是否被除名的股东会决议中,仅有守约股东具有解除权,违约方股东不具有对该事项的表决权。虽然我国《公司法》仅对表决权排除作了有限的规定,但在实践中,除名制度的判例一致认为,若股东滥用资本多数决规则通过或阻止通过与其有利害关系的股东会决议,侵害公司或小股东的利益,就可以适用表决权排除规则。表决权排除规则的适用也有一定的程序制约,即公司需要发出催告通知,给予股东一定的宽限期并告知其法律后果,在股东会决议时也需要保障被除名股东的知情权和陈述申辩的权利。

被除名股东股权处分规则

被除名股东可以请求公司以合理价格收购其股权。公司章程对被除名股东补偿有规定的,依据章程规定;章程没有规定或规定不明的,股东应与公司协商解决;自除名决议通过之日起六十日内,股东与公司不能达成股权收购协议的,股东可以向人民法院提起诉讼。

对于前款规定的股权,公司应当在六个月内依法转让或者及时办理法定减资程序并注销该股权。六个月内没有转让或注销的,由公司其他股东按照出资比例足额缴纳相应的出资。在办理法定减资程序或者受让人缴纳相应出资之前,公司债权人要求相关当事人在未出资本息范围内、抽逃出资范围内对公司债务不能清偿部分承担补充责任的,人民法院应予支持。

条文主旨

此条是有关被除名股权处分以及财产利益补偿的规定。

要点提示

各种具体的股东权利本质上只是为了保护他们的经济利益，[①]股东个人而言，股东除名制度就更关注的是股权价值利益。在司法实践中，有法院认为，股权中的“对公司净资产的所有权”部分属于股东所有权性质的财产权利，他人不得侵犯。[②] 公司应当对被除名股东在公司的出资进行合理的评估，并将相应的出资价值返还股东，这也是股东除名制度的应有之义。

经所有股东同意的公司合同或章程可以约定股东除名时股权补偿的具体价格条款，如公司可以根据除名事由的不同对补偿方案进行区分。若无事先规定，双方可就出资价值、评估方式等进行协商，出于意思自治的考虑，法院也应当承认这种协议的有效性。但若存在双方无法协商一致的情形，被除名股东可以向法院提起诉讼，由法院指定专业第三方评估机构估价，避免公司恶意侵权。公司对于被除名股东所持出资份额的后续处置，可以参照《公司法（修订草案二次审议稿）》中失权规则的规定，优化处置股权的顺序，即先进行转让或减资，将其他股东缴纳出资作为兜底。应当尽可能保障其利益不受失格股东的影响，应当将股权在股东之间的转让作为首选，只有在被除名股东的股权既没有公司其他股东愿意受让也没有第三人愿意受让时，此时才能由有限责任公司通过股份回购返还被除名股东的出资和应享有利益。对于债权人提出的提前清偿债务或者提供担保的要求，应当由其他股东根据出资比例先行承担责任，事后再要求被除名股东对于相应的损失进行赔偿。

背景依据

一、政策背景

并非所有被除名股东都须进行股权补偿。有学者认为，公司回购的实质条件之一便是被回购出资份额上的出资义务已经被完全履行。[③] 在资本认缴制改革之后，

---

① 参见盛学军、钱进：《股权强制转让条款的效力问题研究》（英文），载《中国法学》（英文版）2020年第5期。

② 参见河南省漯河市中级人民法院民事判决书，（2020）豫11民终211号。

③ 参见白江：《我国〈公司法〉中有限责任公司回购出资份额制度的完善》，载《政治与法律》2009年第3期。

从公平价值向效益价值转向的资本三原则功能的转变,[①]一方面,将出资额度、期限、方式等的决定权回归投资和公司本身;另一方面,也没有减免股东在公司章程约定中所负的契约上的责任。在股东严重违反出资义务以致被股东会决议除名的情形下,公司对该股东出资的期待落空,被除名股东并不具有应被保护的财产性权益,因此公司的任何补偿行为都会导致对公司资本的不当减少,应采取直接没收股权的方式处置。根据《公司法司法解释(三)》第17条第2款的规定,在股东严重违反出资义务被除名的情况下,公司应当启动减资程序或将股权由其他股东、第三人受让。

但若股东因为其他事由而被公司除名,股东向公司出资的财产性权利,有权自己处分,被除名股东可以向其他股东、第三人转让股权,也可以要求公司以合理的价格回购股权。由于有限责任公司的封闭性,其股权缺乏可供参考的公开市场价格,对于"合理价格"的认定往往是困扰司法审判实践的难题。公司的经营模式、资产状况,股权市场和估价成本都需要在股权评估时进行考虑,同时由于公司管理的不规范或者公司在提供证据时的不配合,也常常会出现财务资料不足不适宜评估的情形。从股权回购价格的确定来看,德国股权回购价格的确定,在原则上依据公司章程,除非章程的约定违背了善良风俗或诚信原则。在章程没有规定的情况下,其评估主要依赖法院的自由裁量和双方协商的解决方案,补偿金额的确定依据出资份额的账面价值和市场价值。对于股权市价的具体计算,德国在实践中常使用的方法有收益现值法、实质价值法、清算价值法等,其中收益现值评估法被更广泛使用。[②] 收益现值评估法作为企业评估的主要方法,是以对企业未来收入的合理预期为标准来确定其回购股权的合理价格。这种方法兼顾了企业有形资产和无形资产,尊重了企业价值的特殊性,我国法院可以参考这一方法。

二、实践考量

关于股东除名决议中的股权作价问题,实践中的作价方式主要有:(1)经计算公司所有者权益和股权比例所得的价格;(2)经评估或审计所得的市场公允价格;(3)股东的原始出资额价格;(4)约定固定收益率下的投资回报额价格。不过股权价

---

① 参见赵万一:《资本三原则的功能更新与价值定位》,载《法学评论》2017年第1期。

② 参见白江:《论有限责任公司取得自己的出资份额:以德国法和中国法为背景》,法律出版社2011年版,第93~98页。

值的最终确定主要依赖双方协商和法院的直接裁判。协商确定价格不仅包括在除名之后双方就股权进行磋商的具体价格,也涵盖了章程等公司内部性文件事先有所约定的情形。若公司的初始章程和经股东同意的章程修订案或其他内部性文件对于出资价格有所约定,除非其约定的补偿价值明显低于市场价值从而违背诚实信用原则或在内部性文件制定过程中公司隐瞒真相涉及欺诈回购,否则应认可回购价格的效力。若股东未事先对章程修订案和内部性文件的效力予以认可,则视为双方协商不成。由于股东机会成本的丧失,又无法在后续经营中享受公司发展红利,在诉讼中法院对于价格方案的选择应当注意保护股东利益,在股权价格计算中进行一定的补偿。股权评估价格时间点应为除名决议作出之日,决议作出后股东与公司间关系恶化,若以诉讼之日作为评估基准日,则公司则可能做出恶意损害股东财产权益的行为。

为了维护资本确定原则,公司回购被除名股东股权之后不应长期持有,应当在一定的期限内进行减资或转让的处置。公司转让股权的方式不仅可以弥补资金的缺失,也可以避免由于减资操作不规范带来的回购失败。在公司转让股权时,可以出于效率选择任何合适的受让方,而不用考虑被除名股东的意愿。

典型案例

宋某诉 A 公司股东资格确认纠纷案①

基本案情

A 公司于 2004 年 5 月由国有企业改制为有限责任公司,宋某是 A 公司员工,出资 2 万元成为 A 公司的自然人股东。A 公司章程第三章"注册资本和股份"第 14 条规定,"公司股权不向公司以外的任何团体和个人出售、转让。公司改制一年后,经董事会批准后可在公司内部赠与、转让和继承。持股人死亡或退休经董事会批准后方可继承、转让或由企业收购,持股人若辞职、调离或被辞退、解除劳动合同的,人走股留,所持股份由企业收购……"第十三章"股东认为需要规定的其他事项"中第 66 条规定"本章程由全体股东共同认可,自公司设立之日起生效"。该公司章程经 A 公司全体股东签名通过。2016 年 6 月,宋某提出解除劳动合同,并申请退出所持有公

① 参见陕西省高级人民法院民事裁定书,(2014)陕民二申字第 00215 号。

司持有的2万元股份;同年8月,经A公司法定代表人赵某同意,宋某领到了退出股金款2万元。2007年1月,A公司召开2006年度股东大会,会议审议通过了宋某等3位股东退股的申请并决议"其股金暂由公司收购保管,不得参与红利分配"。随后,宋某以A公司的回购行为违反法律规定,未履行法定程序且公司法规定股东不得抽逃出资等,请求依法确认其具有大华公司的股东资格。

审判

法院经审理认为,首先,有限公司初始章程是经全体股东一致同意并对公司及全体股东产生约束力的规则性文件,宋某在公司章程上签名的行为,应视为其对前述规定的认可和同意,该章程对A公司及宋某均产生约束力。其次,基于有限责任公司封闭性和人合性的特点,由公司章程对公司股东转让股权作出限制性规定,系公司自治的体现,A公司章程将劳动合同关系作为取得身份的依据是公司自治原则的体现,不违反《公司法》的禁止性规定。

点评

关于公司在初始章程中约定"人走股留、公司回购"条款的效力,我国现行法律和司法解释并无明确规定,但该案认定了股权合意回购的合法性,认为公司章程对于股权回购进行约定属于公司自治范畴,股权回购约定对于股权转让进行限制但并非禁止,股东对于股权回购章程约定签字同意,具有效力。公司对于被除名股东股权的回购往往是出于维持公司内部股权结构,保障股东之间信赖关系的目的,从维持公司自治和人合性的角度来说,法律不应予以禁止。但出于对公司其他股东以及外部债权人等利益的保护,也应当对公司回购的股权进行限制,即公司对于回购的股权不应长期持有,同时公司本身也不能作为股东行使权利。

第六章
信义义务规则的修订完善

信义义务规则是公司治理的核心问题，我国现行《公司法》第六章以专章规范了董事、监事以及高级管理人员（以下简称董监高）的信义义务问题，包括信义义务的一般条款、忠实义务的具体情形、董监高的法律责任以及对董监高追责的诉讼构造等。但侧重忠实义务的立法模式忽略了勤勉义务的规则构建，使勤勉义务既无一般条款加以界定，也无细化规则，更无违反勤勉义务的责任与限制。同时，当前的信义义务规则以“委任说”为理论基础，①忽略了控股股东、实际控制人的信义义务问题。而在违反信义义务的法律责任问题上，当前公司法实践多是以侵权、契约等为基础，

① 对于董监高与公司之间法律关系的学说主要为“信托说”“委任说”“合同说”等。“信托说”主张公司董监高与公司和股东之间存在不对等的法律关系，其对公司关键资源享有自由裁量权，符合信义关系的核心特征，因而二者之间属于一种默认的信托法律关系。参见郭富青：《我国公司法移植信义义务模式反思》，载《学术论坛》2021 年第 5 期；Flannigan R. *The Fiduciary Obligation*, Oxford Journal of Legal Studies, 9(3), 285－322(1989)。“委任说”主张公司董监高与公司之间为委任关系，董事对公司的义务均因董事和公司的委任关系产生。参见范健、蒋大兴：《论公司董事之义务——从比较法视角考察》，载《南京大学法律评论》1998 年第 1 期；王保树：《股份有限公司的董事和董事会》，载《外国法译评》1994 年第 1 期。“合同说”则主张公司董监高与公司系合同关系，董监高义务源于契约约定。但与其说董事义务来源于具体的合同磋商，不如说是以契约的宏大视角来观察二者之间的关系，经济学的契约并不等同于法学的合同。参见［美］弗兰克·伊斯特布鲁克、丹尼尔·费希尔：《公司法的经济结构》（中译本第 2 版），罗培新、张建伟译，北京大学出版社 2005 年版，第 90～93 页。我国目前理论和实务中的主流观点为“委任说”，尤其是《最高人民法院关于适用〈中华人民共和国公司法〉若干问题的规定（五）》第 3 条规定股东会对董事职务的任意解除权，更是直接指明董事与公司之间系委任关系。

着重追究公司消极利益损失的赔偿责任,而忽略对违信行为获得积极利益的归入权解释与建构。《公司法(修订草案)》在一定程度上回应了上述问题,例如,其以两款的形式分别规定了忠实义务和勤勉义务的一般条款、合理地规范了关联交易和谋取商业机会的例外情形、竞业禁止的豁免、控股股东、实际控制人的法律责任等。但《公司法(修订草案)》对勤勉义务一般条款采取客观标准的妥适性仍然存疑,其仅规定个别情形的责任豁免并不能完整回应勤勉义务的现实要求,而其对控股股东、实际控制人法律责任的规范也未明确其责任来源及性质,不利于该条款的可诉性。其仅仅移动公司了归入权法条位置,但仍未能回应司法适用中存在的诸多问题。因而,在对现行公司法和《公司法(修订草案)》的分析下,本书认为,公司信义义务规则至少可通过以下条款进一步予以规范。

勤勉义务的一般条款

董事、监事、高级管理人员对公司负有勤勉义务,执行职务应当为公司的最大利益尽普通谨慎之业务执行人或商人的合理注意。

条文主旨

本条为勤勉义务的一般条款。

要点提示

一般条款是对勤勉义务内涵和认定标准的界定,完善勤勉义务的一般条款旨在解决两个实践问题和两个理论问题。在实践方面,其一,2018 年《公司法》对勤勉义务没有明确一般化的认定标准,这为司法实践带来适用上的障碍;其二,当前勤勉义务并未像忠实义务一样,进行了细化规定,司法实践缺乏明确的指引。在理论方面,其一,勤勉义务的一般条款应当采用客观模式,还是“客观 + 主观”模式,对其标准应当采取严格标准还是一般标准?其二,在完善一般条款的情况下,是否还有必要如忠实义务一样列举具体情形?

勤勉义务一般条款的核心在于选择主观标准还是客观标准,抑或“主观 + 客观”

标准。主观标准是对于董监高应当承担的勤勉义务需要考量其实际的知识和经验水平;客观标准是树立理性的标准作为参考,所有董监高的行为应当符合该标准;“主观+客观”标准则是综合主观与客观,主张分类谈论,对于普通挂名董事等考量其实际的知识经验水平,而对于执行董事、独立董事则需满足专业水准人的标准。客观标准又分为严格的客观标准和一般的客观标准。前者是指超越普通人的商人甚至是专家标准,后者则是仅要求具有普通谨慎勤勉人的标准。在考量域外经验和对我国现实公司治理结构及水平的情况下,本书认为,《公司法》此次修订应当采用严格的客观标准,理由有三:其一,主观标准容易陷入“水平越低、责任越轻,水平越高、责任越重”的悖论,引起具有专业水平的董监高行为怠惰;其二,纯粹的客观标准并不意味着完全忽略董监高的实际情况,勤勉义务的规范涉及行为标准和责任标准,其中责任标准又涉及责任认定和责任豁免,因而采用客观标准辅之以责任标准完全可以达到兼顾差异董监高的责任追究;其三,董监高并非普通人,其承担着公司的管理、运营、监督以及至关重要的项目经营和商业冒险等,倘若一味地关照部分挂名董事和部分不专业的董事,则不利于董监高的职业化发展,助长企业董监高的怠惰行为。因此,在前述观点之下,本书主张采用严格的客观标准。

在是否仍需要进一步列举具体情形问题上,本书主张勤勉义务的抽象评价属性表明对其具体情形进行列举不具有实践的可行性,且可能会限制司法裁量权,消弭勤勉义务的适用范围。而对其子义务的列举则适宜放入责任标准处。《公司法(修订草案)》虽采取客观标准,但其“管理人”表述单纯借鉴日本经验,不足以完整描述董监高的职能属性,应当修改该表述。

背景依据

一、勤勉义务与忠实义务的区分

勤勉义务,又称注意义务、善管义务,与忠实义务一同构成信义义务。即使部分学者指出,勤勉义务与忠实义务存在诸多交叉或者具有同质属性,[①]但在规范的侧重

---

① 例如,日本学界很早便认识到注意义务和忠实义务存在一定同质性,并且提出“同质说”的观点。参见鈴木竹雄、竹内昭夫『《会社法》(第3版)』(有斐閣,1994年)289頁。转引自梁爽:《董事信义义务结构重组及对中国模式的反思 以美、日商业判断规则的运用为借镜》,载《中外法学》2016年第1期。

点以及实践的适用上,二者的区分仍然较为明显。其一,勤勉义务要求董监高应当谨慎尽职勤勉地履行职责,为公司最大利益执行职务,因而更加强调积极的作为义务,而忠实义务则是董监高不能以侵害公司利益来满足自身或第三人利益的不作为义务。[①] 其二,在英美法信义义务规则中,忠实义务占据核心地位,其重点规范董监高谋取个人利益的利益冲突场景,而勤勉义务适用的前提则是不存在利益冲突,因而属于纯粹的商业经营判断场景。因而,较之于忠实义务,勤勉义务的识别认定更加困难,董监高行为是否足够勤勉谨慎,对其行为要求是否应当考虑其本人的知识和经验水平,不同董事或高管是否应当适用不同标准,是否需要考虑董监高主观的善意等,这些问题都在困扰着立法者,同时也在考验裁判者的水平。而相反地,忠实义务"不得利用职权获取不正当利益"的要求则较明确,其在认定上相对而言较简单。勤勉义务最初只存在于英美法的判例中,具有个案衡平的特征,随着信义义务在世界范围内的拓展,不同法系国家的成文法努力也在使勤勉义务的认定标准更加聚焦,在世界范围内产生了"主观 + 客观"标准和纯粹的客观标准,而客观标准又分为严格的客观标准和一般的客观标准。

二、应当采客观标准还是主观标准

英国早期判例对董事勤勉义务要求比较低,在 1925 年的"雷城公司案"(Re City Equity Insurance Co.)中,英国大法官罗默(Romer J.)认为,董事在履行其义务时,不必具备比根据其拥有的知识和经验所能合理期待的更高程度的技能。[②] 这一以董事本人知识经验为准的主观标准容易陷入"水平越低、责任越轻,水平越高、责任越重"的悖论,因而在其后的案例积累中逐渐发展出了"主观 + 客观"的认定标准,即对具有专业知识技能的非执行董事要求"尽到同类专业水平或经验的专业人员应该具有的勤勉",对执行董事适用更加严格的客观标准。美国法院对董事的勤勉义务认定适用客观标准,美国《标准公司法》第 8.30 节中规定:(a)董事会的所有成员在履行其职责时应:(1)善意行事;且(2)以其合理地认为符合公司最大利益的方式行事。(b)董事会或者委员会成员在行使其决策职能或者监察职能时,应当以一名在类似

① 参见梁爽:《董事信义义务结构重组及对中国模式的反思 以美、日商业判断规则的运用为借镜》,载《中外法学》2016 年第 1 期。

② 参见任自力:《公司董事的勤勉义务标准研究》,载《中国法学》2008 年第 6 期。

情况下合理人所应有的谨慎来履行职责。[①] 传统大陆法系国家通常对于勤勉义务的认定通常也遵循客观标准，例如，德国《股份法》第 93 条第 1 款规定："董事会的成员应在其执行业务时，尽通常及认真的业务执行人之注意，对于其因其在董事会内的活动所知悉的机密事项和秘密，特别是营业或业务秘密，其应当保持缄默。"可见，从各国具体实践来看，遵循客观标准是较流行的做法。有学者指出，董事勤勉义务的认定标准与责任限制应当与本土公司治理结构有关，我国上市公司一股独大以及存在诸多"挂名董事"的局面要求我们在制定勤勉义务认定标准时既要对专业董事施加严格标准，又要兼顾这些"挂名董事"，因而应当"设置'合理谨慎的人在相似情形下所应表现的谨慎、勤勉和技能为其行为'……而对于不具有某种专业资格和经验的非执行董事，如'外部董事、挂名董事以及职工董事等'，应给予法官个案裁量权，尽量适用主观标准"[②]。持这一观点的学者也不在少数，[③]但也有学者主张基于公司方面信赖保护以及个案董事归责性的考量，不应调低理性人能力水准，[④]而对于"那些能力超出一般社会平均经营水平，或低于一般社会经营水平的高管，允许公司……通过公司章程或专门合同的形式，与高管专门约定特定的勤勉义务标准"[⑤]。本书认为，一方面，考量具体董事的知识经验并不具有成文法上的可行性，实践中存在执行董事、非执行董事、独立董事、挂名董事、专业的高管、非专业的高管、监事等多个种类，对其在成文法上作出认定标准的区分显然不现实，因而适用统一的客观标准是较可行的选择。另一方面，即便是遵循客观标准可能会忽略个体的差异性，但勤勉义务的实施也并非单一的一般条款可以解决，其包含司法裁判中的裁量适用、责任的豁免和限制、对董事行为的经营判断等，因而勤勉义务规则是系统的行为标准再加上责任标准，并非一般条款可以直接判断的。因此，对于勤勉义务认定标准的一般条款立法，本书认为，结合学界较主流的观点和我国公司治理现实，应当采用客观标准。

---

① 参见《最新美国标准公司法》，沈四宝译，法律出版社 2006 年版，第 101 页。

② 马一德：《公司治理与董事勤勉义务的联结机制》，载《法学评论》2013 年第 6 期。

③ 参见赵彩阳：《论我国董事勤勉义务的界定标准》，载《商业时代》2013 年第 31 期；王真真：《董事勤勉义务制度的利益衡量与内涵阐释》，载《财经法学》2022 年第 3 期。

④ 参见叶金强：《董事违反勤勉义务判断标准的具体化》，载《比较法研究》2018 年第 6 期。

⑤ 罗培新等：《我国公司高管勤勉义务之司法裁量的实证分析》，载《证券法苑》2010 年第 2 期。

三、应当采一般客观标准还是严格客观标准

客观标准亦分为严格的客观标准和一般的客观标准。例如,德国的标准即被学界称为专家注意标准,[①]其对于董事谨慎义务的判断秉持严格的客观标准是以"专家"的谨慎作为职务履行标准。[②] 而美国的客观标准则仅要求董事尽到"类似情况下合理人"标准,加之董事只对其重大过失承担责任,且普通董事在进行勤勉义务认定时通常有商业判断规则的保护,这使美国的认定标准相比其他国家而言是最宽松的。日本采取严格的勤勉义务标准,要求董事承担善良管理人的注意义务,但其兼采英美法之经验,为董事责任规定了较多免责情形,如其在董事责任追究上要求"重大过失"、股东大会决议、董事会决议可以豁免部分责任等。从我国当前的《公司法》规范来看,虽未明确应当采用何种标准,但通过《公司法》第 149 条之规定来看,"执行公司职务时违反法律、行政法规或者公司章程的规定,给公司造成损失时,应当承担赔偿责任",因而采用的是严格标准。本书认为,我国应当采用严格的客观标准。其一,从当前世界各国的规范来看,除美国外,大多数国家普遍采用严格的客观标准,这对于我国有着一定的参考意义;其二,多数国家在一般条款之外有不同的裁量标准,例如,德国以专家注意标准作为辅助裁判,而日本则规定了较多的豁免条款,因此,即便是严格的标准仍然存在较大的弹性空间;其三,我国的公司治理结构中,大股东控制董事会、内部人控制以及"夹层代理"现象同时存在,董事履职并不充分,适用严格的客观标准有助于董事履职,虽然可能造成"大股东犯错、董事背锅"的现象,但倘若以普通人之谨慎注意要求董事,只会阻碍董事职业化的进程,不利于整体公司治理水平的提高。并且,严格的客观标准,一方面,可以起到减少挂名董事和怠惰董事的作用;另一方面,基于理性人的考量,专业的管理人亦会出于害怕承担责任而敢于挑战大股东。

四、是否需要作细化规定

一般条款明确了勤勉义务的认定标准,即采用严格的客观标准。但现行《公司法》第 148 条列举了违反忠实义务的具体情形,即采"一般条款 + 具体情形"的立法方式,是否有必要对勤勉义务的具体情形作罗列,以为行政处罚和司法裁判指明方向?倘若对其作细化分类,依据当前的学界探讨和域外经验,可能存在两种细化方

---

① 参见梅慎实:《董事义务判断之比较研究》,载《外国法译评》1996 年第 1 期。

② 参见马一德:《公司治理与董事勤勉义务的联结机制》,载《法学评论》2013 年第 6 期。

式:第一种,详细列举违反勤勉义务的情形;第二种,以不穷尽的方式列举董事应当承担的勤勉义务类型。针对第一种方式,有学者指出,基于利益冲突的勤勉义务与忠实义务划分标准,《公司法》第148条并非完全涉及忠实义务,尤其是第1项、第2项、第3项、第7项、第8项未必涉及董事忠实义务。[①] 本书认为,该观点较合理,盖因其“挪用公司资金”“违规担保”等行为实际上可能涉及违反勤勉义务,但显然其规范意图既非基于勤勉义务的考量,也显然未能穷尽勤勉义务的种类,甚至其第8项“违反对公司忠实义务的其他行为”之表述似有将前述7项纳入忠实义务范畴之意图。因此,基于勤勉义务与忠实义务划分的现实,当前并不存在对勤勉义务的细化规定。此外,是否有必要对具体情形展开探讨?本书认为,这不仅实无必要,也不现实。通常认为,在规范和标准的划分视野下,信义义务被认为是一种标准。其中,忠实义务尚可通过利益冲突与明显的违法性具有较强的识别性,勤勉义务作为一种标准,“是抽象的评价规范,主要用来调整发生频率低且类型多样的行为”,[②]其具体情形种类多样,发生频率低,并不具有归类的可能性。针对第二种方式,即通过列举董事勤勉义务的子义务方式加以固定的方式在学界多有提及。例如,有学者提出“3+X”的立法模式,即以“知情、监督及合规三项义务作为列举示例,然后以兜底条款进行概括”。[③]亦有学者认为,该子义务应当为“知情、调查和表达”,[④]或是认为包含“知情、合规、建立内控以及参与”[⑤]。此外,还有学者提出在忠实义务和勤勉义务之外发展出涵盖合规义务和监督义务等在内的董事第三种义务。[⑥] 美国《标准公司法》第8.30节所列之“决策职能”与“监察职能”似乎也表明勤勉义务的子义务范围。[⑦] 勤勉义务之子义务的列举是在试图通过抽象一定要素来认定董监高行为是否达到勤勉义务标准。

---

① 叶林:《董事忠实义务及其扩张》,载《政治与法律》2021年第2期。

② 许德风:《道德与合同之间的信义义务——基于法教义学与社科法学的观察》,载《中国法律评论》2021年第5期。

③ 王真真:《董事勤勉义务制度的利益衡量与内涵阐释》,载《财经法学》2022年第3期。

④ 张婷婷:《独立董事勤勉义务的边界与追责标准——基于15件独立董事未尽勤勉义务行政处罚案的分析》,载《法律适用》2020年第2期。

⑤ 刘惠明、祁靖:《内部控制义务——董事勤勉义务的具体化与内在化》,载《东南大学学报(哲学社会科学版)》2012年第5期。

⑥ 参见赵万一:《合规制度的公司法设计及其实现路径》,载《中国法学》2020年第2期。

⑦ 参见范四宝编译:《最新美国标准公司法》,法律出版社2006年版,第101页。

虽然一方面其属于认定标准,另一方面也涉及责任标准,但由于这是一个较实践性的问题,故宜规定于董监高责任标准处。

五、对《公司法(修订草案)》与《公司法(修订草案二次审议稿)》的评价

2021 年《公司法(修订草案)》第 180 条提出“董事、监事、高级管理人员对公司负有勤勉义务,执行职务应当为公司的最大利益尽到管理者通常应有的合理注意”,该标准即为典型的客观标准。但“管理者通常应有的合理注意”之表达却不够清晰。一方面,“管理者”之表述既可以解释为具有专业技能的管理者,也可以解释为普通不具有专业技能和经验的管理者,因而其理性标准人的特征并不明显。虽然在我国大量存在的小微有限责任公司中,多数公司董事与股东身份重合,其并非经过市场遴选机制下产生的专业董事,但是“管理者”的表述可以兼顾这些非专业的董事。但诚如前述,抛弃主观标准以及实施严格的客观标准,即意图强调赋予董事严格的义务,以提高董事的职业化水平,所以“管理者”之表述实是无法完整表述前述期望。另一方面,“管理者”表述虽然为客观标准,董事、监事和高级管理人员皆以“管理人”代替表达并不妥当。“管理”之表述侧重公司日常事务和工作秩序的维持,并不能完整描述董事、监事和高级管理人员的管理、决策、监督的职能,尤其是在商业竞争中,董事往往需要适时主动出击,甚至要冒较大的风险,这本就属于其职责范围。而更重要的是,勤勉义务在评价董事行为时,侧重点也往往是其积极实施商事行为,因而定位为“管理”实为不妥。因此,本书建议,“管理者通常应用的合理注意”之表述可修改为“普通谨慎之业务执行人或商人的合理注意”。

2022 年 12 月 30 日公布的《公司法(修订草案二次审议稿)》未对此作出修改,故而此处不再赘述。

典型案例

A 公司诉张某某损害公司利益赔偿案①

基本案情

张某某(被告,上诉人)于 2009 年 9 月至 2010 年 6 月担任 A 公司(原告,被上诉

① 参见北京市第一中级人民法院民事判决书,(2011)一中民终字第 14843 号。

人)总经理,任职期间主要职责为公司的生产运营事务。张某某任职期间发现原告A公司位于某处的锅炉房设备老化,导致大气污染物排放物超标,但其并未运用公司赋予的总经理职权采取措施进行有效处理,导致锅炉排放长期处于超标状态。2010年1月26日,原北京市环保局对原告超标排放行为作出行政处罚。原告后诉至法院,认为被告怠于行使职责,未履行勤勉义务,导致公司遭受重大损失,应承担赔偿责任。

审判

一审法院认为,依据《公司法》的规定,公司高级管理人员应当遵守法律、行政法规和公司章程,对公司负有忠实义务和勤勉义务,诚信地履行对公司的职责,尽到普通人在类似的情况和地位下谨慎的合理注意义务,为实现公司最大利益努力工作,不得积极侵占或消极损害公司财产利益;高级管理人员执行公司职务行为时违反法律、行政法规和公司章程,给公司造成损失的,应当承担赔偿责任。公司损失与被告的消极行为之间存在因果关系,故判决被告承担赔偿责任。二审维持原判。

点评

本案原告在举证时主张,其与高管之劳动合同中载明被告应负之职责与义务,在援引《公司法》条文的基础上认定其违反勤勉义务。一审法院之解释遵循了客观标准,“普通人在类似的情况和地位下谨慎的合理注意义务”看似是一种一般客观标准,但从其实际审判效果来看,却也暗含着,一名公司高管所应当履行之义务不仅仅为普通人之注意义务之意。在当前已有的司法裁判中,以客观标准解释勤勉义务的案例并不少见,同时也鲜少有主张以主观标准解释勤勉义务的案件,只是在其主张中,通常以“善良管理人的细心”“尽一个普通之人的合理注意”表述(如内蒙古中绒绒业有限公司与张某损害公司利益责任纠纷上诉案①),因此整体上表现出一种一般的客观标准。这样的判决实际上采用了侵权法上的注意义务标准,虽也起到了追究责任的实际效果,却忽视了作为专业人才的董监高的专业标准,在以后的判决中应予纠正。

① 参见内蒙古自治区兴安盟中级人民法院民事判决书,(2017)内22民终237号。

商业判断规则

董事、监事与高级管理人员只要作出经营决策时以善意的方式，就可以合理地认为，其行为以恰当的信息为基础并符合公司的利益，则不构成违反勤勉义务。

条文主旨

本条为商业判断规则。

要点提示

是否引入商业判断规则一直以来都是学界争议的焦点，实践中也出现了不少直接以商业判断规则作出裁判的案例。通常认为，勤勉义务和商业判断规则是一体两面的关系，前者界定了董监高的行为标准，后者界定其责任标准，因此二者不可偏废。但揆诸世界各国经验，成文化的过程并非一帆风顺。是否引入商业判断规则以及如何成文化成为当前公司法修订的一大难题。本书认为，责任标准的完善旨在解决以下几个问题。在实践方面：其一，司法裁判中可否援引董监高的经营判断，进而对其责任加以豁免；其二，董监高责任豁免的认定标准是什么，以及其举证责任如何配置；其三，在我国当前的司法实践中，大量依商业判断规则作出裁判的案例实际上并未理解何谓商业判断，现实中存在严重分歧和错误适用，因此亟须通过立法加以澄清。在理论方面：其一，对董监高的责任限制应当采用免责和限制条款形式还是商业判断规则的形式；其二，倘若引入商业判断规则，对其举证责任以及认定方面需要作何种改造。

本书认为，从现行《公司法》以及2021年《公司法（修订草案）》以及前述勤勉义务的一般标准来看，对董事法律责任的加重是一大趋势。这一方面，可以起到落实责任的效果；另一方面，通过压实董事法律责任也有利于落实其董事职权。但责任的加重并未匹配相应的免责条款，这导致了责任与救济的失衡。在责任限制的诸多形式中，存在免责条款、公司补偿、董事责任保险以及商业判断规则几种形式，通过考察，本书认为这几种形式各有利弊，而通过改造商业判断规则可以有效地解决前述问题。

商业判断规则在内容上应当要求董事、高级管理人员的行为符合善意、合理注意、无利益冲突以及商业决定。在举证责任上，由原告证明董事、高级管理人员行为的非善意，而对于尽到了合理注意的，则由董事、高管举证。在立法形式上，由《公司法》明确商业判断规则的判断标准，由司法解释明确举证责任，通过指导性案例明确具体案件的指引。

背景依据

一、责任限制的必要性

从现行《公司法》与《公司法(修订草案)》来看，2018 年《公司法》第 112 条规定："董事应当对董事会的决议承担责任。董事会的决议违反法律、行政法规或者公司章程、股东大会决议，致使公司遭受严重损失的，参与决议的董事对公司负赔偿责任。但经证明在表决时曾表明异议并记载于会议记录的，该董事可以免除责任。"该条为 2018 年《公司法》唯一一条对董事责任的豁免的规定。而在第 149 条中又规定："董事、监事、高级管理人员执行公司职务时违反法律、行政法规或者公司章程的规定，给公司造成损失的，应当承担赔偿责任。"由此可见，一方面，现行《公司法》仅规定了董事其中一项免责条款，而对监事、高级管理人员的免责或责任限制均未规定；另一方面，第 149 条显然适用于违反勤勉义务的法律责任，但"违反法律、行政法规或者公司章程"又并非对勤勉义务的解释，盖因勤勉义务在外延上并不与"遵守法律、行政法规或者公司章程"重合，甚至二者之区别大于其相同之处。因此，现行《公司法》并未专门规定违反勤勉义务的法律责任，但在实践中，司法裁判或是依据第 112 条之规定作出责任认定，或是依据侵权法的注意义务条款认定，董监高在违反该注意义务时应对公司所遭受之损失承担赔偿责任。因此事实上，违反勤勉义务仍然要承担法律责任，并且拥有较少的豁免。而《公司法(修订草案)》则对董事职权、责任与义务作了大幅修改，加大了董事对公司的赔偿责任，在保留第 149 条之规定的基础上，又增加第 149 条之董事对第三人损害的赔偿责任。然而责任的增加并未配备相应的免责与限制条款，"缺乏相应的董事责任救济机制，造成董事责任失衡"①。

---

① 林一英等:《公司法修订的立法选择笔谈》，载《政法论坛》2022 年第 4 期。

从司法实践来看,违反勤勉义务的案件在逐年增多,备受热议的"康美药业案"更是引起了实务界和学术界的广泛讨论。董事、高管违反勤勉义务的责任在司法实践中正在增加,而立法并未设置足够的免责条款,这导致实践中出现不同的审查标准,其中有相当部分案例显示,法院在适用勤勉义务时存在对董事行为的实质审查现象。例如,在部分案件中,[①]法院认为,当事人董事、经理仅采取口头方式订立协议,难以明确各方权利义务,因而未能达到一个理性第三人在同样地位上能够尽到的注意,违反了勤勉义务,应当为由此给公司造成的损害承担赔偿责任。但有学者认为,"法律社会学的研究表明,在现实的商业交往中,书面合同并非不可或缺,甚至在很多交易中是非必要的"[②]。法官不是商人,其"事后诸葛亮"式的实质审查只会无端增加其法律责任,法官应当尽量避免以实质审查的方式加重董事、高管的法律责任,这意味着立法要提供足够的明确的指引,以在赋予法官司法裁量权的同时限制其无序扩张。

此外,如前所述,勤勉义务为系统性的规则,本书在前述勤勉义务一般条款中设置了严格的客观标准,这意味着董监高需要承担较重的法律责任,但一味地增加责任并非上策,对其严格要求的同时也必须要有足够的豁免以正确指引其行为,推动其义务履行。

二、责任限制的形式

限制董监高责任形式有多种,大致可以分为免责条款、公司补偿、董事责任保险以及商业判断规则等。首先,关于通过立法设置免责条款。日本《公司法》第 425 条规定,"董事执行职务善意且无重大过失的,可经股东大会决议,依法免除其 423 条第 1 款下的部分或全部赔偿责任";第 426 条规定,"公司可以章程规定,在董事执行职务善意且无重大过失的情形下,经董事会或半数以上其他董事的统一,依法免除其第 423 条第 1 款的责任"等。韩国《商法》第 399 条规定,"董事做出违反法令或章程的行为,或者有怠于其职务时,该董事应对公司承担连带赔偿责任。除非董事在相关董事会决议时提起异议,并明确记在于会议记录中"。第 400 条规定,"前条中的董事

---

① 参见上海 A 有限公司诉李某高级管理人员损害公司利益赔偿纠纷案,上海市闵行区人民法院(2009)闵民二(商)初字第 1724 号民事判决书;上海川流机电专用设备有限公司与李某与公司有关的纠纷案,上海市第一中级人民法院(2009)沪一中民三(商)终字第 969 号民事判决书;上海芬纳输送带有限公司与宋某劳动合同纠纷案,上海市第二中级人民法院(2019)沪 02 民终 1428 号民事判决书。

② 王军:《中国公司法》,高等教育出版社 2017 年版,第 393 页。

的责任，经全体股东同意可以免除”。国内也有学者主张我国应当采用股东会、公司章程的形式免除董事责任，而不必引入商业判断规则。① 其次，公司补偿。董事责任补偿分为法定补偿和任意补偿。法定补偿，是指“根据法律规定，当董事在履行职务过程中遭第三人索赔并在抗辩中胜诉时，则有权要求公司对其抗辩费用予以合理补偿”。任意补偿，则是指赋权公司通过章程、细则以及合同等方式给予董事额外的补偿保护。② 公司补偿制度旨在弥补董事、高管在执行职务时涉诉的损失，因而该项损失前提是其已经履行法定义务，补偿范围集中于律师费、诉讼费等。再次，董事责任保险。董事责任保险是指承保董监高因疏忽或者过失导致被追究个人行为责任时，保险公司对其进行经济补偿的一种职业责任保险，③其主要目的为董监高在履职中因不当行为而产生的责任风险提供保障。④ 事实上，董事责任保险制度实际可以承保的责任范围并不广，保险公司“仅针对董事及高级职员基于疏忽、过失的行为造成的对公司、股东和利益相关者的人身或财产损失承担理赔责任”⑤。最后，商业判断规则。商业判断规则又称经营判断规则，是指“董事会对基于合理的信息和一定的理性做出的经营决策不承担责任，即使从公司的角度看这些决定是糟糕的或者是灾难性的……这一原则主要适用于那些根据管理不善或者错误判断而提出的指控，而不适用于根据董事获取私人利益而提起的诉讼”⑥。商业判断规则首先是一个程序推定，“就是否采取某项行为的决定或者未采取任何行为，董事不对公司或者其股东作为一名董事承担责任，除非在程序中主张该董事应承担责任的一方可以证明……”⑦在具体内容上，美国司法实践普遍认可的商业判断核心要素主要为四点：限于商业决定、非利害关系的独立判断、合理适当注意以及须为善意。⑧

---

① 参见林一英等：《公司法修订的立法选择笔谈》，载《政法论坛》2022 年第 4 期。

② 参见王伟：《董事补偿制度研究》，载《现代法学》2007 年第 3 期。

③ 参见张瑞纲、张浩：《我国董事责任保险制度建设研究》，载《财会月刊》2019 年第 22 期。

④ 参见赵亚宁：《董监高责任保险法律关系论——以投保公司的复合法律身份为基点》，载《甘肃政法大学学报》2022 年第 1 期。

⑤ 张怀岭、邵和平：《董事责任保险制度的他国镜鉴与本土重构》，载《学习与实践》2019 年第 8 期。

⑥ 参见［美］罗伯特 · W. 汉密尔顿：《美国公司法》（第 5 版），齐东祥等译，法律出版社 2008 年版，第 339 页。

⑦ 沈四宝编译：《最新美国标准公司法》，法律出版社 2006 年版，第 102 ~ 103 页。

⑧ 参见傅穹、陈洪磊：《商业判断规则司法实证观察》，载《国家检察官学院学报》2021 年第 2 期。

三、引入商业判断规则的必要性

综上所述,责任限制的形式多种多样,采取何种方式不仅要考量该种方式所作用的范围,同时也要与我国的公司法实践相结合。首先,对于免责条款形式。前已述及,我国现行《公司法》第112条是唯一一条免责条款,倘若扩大免责范围,单以立法强制形式豁免则存在难以穷尽之障碍。日韩免责条款模式是授权股东会和公司章程,但倘若股东会或者公司章程并不对其责任加以豁免,则可能出现同一行为在不同公司下有不同认定的嫌疑,有碍于对勤勉义务的认识统一。并且意图通过公司章程事无巨细地规定也不现实,而通过股东会一事一议的方式也存在执行上的障碍,更遑论对信义义务的豁免在大陆法系也存在理论上的障碍。其次,对于公司补偿形式。事实上,从前述描述可以看出,公司补偿同商业判断规则并非完全重合,公司补偿集中于律师费、诉讼费,并且多以董事胜诉为前提要求。从前述责任限制必要性阐述来看,之所以要限制董监高之法律责任,一方面,源于即将采用严格客观标准可能给董事行为带来较大压力,为避免其因义务和法律责任的苛责而畏缩不前,应对其基于善意且充分的行为加以鼓励;另一方面,严格客观标准虽然建立了理性人标准加以指导,但由于其专家标准的要求不同于侵权法中的注意义务,作为商人,董监高既要承担相较于普通谨慎之人更高的标准,也应当享有商人因商业风险和经营判断失误导致损失而享有的豁免。因而,以胜诉为基础的律师费、诉讼费补偿实际上并未关注到对其责任豁免本身,倘若缺乏对商人行为的本质认识,再多的律师费补偿也无济于事。最后,董事责任保险制度则实际上能够补贴董事因一般失误导致的损失,但由于其面向的是董事责任问题,则可能导致"投保人公司因为责任保险的存在而减少对事故发生的预防措施"①。

但引入商业判断规则也饱受争议,持反对意见的学者的主要担忧在于:一方面,商业判断规则的程序推定可能会加重股东的举证责任,进而导致董事过度冒险行为;另一方面,由于商业判断行为的认定具有实际上替代勤勉义务的效果,因而可能使勤勉义务被架空。事实上,世界各国在引入商业判断规则时并未执着于其程序推定,例如,在成文法的进程中,作为首个讲商业判断规则明文化的国家,澳大利亚在其《公司法》中规定董事或高管如下行为被认为履行了义务:以善意的方式作出具有正当

---

① 张怀岭、邵和平:《董事责任保险制度的他国镜鉴与本土重构》,载《学习与实践》2019年第8期。

目的的商业判断;不涉及个人利益;合理地相信其商业判断所依据的信息在当时情况下是合适的以及理性地相信符合公司最佳利益。该规则并未以董事或高管行为符合商业判断为逻辑前提,该规则仅是判断其行为是否符合商业判断的一个标准。而在其后的司法实践中,法官还有意弱化了"推定"的意义,以致没有一名董事能够在诉讼中成功受到商业判断规则的保护。[①] 但也正是其弱化"推定"之做法以及加入"正当目的"条款,使其"试图通过移植商业判断规则来达到保护董事决策权威的立法初衷并未实现,也没有给董事带来预期的法律确定性"[②]。而德国的实践则具有更实质意义的进步,其在明确商业判断规则的同时,将证明其行为符合义务的举证责任分配至董事,虽然效果大打折扣,却避免了司法的实质审查。由此可以看出,一方面,商业判断规则作为一项认定董监高行为是否违反法律以及是否符合商业判断的规则,并不必然与程序推定相关联,举证责任如何分配实际上取决于该国的法律选择。另一方面,商业判断规则作为董事行为的安全港,关注焦点在责任标准,认定其行为是否符合商业判断不仅要关注其是否违反勤勉义务,同时也要关注董事的主观善意与理性地相信为公司的最佳利益,因而实际上是一种对勤勉义务的完善,与勤勉义务是一体两面的关系,在严格分配责任与审查范围的前提下,并不存在架空勤勉义务的可能。

四、如何改造商业判断规则

我国在引入商业判断规则时需要综合考量多种因素,其一,对于商业判断规则的内容应如何表述;其二,举证责任应当如何分配;其三,《公司法》与司法解释、指导性判例如何分配。首先,内容。如前所述,商业判断规则在内容上主要为以下几点:善意、无利益冲突、合理注意以及限于商业决定。善意主要要求董事行为时要诚实地相信其行为符合公司的最佳利益;无利益冲突,即该义务实际上排除忠实义务,因为如果违反了忠实义务,则应受其责任条款调整,而不必适用商业判断规则。合理注意要求其尽到一个合理谨慎的人的谨慎勤勉义务。这里的合理注意要求,一方面,由于董事不同于一般普通人,适用的是严格的客观标准,另一方面要求董事在作出决策时需要足够的参与、收集信息等;而限于商业决定则排除了日常管理行为,即主要聚焦于

---

① See Jenifer Varzaly, *Protecting the Authority of Directors: An Empirical Analysis of the Statutory Business Judgment Rule*, 12 Journal of Corporate Law Studies 429 (2012).

② 参见傅穹、陈洪磊:《商业判断规则司法实证观察》,载《国家检察官学院学报》2021年第2期。

商业判断,例如,董事就公司存在违法行为未予制止造成公司被处罚,其行为不属于商业决定,因而不受商业判断保护,而倘若其对某一商业机会未采取行动,即便是消极行为,也应受到商业判断规则调整。我国在商业判断的内容上应当秉持前述诸要素,不宜增加"正当目的"条款,盖因商业判断规则的适用应当关注行为的形成过程而非行为本身,即程序合法可以适用商业判断规则的保护,而"正当目的"涉及实质审查,有违司法谦抑性要求,且容易形成"事后诸葛亮"的判断。其次,举证责任。举证责任不宜完全分配给某一方,例如,对于董事善意问题涉及实质审查,应推定董事基于善意作出商业决定,而对其行为出于恶意的判断应交由原告举证。但对于合理注意、商业决定等应当交由董事举证,即证明其行为经过合理的信息收集,符合勤勉义务的要求。最后,在法律形式上。本书认为,应当由《公司法》作内容上的规定,而对于举证责任的分配,则由司法解释加以规定,并通过指导性案例就具体问题作出指引。

五、对《公司法(修订草案)》与《公司法(修订草案二次审议稿)》的评价

前文提到,《公司法(修订草案)》大幅增加了董事责任,但并未对免责或责任限制作出规定,这也引发了学界和实务界的热议。《公司法(修订草案二次审议稿)》则对此作出回应,增加了董事责任保险制度,该制度将董事责任的限制和豁免权利交给了公司。但诚如前述,董事责任保险制度可能导致董事过度冒险或者减少预防措施,而本书认为,董事责任保险制度存在的更大风险是对董事勤勉义务条款力度的削减,鉴于预防措施和事后补救等皆属于董事勤勉的要求,存在责任保险兜底的情况下,勤勉义务对董事的要求将变得可有可无。鉴于此,本书仍然主张,对于董事责任限制问题,仍应当通过建立完善商业判断规则,而非仅仅依赖于董事责任保险制度。

典型案例

A 公司诉 B 公司损害股东利益责任纠纷案①

基本案情

上诉人(原审原告)A 公司与被上诉人(原审被告)B 公司于 2006 年共同设立"C 公司",双方各持 50% 股份,"C 公司"董事会 5 人,由 B 公司委派 2 人,A 公司委派 2

① 参见湖南省高级人民法院民事判决书,(2014)湘高法民二终字第 73 号。

人,董事长由B公司法定代表人兼任。2008年开始因全球钨价下跌等原因导致C公司陷入停产,2009年钨价市场行情上涨,但C公司并未召开股东会恢复生产。2013年,C公司召开董事会,要求A公司两位股东出资恢复生产。A公司认为,因B公司滥用股东权利导致公司未能及时恢复生产,应由其承担资金责任。

审判

一审法院认为,在2009年下半年钨市场价行情上涨的情况下,C公司董事会未能尽早恢复生产,属于滥用职权,由于A公司董事会实际上由B公司控制,因而其应当承担恢复生产的资金。二审撤销一审判决,认为股东作为公司出资者,在履行出资义务后,不再承担其他义务。同时,公司董事作为由股东选举产生的公司管理者,对公司事务具有独立的决定权,有权依照其对公司经营状况的判断独立作出相应的经营决策选择,只要该经营决策没有故意损害其他人的合法权益,即使该经营决策事后被证明对公司造成了损害,董事的该种基于公司经营状况作出商业决策的权利也应受到法律的保护,而无须承担责任,这也即所谓的公司管理者的商业判断规则。本案中,C公司是否恢复生产属于商业判断,一审判决以事后判断代替了公司经营者的商业判断,应予纠正。

点评

本案中,二审法院适用商业判断规则时主要有以下分析,其一,经营决策没有“故意”;其二,是否恢复生产属于商业判断;其三,董事的行为基于公司经营状况作出判断。由此看来,二审法院的认定标准基本符合商业规则的认定标准,即符合善意、商业判断以及合理注意,论证较完整。唯一缺漏在于其未能明确指出该行为不存在利益冲突,但是整体而言较符合商业判断的认定要求。

控股股东、实际控制人信义义务

控股股东、实际控制人对公司负有忠实义务,不得利用其控制地位篡夺公司机会、进行不正当的关联交易、侵占公司财产等。控股股东、实际控制人在交易中若存在以牺牲少数股东、公司利益为代价谋求不正当利益之可能性,应当证明其在交易的过程中符合公平标准,否则将就少数股东、公司之损

失承担赔偿责任。

控股股东、实际控制人在控制权交易中应当为公司的最大利益尽普通谨慎之业务执行人或商人的合理注意义务。控股股东、实际控制人只要在其进行经营决策时以善意的方式,可以合理地认为,其行为以恰当的信息为基础并符合公司的利益,则不构成违反勤勉义务。

条文主旨

本条为控股股东、实际控制人信义义务。

要点提示

控股股东、实际控制人滥用控制权,以抽逃出资、不正当关联交易、内幕交易、分配操纵、混同财产等方式侵害公司、中小股东利益,已成为时下公司治理和上市公司监管的一大难题。在现有《公司法》与密集出台的监管规则有效遏制其滥用行为的情况下,学者们开始提出系统思考控股股东、实际控制人与公司之间的法律关系,主张通过构建信义义务规则有效钳制其滥用行为。学者们提出控股股东、实际控制人信义义务包含忠实义务和勤勉义务,其义务本身与董监高信义义务差别不大。但也有学者指出,鉴于控股股东、实际控制人信义义务的域外经验建立在其基础规则和公司治理结构之上,其基础情况与我国相差较大,因而不宜盲目引入。本书认为,控股股东、实际控制人与公司、中小股东之间的法律关系符合信赖、对关键资源的自由裁量以及基于自由裁量而施加的义务,并且其基于对公司的控制,实际上表现出对公司行为享有权力,因而其在法律关系上符合“关键资源理论”“受信人权力理论”对信义关系的描述,符合信义关系的要素,因而应当认为控股股东、实际控制人与公司、中小股东之间存在信义关系,基于该信义关系的演绎其应当负有信义义务。

对于控股股东、实际控制人信义义务的构建应当区别于董监高的信义义务,一方面,其违反忠实义务的行为主要为不公允的关联交易、篡夺公司机会、侵占公司财产等,对其交易行为的责任审查应当遵循公平标准,而在公平标准审查之前应当认定其不存在利益冲突,倘若存在以牺牲少数股东为代价谋求不正当利益的可能,则启动公平标准的审查,即从其交易的整体过程审查其是否违反公平标准。另一方面,对其勤勉义务更不宜照搬董监高的信义义务,控股股东、实际控制人应当负有勤勉义务的场景主要为控制权交易,对其"抽身离场"行为中的交易应当尽到普通谨慎之业务执行人或商人的合理注意,而对其责任审查可适用董监高勤勉义务的商业判断规则,即控股股东、实际控制人只要在其进行经营决策时以善意的方式,可以合理地认为,其行为以恰当的信息为基础并符合公司的利益,则不构成违反勤勉义务。

背景依据

一、概念内涵

依据现行《公司法》第216条规定,控股股东包含占股达到50%以上的股东和虽持股不足50%,但依其出资额或其所持股份所享有的表决权足以对股东会的决议产生重大影响的股东。实际控制人,是指虽不是公司股东,但通过投资关系、协议或者其他安排,能够实际支配公司行为的人。由此看出,控股股东之概念包含了"一股一权"下的传统控股股东概念和"双层股权结构"下的控股股东概念。但从学界以及对法条的理解来看,"重大影响"可能造成对控股股东范围的误解,盖因倘若存在"关键性小股东",则可能被误认为控股股东。本书认为,由于"关键性小股东"所能发挥的作用十分有限,因此对控股股东的范围应当强调实质控制的"经常性"。[①] 而现行《公司法》对实际控制人的界定则存在明显的漏洞,其强调"虽不是公司股东"则可能存在部分实际控制人为规避法律的调整而故意购买少部分股份的情形,《公司法(修订草案)》对此予以纠正,其在第259条中即删除了该项限定,这使实际控制人的概念更加合理。从实践来看,实际控制人的控制方式种类多样,包括投资关系、协议、"金字塔"股权安排、多层控制、出任公司董事、经理人等。[②] 控股股东与实际控制人共同构筑了通过股权和非股权的其他路径控制公司的情形,二者在外延上要大于目前学术界通常使用的"控制股东"术语,但由于控股股东、实际控制人以及控制股东在核心问题上都关注"控制权",因而学术界以及实务中针对该三者问题的探讨具有较大的相通性,本书在参考时候亦不刻意作出区分。

二、滥用行为

控股股东与实际控制人之所以广受关注,根源在于其对公司享有的实际控制权

---

① 参见靳羽:《美国控制股东信义义务:本原厘定与移植回应》,载《比较法研究》2021年第1期。

② 参见徐来:《实际控制人的类型化初探》,载《上海金融》2012年第6期。

以及对控制权的滥用。“一切有权力的人都容易滥用,这是万古不易的一条经验。”①控股股东与实际控制人滥用控制权主要表现在通过影响董事会、经理人的方式操控公司行为,进而以抽逃出资、不正当关联交易、内幕交易、分配操纵、混同财产等方式侵害公司、中小股东利益。例如,在2017年的“亿阳信通违规担保案”中,控股股东为了达到上市公司不经决议为其提供关联担保的目的,连续撤换多名不敢签字的董事长,最后迫使继任董事长以上市公司名义签字为其违规担保44.82亿元,最终导致公司被证券监管部门行政处罚,公司被实施退市风险警示。类似控股股东与实际控制人滥用控制权大肆掏空公司的现象不胜枚举,对其控制权加以规范已经迫在眉睫。现行《公司法》第20条、第21条分别从股东权利不得滥用以及不公允关联交易禁止的规定对控股股东、实际控制人的行为作出规范,同时,证监部门密集出台监管规章,通过赋权中小股东、赋予控股股东、实际控制人诚信义务等方式企图实现对其控制权滥用行为的有效规制,实际效果却并不尽如人意。这主要源于,一方面,《公司法》关于控股股东、实际控制人的规则供给较少,即便是通过第20条可以作出较宽泛的解释,但囿于该规范过于笼统,实践用于规范控股股东、实际控制人的情形并不多见;另一方面,证监部门出台的监管规章仅适用于上市公司,现实中,大量的非上市公司同样存在控制权滥用行为,其有效射程范围并不包含这些公司。

三、信义义务争议

有鉴于规则供给的失衡,学者开始提出系统性地梳理控股股东、实际控制人与公司、中小股东之间的关系,通过赋予其信义义务的方式实现对其滥用行为的控制。最早有学者指出,资本多数决原则在实践中已经异化,“一股独大”的控制股东可以绝对操纵董事会,将公司变成自己获利的工具,因此应当赋予控制股东诚信义务,要求其行为除考虑自己利益外,还必须考虑公司利益和其他股东利益,同时将因资本多数决而无法直接表达自己意愿的中小股东视为信托人,对所托之事须履行一个善良管理人应尽的注意。② 控制股东信义义务根源于利益冲突的存在、非控制股东对控制股东的信任、禁止权利滥用和公司合同的固有缺陷等。③ 上市公司实际控制人的一

---

① [法]孟德斯鸠:《论法的精神》,许明龙译,商务印书馆2012年版,第154页。

② 参见朱慈蕴:《资本多数决原则与控制股东的诚信义务》,载《法学研究》2004年第4期。

③ 参见王建文:《论我国构建控制股东信义义务的依据与路径》,载《比较法研究》2020年第1期。

般信义义务通常包括信息披露义务、尊重公司独立性义务、注意义务和忠实义务。[①]

但同样存在部分学者质疑控股股东、实际控制人信义义务的合理性。例如,有学者认为,针对控制股东的信义义务最早源于美国的判例,在其后的发展中,美国各州并未形成统一而完整的规则,而移植不同州的做法又存在规则的龃龉,这主要由于规则实施所依据背景的不同,例如马萨诸塞州规则虽然严格但是适用范围狭窄,仅限于封闭公司,这显然难以适用于我国上市公司;而特拉华州采董事会中心主义的治理模式,控制股东插手公司治理并不普遍,其采宽松的控制股东信义义务与我国股权集中的现实有存在诸多差异。[②] 而针对实际控制人的法律规范则错误地援用了控股股东信义义务理论,过于强调实际控制人的可追责性,反而在公司治理结构上模糊了实际控制人与上市公司应有的责任边界。[③] 而当前我国对董事范畴的形式主义定义使形式董事易受到控股股东或实际控制人的不当影响而失去其固有价值,因而应当建构事实董事和影子董事的实质董事范畴,将前述控股股东或实际控制人纳入其中。[④]

四、信义义务证成

探讨控股股东、实际控制人是否应当负有信义义务不仅要从形式上的法律规则和功能上的需求入手,同时也应当关注作为信义义务载体的基础法律关系。信义义务的核心是信义关系,虽说信义关系又被称为"英美法中最难捉摸的概念之一"[⑤],但对其描述也并非无迹可循,学者总结其具有如下特点:双方信息不对称和能力不对等;一方对另一方产生"信赖";受信赖一方对受托管理事务有不同程度的裁量权和控制权以及为了限制受托人滥用裁量权而施加的法定义务[⑥]。归根结底,其本质属

---

① 参见汪世虎、杨淦:《实际控制人信义义务的法律机制构建》,载《深圳大学学报(人文社会科学版)》2015 年第 5 期。

② 参见朱大明:《美国公司法视角下控制股东信义义务的本义与移植的可行性》,载《比较法研究》2017 年第 5 期。

③ 参见郑彧:《上市公司实际控制人法律责任的反思与构建》,载《法学研究》2021 年第 2 期。

④ 参见刘斌:《重塑董事范畴:从形式主义迈向实质主义》,载《比较法研究》2021 年第 5 期。

⑤ D. Gordon Smith, *The Critical Resource Theory of Fiduciary Duty*, 55 Vanderbilt Law Review 1399 (2002).

⑥ 参见赵廉慧:《论信义义务的法律性质》,载《北大法律评论》2020 年第 1 期。

性在于受托人对关键资源的自由裁量权。[①] 此外,亦有其他理论对信义关系作不同描述,例如,"受信人权力理论"主张"受信人拥有对其他人的权力……意味着控制、权威、力量或影响力等"[②]。由此看来,控股股东、实际控制人通过股权、投资、协议等方式掌握公司控制权,足以对股东会、董事会产生直接或者间接的重要影响,甚至直接架空股东会、董事会,使公司决策机关成为控股股东、实际控制人的"一言堂",因此其显然掌握着对公司"关键资源的自由裁量权"或对公司行为具有显著的"控制、权威、力量或影响力"。这些均表明控股股东、实际控制人与公司和中小股东之间成立信义关系,该基于信义关系而推导出的信义义务及违信责任事实上符合演绎法的逻辑传统。而之所以对是否应当赋予控股股东、实际控制人信义义务产生争议,实际上的根源在于对信义义务的移植路径及移植内容产生分歧。例如,前述论述虽证明了形式规则移植的不妥当,但其并未从根源上反驳信义义务的存在,而仅仅停留在形式主义的规则比较。相较而言,对实际控制人信义义务导致公司法人独立主体地位失落的批判反而具有一定的意义。倡导实质董事之概念虽具有一定合理性,但其在我国目前尚缺乏实践基础,且并不能完全涵盖全部控股股东、实际控制人类型。事实上,基于前述信义关系的探讨,确认信义义务存在的基础应无疑问,关键问题在于如何进行信义义务的本土构建。

五、信义义务构建

控股股东、实际控制人信义义务的构建需要考量两个基本问题:其一,该信义义务的内容应当包含哪些;其二,如何兼顾存在的双重身份问题。

针对内容问题。通常认为,信义义务包含忠实义务和勤勉义务,同时行为准则之后还涉及责任准则问题。首先,"现行公司治理制度的重大缺陷是公司治理的法定主体与实际主体严重脱节"[③],控股股东实际上早已登堂入室,成为公司的控制者兼经营者,其决策与行为早已深深影响公司运营,因而在存在信义关系且控股股东、实际控制深度介入公司经营的情况下,其信义义务就应当不仅仅包括以利益冲突为前

---

① See D. Gordon Smith, *The Critical Resource Theory of Fiduciary Duty*, 55 Vanderbilt Law Review 1399(2002).

② [美]安德鲁·S. 戈尔德、保罗·B. 米勒:《信义法的法理基础》,林少伟、赵吟译,法律出版社 2020 年版,第 78 页。

③ 赵旭东:《公司治理中的控股股东及其法律规制》,载《法学研究》2020 年第 4 期。

提的忠实义务，还应当将包含勤勉义务。其次，就当前域外经验与实践来看，关联交易、篡夺商业机会、抽逃出资等利益冲突行为是法律规制和行政监管的重点，其聚焦利益冲突场景，因而更加符合忠实义务的场景。但控股股东、实际控制人信义义务又并不完全等同于董事信义义务，实际上，在美国司法实践中，控股股东的忠实义务实际上已被“公平交易义务”所代替，因为“控制股东无须为其他股东牺牲自己的利益，至多只是对公司及其他股东负有基于公平原则而生的‘公平交易义务’”，[①]亦即控股股东、实际控制人可以为追求个人利益操纵公司，但前提是其行为要符合公平交易要求。尽管如此，“公平交易义务”并非我国传统公司法术语，贸然引进可能引起适用障碍，因而本文主张保留忠实义务的，只是其规范重点为禁止篡夺机会、不公允的关联交易以及侵占公司财产等。[②] 同时，在适用勤勉义务时，虽然控股股东、实际控制人介入公司经营决策较深，掌握着实际控制权，但相较而言，董事法定职权范围还包含大量的公司日常经营活动，因此赋予其广泛的注意义务具有合理性，而控股股东、实际控制人虽然有时表现为事实董事或影子董事，但一方面，兼顾不同公司的实际情形，其介入经营的深度具有差异性；另一方面，就共性而言，控股股东、实际控制人最核心的权力在于控制权，其通过企业经营行为事实上可以获得控制权的私人收益，[③]因而“很难想象作为‘理性人’的控制股东会对自己的利益视若无睹，唯一可能的例外只能发生在他‘抽身离场’而令其他股东陷入不测的场合——公司控制权交易”[④]，此即“劫掠案件”。最后，对控股股东、实际控制人的责任审查。鉴于前述“忠实义务”和“劫掠案件”中注意义务的信义义务规则，对其行为的审查应当集中对公平交易的整体公平审查以及自我交易的经营判断法则。一方面，针对违反忠实义务的行为，主要为不公允的关联交易、篡夺公司机会和侵占公司财产等，对其交易行为的审查应当综合利益冲突和交易过程中的公平，因此本书参考“内在公平标准”作为忠实义务违反的责任审查；另一方面，违反控制权交易中的注意义务，应当在经营判断的基础上作出判断。

---

① Melvin A. Eisenberg, *Corporate Law and Social Norms*, 99 Columbia 1253(1999).

② 参见王建文：《论我国构建控制股东信义义务的依据与路径》，载《比较法研究》2020 年第 1 期。

③ 参见王怀勇：《论控制权的私人收益与信义义务之关系》，载李昌麒主编：《经济法论坛》第 6 卷，群众出版社 2009 年版。

④ 靳羽：《美国控制股东信义义务：本原厘定与移植回应》，载《比较法研究》2021 年第 1 期。

针对双重身份问题。控股股东、实际控制人在许多情况下还出任公司的管理层，如公司董事长、总经理等，这意味着，现有《公司法》对其基于公司经营管理人已然赋予信义义务的要求，此时具有双重身份的控股股东、实际控制人则可能面临双重信义义务，对此，应当分情况解决。其一，诚如前述，控股股东、实际控制人的注意义务主要限于公司控制权交易，这意味着其需要出卖其股权或其他保持控制权的权益，这通常不在公司经营管理人正常的信义义务规范范围内，因此，在该问题上尚不存在冲突。其二，在其他如关联交易的场景中，倘若存在不公允的关联交易，其作为控股股东、实际控制人违反公平交易义务，而作为公司管理者也违背了忠实义务，这种双重身份违反双重义务的情形应当对其施加双罚，即基于不同身份而追究不同的违信责任。

六、对《公司法(修订草案)》与《公司法(修订草案二次审议稿)》的评价

《公司法(修订草案)》第191条新增公司控股股东、实际控制人指使董事、监事、高级管理人员从事损害公司或者股东利益的行为时应当承担连带责任，后者行为主要为违背信义义务的行为，因而该条实际上是借助董事、监事、高级管理人员信义义务的法律责任制度设计完善了控股股东、实际控制人的法律责任。该条具有提示控股股东、实际控制人信义义务的功能，但由于立法并未规定一般条款，仅明确责任条款，因而对该条的解释并不能扩展至信义义务，这也导致控股股东、实际控制人的信义义务法律构造仍处于不完善的状态。

《公司法(修订草案二次审议稿)》虽对第191条作出修改，但也仅仅是文字上的调整，并且提出实质性的内容，因而本书不再赘述。

典型案例

A公司、钱某某因违反信义义务受行政处罚[①]

基本案情

钱某某系A公司董事长、控股股东、实际控制人，其在2011年将其持有的B公司股权转让，但是在该公司股东变更后，钱某某仍掌握着公司的重大事项决策，从财

① 参见中国证监会行政处罚决定书(A公司、钱某某)，〔2016〕81号。

务、管理、经营政策等方面对B公司有重大影响,因此使A公司与B公司之间存在关联关系。然而A公司在其招股说明书中并未披露该关联关系。2014年12月至2015年1月,钱某某通过多次股权交易,最终使A公司完成了对B公司的收购,但其在A公司的董事会上并未披露其与B公司之间的关联关系。

处罚

证监会认为,当事人的行为违反了《中华人民共和国证券法》(以下简称《证券法》)第63条的规定,构成《证券法》第193条所述信息披露违法行为。证监会认为,我国一些上市公司由控股股东、实际控制人出任董事长。作为董事长,这些人士是上市公司内部治理的核心,系《上市公司信息披露管理办法》规定的对上市公司信息披露事务承担最主要责任的人员,应忠实勤勉地履行职责,保证上市公司信息披露的真实、准确、完整、及时、有效。作为控股股东、实际控制人,这些人士是上市公司外部治理的关键,对上市公司、其他股东与投资者负有信义义务,对维护上市公司信息披露秩序、保障证券市场规范健康发展承担重要责任;其既不能利用控股地位,借助控制优势,侵害、损害上市公司、其他股东与投资者利益,也不能疏忽大意、怠于告知或者故意隐瞒应当按规定告知上市公司、由上市公司及时披露的事项,甚至指挥、唆使、放纵上市公司实施信息披露违法行为。双重身份意味着双重义务与双重责任,仅从上市公司信息披露违法的角度看,既可能触发作为上市公司董事长的失职,又可能触发作为上市公司控股股东、实际控制人的指使或者隐瞒行为;既可能被追究2014年《证券法》第193条第1款所规定的"直接负责的主管人员"责任,又可能被追究2014年《证券法》第193条第3款所规定的"控股股东、实际控制人"责任。

点评

证监会处罚主要有两点值得借鉴:其一,其认为控股股东、实际控制人本身作为公司外部治理的关键,对上市公司、其他股东与投资者负有信义义务,这意味着在行政处罚中已然认可控股股东、实际控制人的信义义务;其二,其认为具有双重身份的控股股东、实际控制人应当承担双重责任,因此即便其已经作为公司管理者受到处罚,其作为控制人依然要承担法律责任。但由于当前立法尚未明确该信义义务及其责任标准,证监会对其责任认定也仅限于"违反信义义务—承担法律责任"的简单逻辑推演,而缺乏对其行为是否符合经营判断等方面问题的审查。

公司归入权

公司董事、监事及高级管理人员违反前款忠实义务与勤勉义务规定所得净收益应当归公司所有。

公司控股股东、实际控制人违反第三条之规定所得净收益应当归公司所有。

条文主旨

本条为对现行《公司法》公司归入权内容的修改。

要点提示

现行《公司法》在 148 条第 2 款规定,董事、高级管理人员违反前款忠实义务之规定所得收入应当归属公司所有,是为当前关于公司归入权的所有规则。尽管该规则已实施多年,关于其适用范围、权利性质、收入的认定等问题在实践中仍然众说纷纭,尚未有统一的裁判规则。《公司法(修订草案)》即便对该条款位置有所调整,但是具体内容上除了增加监事违法所得的公司归入权外再无其他创新,无法起到定分止争之效果。本条修改旨在解决以下几个问题:其一,公司归入权的客体范围;其二,公司归入权如何行使;其三,公司归入权是否适用法律时效规定;其四,公司控股股东、实际控制人违反信义义务所得是否同样适用公司归入权。

本书认为,从公司归入权的发展源头来看,作为英美法信托法律关系中董事、高级管理人员违反信义义务的救济方式,公司归入权不同于大陆法系的诸多权利、法律关系构造。这表现在,一方面,公司归入权的权利属性并非请求权、形成权所能涵盖的,在既有的法律关系中,契约、侵权、不当得利、无因管理等都不能解释为何董事、高级管理人员需要将其净收益交出来;而形成权之解释虽避免了解释请求权基础问题,却存在循环论证的嫌疑。另一方面,既有的关于董事、高级管理人员违反信义义务的司法裁判和学术探讨大多基于侵权或者合同法律关系,关注公司财产的消极损失,进而追究董事、高级管理人员的赔偿责任,而较少关注董事、高级管理人员违信行为中的积极利益,这也导致公司归入权的实践仍然难以形成统一的规则。

解决前述实践以及立法上的构造问题,需要首先明确公司归入权的定位。本书认为,公司归入权一方面不以为惩罚为目的,其通过没收董事、高级管理人员违信行为的净收益达到恢复信义义务初始状态的目的,因此并不是惩罚违信行为,在行使时也应当考虑支付董事、高级管理人员在交易中已经支付的成本;另一方面,公司归入权实际上是基于对董事、高级管理人员违信的责任追究而创设的,是一种要求违信人员交出其违信所得积极收益的权利,因而是一种对董事、高级管理人员违信行为的一种遏制。因此,其既不同于侵权,也不同于违约。在这一认识的基础上,本书认为,对前述问题,客体范围应当针对积极的净收益;行使程序可直接适用股东派生诉讼;期限上当下不宜作出诉讼时效或除斥期间的规定;义务主体应当拓展至控股股东、实际控制人。

背景依据

一、公司归入权内涵与属性争议

公司归入权,又称公司介入权,是指公司所享有的将其经营管理人员违反法定义务之特定行为而获得收益收归公司的权利,实质是公司内部人员违反忠实义务时法律赋予公司的一项特别救济手段。[①]《公司法》与《证券法》对其均有规定,但从其规范范围来看,显然前者与后者并不相同,至少从我国当前的立法来看,《公司法》规定的公司归入权系指对违反法定义务所得的归入,而《证券法》主要是指"短线交易归入权",二者分别侧重组织法与交易法,对归入权的内涵和外延都有所差别。公司归入权强调公司对其内部人员违反法定义务所得的利益收归公司所有的权利,在权利属性上存在形成权说、请求权说、请求权兼形成权说、债权说等。[②] 不同学说事实上只能反映归入权的部分属性,例如,形成权说以公司单方意思可以变更财产所有权以及权利行使的除斥期间认为归入权系形成权,而请求权说则以不当得利、无因管理等为权利基础解释公司仅享有对财产等利益的请求权。但事实上,形成权、请求权、债

---

① 参见郑文兵:《有限公司归入权行使实务探讨》,载《云南社会科学》2012 年第 1 期。

② 参见谭贵华:《对"公司归入权"法律性质研究的评析》,载李昌麒、岳彩申主编:《经济法论坛》第 8 卷,群众出版社 2011 年版,第 90 ~ 103 页。

权等说法并不能完全表述归入权的内涵，最主要的原因在于，大陆法系对前述权利虽是基于对现象的描述，但规范化的权利仍然有其所通常所涵摄的内容，例如，请求权的产生通常是基于物权、契约、侵权、无因管理、不当得利等，而这一系列请求权基础又不能完全描述公司归入权产生的基础（后文详述）。倘若解释为形成权，似乎有一定的合理性，但事实上形成权以单方意思表示即可以改变法律关系的属性在适用到公司归入权问题时，不是一种描述，而是一种对公司归入权的主观臆想，公司归入权是否是依据单方意思表示产生法律关系的改变本身并非毫无争议，其所呈现的无非是最终的效果，而非中间发生的过程，因此形成权之解释并无道理。债权说则存在概念上的混淆，债权并非与请求权和形成权的相对概念，因而不应在此讨论。

二、公司归入权作为董事违信的救济

之所以当前的诸种属性学说均不能概括归入权之属性，主要是因为公司归入权源于英美法系中的信托理论，与大陆法系严格的权利分类并非一一对应。并且即便是在英美法系国家，面对这诸多种类违反法定义务的情形，其行使归入的依据亦不统一。公司归入权源于英美法系信托理论，是一种对董事、高级管理人员违反信义义务的法律救济方式。在通常情况下，该救济存在两种方式。其一为推定信托，即当董事侵占公司财产与第三人交易时，法院会认为董事对该财产的处分与收益是一种信托行为，公司可以直接以受益人身份介入该交易中。例如，若董事将公司财产出租获得收益，则推定公司为该出租交易中的受益人。但推定信托依赖有形财产，是一种物权性救济，其适用范围不仅有限，同时还“可能对董事的其他债权人产生不公平的结果，也对董事交易的第三人施以极高的注意义务，无益于交易安全”。[①] 因此，在无财产权可主张情况下，公司可对董事基于违信行为所得之净利润行使归入权，该归入限于董事资产的净增加，此为英美法系的公司归入权，即其二。对于董事、高级管理人员的篡夺公司机会、收受回扣等违信行为，公司行使归入权意图使董事、高级管理人员交出其所取得的收益，而非仅仅是返还侵占的财产。由此推定信托与利润归入共同构成对董事、高管违信行为的救济，二者互为补充。

三、公司归入权的解释难题

我国任一既有债法规则均不能完全解释或涵摄归入权的全部内容。前已述及，

---

① 参见周淳：《公司归入权的体系定位与规范构造》，载《财经法学》2021 年第 3 期。

归入权表现在，权利主体为公司，对象为董监高，以其违反法定义务为要件，权利指向的客体为其所获得的利益。当将该归入权解释为侵权损害赔偿时，即便董事违反忠实义务的法律责任在多数情况下被解释为侵权责任，类似商业机会、客户资源等无法为侵权责任法所保护的利益则可能被排除在外；倘若解释为不当得利，则可能存在不能完全涵盖归入权所要求的归入范围，不当得利返还是依据受害人利益受损，其返还之利益以权利人损害为限，倘若受益人所得大于受害人损失时，受益人无须返还其全部所得，这显然与归入权的要求不符；倘若解释为无因管理，因管理人主观心态构造之不同，或致董事善意违反忠实义务情形无法囊括其中。①

此外，对公司归入权法律效果认识的差异也导致在实际适用中存在争议。公司归入权包含之情形主要为违反忠实义务的收入，包含自我交易、篡夺公司机会、滥用公司财产、利用影响地位收取贿赂回扣等。依归入权之解释，董事、高级管理人员在自我交易中产生的收益归属公司，这一收益又存在不同种情况，兹以一案为例：张某作为 A 公司董事将自己名下物业以 230 万元的价格出售给 A 公司作为经营场所，市场上同等地段、类似面积的房屋市场价为 200 万元，张某作为 A 公司董事购入物业的价格为 180 万元。倘若将总额减去市场价，则可认为该董事获得 30 万元收益，但倘若将总额减去董事先期投入，则可能产生 50 万元之收益，此时归入权的范围如何确定？倘依前者，归入权之属性则意在还原至违反忠实义务之前的状态，倘依后者，归入权之则显然带有惩罚属性，盖因董事可能因此损失 20 万元。在篡夺公司机会中，董事违反竞业禁止之行为所得收入应当如何计算亦是实践中的难题，即其本身付出成本问题是否计算在内等。由此可以看出，一方面，公司归入权作为董事、高级管理人员违反信义义务的救济，并不能在我国现有的法律体系中寻找有力支撑，因此用既有的规范去解释可能存在适用上的障碍；另一方面，公司归入权在实际行使时可能面临数额确定上的争议，即基于不同的理解可能使公司归入权或是带有填平的功能，抑或带有惩罚的效果。

四、公司归入权的定位

想要厘清为何公司享有归入权、归入权应当包含哪些范围、归入权如何行使等问题，首先需要明白归入权在我国公司法上的定位问题。事实上，在英国，公司归入权

① 参见周淳：《公司归入权的体系定位与规范构造》，载《财经法学》2021 年第 3 期。

也是属于特别责任,盖因其并非基于侵权、违约、无因管理等法律关系,而是强调在董事、高级管理人员违反信义义务时所应当承担的将该状态回归到违反信义义务以前的状态,因而是对信义义务规则的维护,这一规则所蕴含的内容既包含公司对董事、高级管理人员的信任,即一种道德上的要求,也包含信义义务所调整的利益冲突。但同时,由于归入权要求对违信行为收益的归入,因而其权利对象指向积极利益而非消极利益,由此形成董事、高级管理人员违反信义义务导致公司利益受损的赔偿义务和在公司利益未受损情况下的收益归入责任体系。因此,一方面,归入权不以惩罚为目的,而仅仅是回归原始状态,这意味着,即便董事出于善意违反忠实义务,其所得收益也应归于公司。反之,归入权既然旨在调整利益冲突,因此其并不以惩罚董事、高级管理人员恶意为目的,这意味着公司若要行使归入权,也须支付董事、高级管理人员所支付的对价。另一方面,归入权的反面实际上是董事、高级管理人员的法律责任,因此是由于需要承担法律责任推导出公司享有归入权,而该法律责任又不同于侵权责任中的赔偿责任,该责任之重点在于交出其由于违信行为而获得的收益,也即公司归入权并非基于公司利益受损的补偿,而是对积极利益的主张,因而也是对董事、高级管理人员违信行为的一种遏制。由此可以看出,在英美法系国家,作为维护信义义务规则以及为违信行为划定责任的公司归入权,既不同于违约责任,也不同于侵权责任,更不同于大陆法系的不当得利与无因管理,其功能定位的差异导致引入我国时存在诸多的不适应。

而从我国当前的立法中,可以看出,董事、高级管理人员违反信义义务的法律责任存在多种形态。首先,当前我国的学术研究中针对董事、高级管理人员违反信义义务承担之法律责任或是限定于特定行为的探讨,如虚假陈述责任、侵占公司财产行为的法律责任;基于侵权法要求董事、高级管理人员承担对公司甚至第三人的赔偿责任;仍停留于对责任的认定上,是一种基于传统民法体系考量的对公司受损的消极利益之补偿。当然,部分研究已经开始关注积极利益问题,这也将为归入权的适用提供更多支撑。[①] 其次,司法实践本就是基于个案的裁判,多数裁判仍是依据侵权法或合同法原理,因而时常出现用词上倾向于使用“返还”,或是倾向于使用“交出”的具有

① 参见周淳:《公司归入权的体系定位与规范构造》,载《财经法学》2021 年第 3 期;任秀芳:《论我国公司归入权的适用规则及其完善》,载《政治与法律》2009 年第 4 期。

完全不同意义的表述。最后,揆诸我国当前学界研究与司法实践,由于未能明确公司归入权的准确定位,出现对其说理上的欠缺、数额以及权利行使的不确定等问题。对于该类问题,在明晰公司归入权定位的基础上均能够解决。

五、公司归入权的规则改造

在明确前述定位和具体问题上,改造当前规则需要解决以下几个问题:公司归入权的客体范围;公司归入权的行使;公司归入权是否应当适用诉讼时效;公司归入权的义务主体。第一,客体范围问题。诚如前述,公司归入权的客体为董事、高级管理人员违反信义义务的积极收益,因而当前立法以"收入"描述该收益显然就不够精确,因而本书建议将其改为"净收益",该"净收益"既能有效区分支付的成本,也具有明确"积极收益"的属性。而对其具体客体的数额确定,则以其净收益为准。如前例"张某案"中,即不仅要去除其成本,同时还要参考市场价,以市场价作为基准,避免归入权成为惩罚性权利。第二,归入权的行使。现行《公司法》已经建立合理的派生诉讼制度,其可直接适用于此。第三,是否适用诉讼时效的问题。目前学术界对公司归入权的属性问题尚未达成一致意见,贸然以诉讼时效或除斥期间对其作出规定则可能存在基础不稳的嫌疑。此外,由于在实践中,出现积极收益的违信行为本就较隐秘,而由于董事、高级管理人员本就是公司权力的主要行使者,必然存在归入权行使的障碍,因此对其权利行使作出较严格的时间规定反而不利于股东提起派生诉讼,因此,本书认为,暂且不宜对其行使期间作出规范,待相关案例积累到一定数量后再作规定。第四,公司归入权的义务主体。诚如前述,控股股东、实际控制人同样需要承担信义义务,因而,从根本上来说,其违信行为获得的收入与董事、高级管理人员获得之收入并无区别,因此,本书认为,公司归入权适用之义务主体应当有所拓展。

六、对《公司法(修订草案)》与《公司法(修订草案二次审议稿)》的评价

《公司法(修订草案)》对归入权条款位置作出调整,现行《公司法》将其列置于忠实义务具体情形之后,表明其适用范围主要为违反了忠实义务的情形,《公司法(修订草案)》中归入权条款适用范围则包含了第 182 条的忠实义务具体情形、第 183 条的关联交易、第 184 条的篡夺商业机会以及第 185 条的竞业条款。这一调整看似扩充了归入权条款的适用范围,但实际上,《公司法(修订草案)》只是将现行《公司法》第 148 条规定之忠实义务具体情形中的关联交易问题、篡夺商业机会以及竞业条款单独规定,归入权条款本质上仍然主要适用于违反忠实义务的场景,尚未涉及勤勉义务问题。此外,2021 年《公司法(修订草案)》将监事纳入其中,本书倾向于认可,盖因同为公司法定机关,监事本就不应例外。同时,英美法系之所以仅规定董事、高级管理人员,主要还是因为其单层制董事会的现实已经承担了部分监事会的职能,因此,将监事纳入其中并无不妥。《公司法(修订草案二次审议稿)》对该问题未作调整,本书不再赘述。

典型案例

谢某与冷某某借款合同纠纷上诉案①

基本案情

原告谢某与被告冷某某投资创立 A 公司,各自持股 50%,其中谢某为公司监事,冷某某为公司法定代表人兼执行董事,具体负责公司日常管理经营,谢某不参与日常管理经营。2016 年,冷某某假借夏某某、陶某、李某某之名义借给 A 公司资金共计 1240 万元,约定日利率为 5‰至 6‰,后 A 公司按照约定返还了本金并支付了利息。后谢某发现冷某某此行为并将其诉至法院,要求返还全部利益共计 14,840,435 元。

审判

一审法院认为,冷某某行为违反了《公司法》第 148 条的规定,违反忠实义务,依据该条关于归入权的规定,该笔利息应当全部归还。冷某某不服,上诉至重庆市高级人民法院,主张其应偿还的利息中应当扣除《民间借贷规定》所规定之年利率计算的利息,只需偿还扣减后的金额。二审法院认为,冷某某之行为违反忠实义务,其借贷行为未经股东会、董事会同意,故而借款合同无效,该无效合同不能适用《民间借贷规定》,故而驳回其上诉。

点评

本案法院裁判有以下值得肯定之处:其一,法院对案件的裁判以违反忠实义务为基础,此为公司归入权行使的前提,法院对该法律关系之认识较清晰;其二,法院要求被告返还利息并未以公司受到损失为基础,因而其亦未基于侵权法律关系判决被告返还利息,此亦为对公司归入权之积极利益的清晰认识。

---

① 参见重庆市高级人民法院民事判决书,(2020)渝民终 543 号。

但法院裁判仍然存在以下不足:其一,法院的裁判一直使用"返还"一词,体现出法院对归入权属性在认识上的不清晰,既然公司归入权的行使并未以公司受损为前提,何以存在"返还"义务。当然,法院所谓的"返还"可能主要因为该笔利息支付主体为公司,但出于严谨,该"返还"之表述亦应更换为"交出"。其二,本案一审、二审法院均判决被告返还全部利息,而不支持其主张《民间借贷规定》的利息,其理由为,该借贷合同未经过股东会决议与董事会决议,因而无效,故无法主张利息。但本书认为,基于合同无效而否定其合法利息的行为实际上消弭了公司归入权的功能,盖因,一方面,倘若仅以合同无效就可以直接主张被告返还全部利息,而无须论证违反忠实义务,那么公司归入权的功能将被完全架空。事实上,诚如前述,公司归入权既非基于侵权也非基于契约,倘若以单一合同审视之,信义义务以及违信义务之规则构造将毫无意义。另一方面,公司归入权的行使并不具有惩罚作用,本案法院判决剥夺被告基于正常借贷所获之利息收益显然已经具有惩罚意义了,在公司毫无损失的情况下,对被告行为施以惩罚,本就不属于公司归入权的立法意图。因此,本书主张,在本案中,应当支持被告依据《民间借贷规则》第26条扣减的利息。

第七章
公司决议规则的修订完善

公司决议规则是公司治理规则的核心与基础。现行《公司法》第 22 条、《公司法司法解释(四)》第 1 条至第 6 条以及《民法典》第 85 条等条文共同构筑了以“三分法”为依托的公司决议瑕疵规则。2021 年《公司法(修订草案二次审议稿)》将公司决议规则规定在第 25 条至第 28 条。总体而言,2021 年《公司法(修订草案二次审议稿)》主要是吸收整合了《公司法司法解释(四)》《民法典》中的相关条文,修法风格偏于保守,新设规则甚少。结合现行《公司法》框架下的既有公司决议规则以及《公司法(修订草案二次审议稿)》的修订内容,本书认为,公司决议规则至少可在四个问题上有所创见,下文将以立法条文的形式逐一分析。

表决权瑕疵

股东会、董事会决议中,当事人因欺诈、胁迫、未被通知、伪造签名等原因而导致错误地行使其表决权的,可自知道或者应当知道瑕疵事由之日起六个月内,请求人民法院撤销表决权数。

表决权撤销后,根据决议是否满足公司法、公司章程规定的通过比例,认定决议是否成立。

条文主旨

本条是对表决权的可撤销性、撤销事由、除斥期间及法律后果的规定。

要点提示

现行《公司法》第22条及《公司法司法解释(四)》第5条分别规定了决议无效、可撤销、不成立三种效力瑕疵情形。但该三种效力瑕疵状态均针对决议之整体,未涉及股东、董事的表决权瑕疵,民法上的意思表示瑕疵规则又无法直接适用于表决权瑕疵,这导致表决权瑕疵问题成为当前公司决议规则的一个立法漏洞。实践中比较常见的纠纷类型是伪造股东签名决议纠纷,这类决议之瑕疵既不是内容瑕疵,也不是程序瑕疵,在司法裁判中各法院的认定标准极不统一。因此,为填补公司决议瑕疵规则的立法漏洞,本书认为,应当对表决权瑕疵作出专门规定。

现行《公司法》第22条针对可撤销决议规定的是60日的客观除斥期间,即自决议"作出之日起60日内",这一规定有利于维护团体治理的稳定性,也避免公司与第三人发生的法律关系受到过多影响,这也是团体法与个人法的区别所在。但表决权瑕疵不同于一般性程序瑕疵,股东对表决权瑕疵不知情的情况非常多见,如被伪造签名的股东。如果仍旧适用客观除斥期间,意味着公司在决议作出的60日后再予公布,即可以规避60日客观除斥期间的规定,因此本书认为,对于表决权瑕疵应当适用主观除斥期间。并且,考虑到在表决权撤销后,公司决议可能归于不成立,这个问题就涉及决议不成立规则与决议可撤销规则的梯度化设计问题,本书认为,设置6个月主观除斥期间比较合适,这样既考虑到决议瑕疵规则的梯度化问题,又考虑到公司治理的效率性、稳定性特点。

根据意思表示瑕疵规则,意思表示瑕疵则法律行为可撤销,被撤销后法律行为归于无效。然而,本书认为,民法规定的可撤销行为其实是意思表示的撤销,只不过在单方行为、合同行为中,意思表示撤销后,法律行为亦无存在的意义,因此,立法规定撤销后法律行为归于无效。决议是团体法行为,成员的意思表示瑕疵并不直接影响决议效力,因此,当事人撤销其表决权后,须再根据表决权扣减法则计算决议是否还能满足法律和公司章程规定的最低通过比例,若未能满足则根据《公司法司法解释(四)》第5条第4款将其归为不成立之决议。

背景依据

《民法典》第134条在世界范围内首次将决议行为纳入法律行为的范畴内，在实定法上终止了有关决议行为定性的长久争议，①被有学者称其为民事法律制度贡献了鲜明的“中国元素”。② 自此，民法上的法律行为规则将作为决议规则的一般法而被适用，这是我们完善决议规则的完整的实定法背景。

在过去很长的时期内，公司法学界一直认为，法律行为理论中的意思表示瑕疵规则不能适用于公司决议。③ 因为意思表示瑕疵规则的经典模型是“意思表示瑕疵——法律行为可撤销”。而公司决议并不是意思表示一致的产物，而是人头或者资本多数决，如果因为某个成员的意思表示瑕疵而撤销整个法律行为，那么与团体法规则的公共性不符。因此，公司决议长期疏离于法律行为规则。但是这种疏离本身又缺乏足够的底气，公司决议立法时仅仅规定了内容瑕疵与程序瑕疵两种类型，对于表决权瑕疵未作规定，这可能是为了避免与民法上成熟的法律行为制度产生冲突而作的谨慎选择。

在民法上，由于长期以来个人法独占鳌头，团体法一直不发达，所以无论是法律行为理论，还是意思表示瑕疵规则，其实都是以个人法行为为蓝本提炼抽象出来的，所以这套规则在适用于团体法时将不可避免地产生排异反应。尽管，法律行为理论是德国潘德克顿法律体系之精华，是民法理论之高地，但是它本身也存在一些问题，正是这些问题导致其在适用于公司决议时遭遇困境。具体而言，在民法理论上，意思表示与法律行为的关系长期以来混沌不清，很大一部分观点认为，法律行为就是意思表示。例如，德国《民法典》“立法理由书”的解释是，“就常规言，意思表示与法律行为为同义之表达方式”④。弗卢梅认为，“使意思表示独立于法律行为的意义仅仅在于，当法律行为中所出现的问题涉及意思表示时，将其转化为意思表示的问题更加便

① 有关决议行为定性，主要有意思形成机制说和法律行为说两类。参见吴飞飞：《决议行为归属与团体法“私法评价体系”构建研究》，载《政治与法律》2016年第6期。

② 参见王雷：《〈民法总则〉中决议行为法律制度的力量与弱点》，载《当代法学》2018年第5期。

③ 参见［韩］李哲松：《韩国公司法》，吴日焕译，中国政法大学出版社2000年版，第268页。

④ ［德］迪特尔·梅迪库斯：《德国民法总论》，邵建东译，法律出版社2000年版，第190页。

于掌握”[①]。温德沙伊德在其《学说汇纂法学教科书》中直言:“法律行为就是意思表示。”[②]朱庆育教授则更是提出:“它们的功能均在于根据行为人意志发生相应法律效果,二者性质不必两论,属于同义概念……之所以不建议废弃具有叠床架屋之嫌、且已被管制色调严重污染的“法律行为”概念,纯粹是基于对习惯用语的尊重。”[③]受这一传统观念影响,法律行为体系在很多地方并未认真区分法律行为与意思表示,尤其是在可撤销行为问题上,这一混淆现象明显。根据民法学理论,法律行为存在欺诈、胁迫、乘人之危以及重大误解时,表意人可以撤销法律行为。然而,以合同为例,某一方当事人因重大误解而导致意思表示瑕疵,却可以撤销整个法律行为,这就导致对方的意思表示也被撤销,这种逻辑与民法的意思自治精神严重背离。也正是法律行为理论的这个逻辑性缺陷,导致其长期以来难以与公司决议规则有效地对接适用。

可撤销行为的撤销权客体到底是意思表示还是法律行为的逻辑矛盾,其实已经被意识到。德国《民法典》针对欺诈、胁迫等意思表示瑕疵情形规定的是表意人可以撤销该意思表示,只不过在法律适用部分又将撤销意思表示与撤销法律行为混在一起进行表述。该法第 118 条、第 119 条、第 120 条、第 123 条的用词是意思表示的撤销,第 142 条至第 144 条的用词是法律行为的撤销,已经有撤销意思表示还是撤销法律行为的区分意识。[④]

严格意义上来说,法律行为与意思表示是包含性关系,法律行为中除意思表示外,还有特定形式、程序等其他要素。我们可以把法律行为的结构简单地表述为“法律行为 = 意思表示 + 程式”,其中,“程式”,是指形式与程序。根据意思自治原则,《民法典》规定的几种可撤销行为的撤销权客体应当是意思表示。在个人法行为中,意思表示被撤销后,法律行为的效力状态应该是不成立,而非无效。例如,在合同行为中,一方当事人撤销意思表示后,“合意”无法形成,合同不满足其基本成立要件,故合同不成立。

明确意思表示瑕疵则意思表示可撤销的基本规则后,意思表示瑕疵理论就可以贯通适用于个人法与团体法两个领域,决议行为的法律行为属性也就有其实际意义。

---

① [德]维尔纳 · 弗卢梅:《法律行为论》,迟颖译,法律出版社 2013 年版,第 32 页。

② [德]维尔纳 · 弗卢梅:《法律行为论》,迟颖译,法律出版社 2013 年版,第 32 页。

③ 朱庆育:《意思表示与法律行为》,载《比较法研究》2004 年第 1 期。

④ 参见陈卫佐译注:《德国民法典》(第 3 版),法律出版社 2010 年版,第 41 ~ 51 页。

在公司决议中,若当事人因欺诈、胁迫、乘人之危、伪造签名等原因致使其表决权瑕疵,则可以在法定除斥期间内撤销其表决权,然后再根据公司决议是否还能够满足公司法、公司章程规定的最低通过比例,判断决议的效力。如果决议仍旧满足最低通过比例,则决议效力不受该表决权瑕疵影响;若扣除该表决权数后决议达不到其最低通过比例要求,则决议归于不成立。

典型案例

郁某与A公司决议效力确认纠纷案[①]

基本案情

A公司拟召开股东会,该公司法定代表人孙某请施某代为通知郁某参会,郁某收到通知后未到场参会,A公司股东会陆续作出了9份决议文件,9份决议文件均有郁某同意决议的签字。郁某主张,其几次股东会其均未到场参加,决议文件上的签名均系伪造,相关股东会决议无效。

审判

S省高级人民法院根据《公司法》的规定,即公司股东会或者股东大会、董事会的决议内容违反法律、行政法规的无效,因几份股东会决议文件上郁某的签名均系伪造,不能反映郁某的真实意思表示,故相关股东会决议应属无效。

点评

对于伪造股东签名决议,实践中绝大多数法院会对决议效力作否定性认定,具体裁判进路有以下三种:第一,意思表示不真实,决议无效。《民法典》将意思表示不真实规定为法律行为的生效要件之一,但却不能反推出意思表示不真实的法律行为就无效的结论,如欺诈行为就属可撤销行为,所以该种裁判进路存在问题。第二,决议侵犯股东表决权无效。民法学界曾经持续讨论过一个问题,即宪法基本权利能否作为法律行为效力的阻却要件,也就是说如果某法律行为侵犯了公民的宪法基本权利,会不会导致行为无效。达成的共识是,基本权利不能作为法律行为阻却生效要件,否

---

① 参见山东省高级人民法院民事判决书,(2016)鲁民终780号。

则有违私法自治精神。[①] 既然宪法基本权利都不能直接导致行为无效，那么侵犯表决权导致决议无效在逻辑上就说不通。第三，伪造股东签名属于程序瑕疵，决议可撤销。对该观点，本书认为，一方面，伪造签名正本清源系伪造股东之意思表示，将其归为程序瑕疵，有牵强附会之嫌。另一方面，如果被伪造签名股东仅持股5%，其后因伪造签名而撤销整个决议，其实等于赋予决议瑕疵规则以惩罚性，这不仅不利于维系公司治理的稳定性，而且与决议瑕疵规则的立法定位不符。综上，既有的几种裁判进路，均存在不同程度的问题争议，由立法直接规定表决权撤销规则，可以在一定程度上减少纷争。

除名决议确认之诉

有限责任公司股东会通过决议开除股东的，公司须在决议作出之日起三十日内向法院提起决议效力确认之诉，由人民法院适用简易程序审理。

除名决议不违反法律、行政法规强制性规定，不存在股东压制情形的，法院应确认其效力。

条文主旨

本条是股东会或者股东大会除名决议确认有效之诉。

要点提示

《公司法司法解释（四）》对确认决议无效、不成立作了规定，但未规定确认决议有效之诉。之所以未规定确认有效之诉，可能的原因有三：第一，根据法律行为的一般规则，法律行为成立即生效，确认决议有效之诉与该一般规则相左，不符合私法自治理念；第二，如允许提起确认决议有效之诉，意味着实践中大量的股东会或股东大会、董事会决议在作出后均可向法院请求确认决议效力，法院的判决沦为公司治理的背书工具，滥诉风险巨大；第三，公司治理秉重效率价值，增加决议效力确认之诉，会

---

① 参见刘志刚：《基本权利对民事法律行为效力的影响及其限度》，载《中国法学》2017年第2期。

拖延公司决议实施时间、弱化公司治理效率。基于此,现行《公司法》及相关司法解释均未规定决议效力确认之诉。

但是股东除名决议比较特殊,随着公司自治意思的增强,近年来实践中因股东除名引发的纠纷数量也随之增多。公司作出除名决议后,到工商登记机关办理变更登记,登记机关一般不予办理,有些登记机关则要求出具法院判决才予以办理。而公司向法院起诉请求确认除名决议有效,法院又不予受理,这就导致大量的公司除名纠纷被搁置,不能得到尽快解决。因此,本书建议本次《公司法》的修订可例外地承认股东除名决议效力确认之诉,以回应前述实践纷争。此外,股东除名决议涉及对股东固有权的剥夺,由法院对决议效力作最终确认,也能够彰显公司法的衡平法属性。

对于股东除名决议的效力,只要不违法法律、行政法规的强制性规定,不存在变相实施股东压制的情况,一般情况下法院应当认可其效力,以保持司法裁判的谦抑性,维护公司自治权。同时,为提升审判效率,便于公司自治,对此类纠纷本书建议适用简易程序审理。

由于股东除名制度主要的立法目的在于维护有限责任公司的人合性,因此本书认为,除名决议应限定适用于有限责任公司。

背景依据

在我国早期的公司治理实践中,一般认为,公司不能开除股东,因为公司与股东是平等的民事主体,而除名是对股东财产权、身份权的剥夺,这属于宪法、法律保留权力,公司没有这项权力,所以在早年的司法案例中,诸多除名决议被法院作了无效认定。《公司法司法解释(三)》实施后,这一情况逐步发生变化,该司法解释第 17 条第 1 款规定:"有限责任公司的股东未履行出资义务或者抽逃全部出资,经公司催告缴纳或者返还,其在合理期间内仍未缴纳或者返还出资,公司以股东会决议解除该股东的股东资格,该股东请求确认该解除行为无效的,人民法院不予支持。"尽管该条在严格意义上仅针对股东拒不履行出资义务、抽逃全部出资这两种极端情形,但毫无疑问,这条规定为实践中公司开除股东开了一个"口子"。[①] 再加上《公司法》在诸多问

① 参见李建伟:《有限责任公司的股东除名制度研究》,载《法学评论》2015 年第 2 期。

题上允许公司章程“另有规定”,[①]公司的自治意识和自治需求不断强化,几种因素综合导致实践中大量股东除名纠纷逐渐涌现。

股东除名决议纠纷数量增多,还有其商事治理实践背景。近年来,随着互联网科技公司等创新型公司兴起和国家“双创”政策的推动,新型公司对股东的人力贡献更重视,这也是近几年股权激励遍地开花的背景。这就意味着新型公司往往不能忍受股东“躺在出资上睡觉”,甚至实施损害公司利益之行为,也意味着公司若要维持其内部团结和整体运营效率,就必须被赋予杀伐决断、清除异己分子的权力,股东除名决议恰好可以满足这一需求。

但是观念的变化有个过程,公司作出除名决议后,工商登记机关对此类决议特别警惕,出于对股东压制风险的疑虑,往往不愿意为公司变更工商登记,法院又不受理决议有效确认之诉,导致实践中大量股东除名纠纷不能及时得到有效解决。

股东除名制度肇始于德国,在德国公司法上,除名决议被视为维系有限责任公司人合性、剔除公司内部异己分子的有效手段。[②] 在德国公司法上,开除股东是公司自治问题,由公司章程对除名事由进行规定,并且股东除名是不以股东过错为条件的,诸如年龄、身体状态等均可作为除名事由。当然,在公司章程未对除名事由进行规定的情况下,法院会以“概括性重大事由”为标准进行审查,如“财产关系不明或者存在非正常的财产关系往来;股东有浪费挥霍公司财产的不良嗜好、股东罹患重大疾病,以至于不再具备公司合同中约定的成为股东的前提性条件;拒绝履行公司章程中规定的股东义务;严重违反对公司应负的义务,尤其是信义义务;等等”[③]。德国公司法上股东除名制度的特点之一就是股东会除名决议作出后必须向法院提取除名决议效力确认之诉,经由法院确认之诉决议方才生效。[④]

---

① 参见钱玉林:《公司章程“另有规定”检讨》,载《法学研究》2009 年第 2 期。

② 参见段威:《有限责任公司股东退出机制:法理 · 制度 · 判例》,中央民族大学出版社 2013 年版,第 149 ~ 154 页。

③ [德]托马斯 · 莱赛尔、吕迪格 · 法伊尔:《德国资合公司法》,高旭军等译,法律出版社 2005 年版,第 517 ~ 520 页。

④ 参见[德]托马斯 · 莱赛尔、吕迪格 · 法伊尔:《德国资合公司法》,高旭军等译,法律出版社 2005 年版,第 520 页。

典型案例

李某与A公司、第三人张某公司决议效力确认纠纷案①

基本案情

张某和李某系A公司股东，分别持股70%和30%；A公司于2017年6月成立，两名股东出资后，李某立即抽逃全部出资；A公司及张某多次催促李某返还出资，李某却置之不理。此后，A公司向李某发出召开股东会以讨论出资事宜，李某未参加。A公司股东会作出剥夺李某股东资格的决议。李某继续置之不理，并反复多次向A公司主张行使股东知情权、利润分配权等权利，其后又请求解散公司。

张某不胜其烦，其后以该公司名义向法院起诉，请求确认剥夺李某资格的股东会决议有效。

审判

法院认为，尽管《公司法》及相关司法解释并不承认决议有效确认之诉。但具体到本案中，李某并未向法院起诉，请求确认决议无效，而是反复提起行使股东权的要求。在这种情况下，如果不确认决议有效，那么A公司与张某将被李某反复纠缠，无法脱身。故法院判决确认剥夺李某股东资格的股东会决议有效。

点评

严格地说，目前法院对股东除名决议的裁判分为两条裁判进路：第一条，作出除名决议的公司请求法院确认决议有效，法院一般不予受理；第二条，被除名股东提起确认除名决议无效之诉，法院经审查，如认为决议不存在瑕疵情形，则驳回原告诉讼请求，确认决议有效，这类似于间接确认决议有效。但如果被除名股东不请求确认决议无效，反而一再要求行使各项股东权利，公司又无法变更工商登记，这无疑给公司治理造成极大的不良影响。反观本案，该法院的判决对公司决议有效确认之诉的理解和适用灵活到位，回应了实践中股东除名决议的制度诉求。

① 参见上海市第一中级人民法院民事判决书，(2016)沪01民终5482号。

决议不成立的除斥期间

股东会、董事会决议存在下列情形之一,当事人主张决议不成立的,人民法院应当予以支持:

(一)未召开股东会、董事会会议作出决议的;

(二)会议未对决议事项进行表决的;

(三)出席会议的人数或者股东所持表决权不符合公司法或者公司章程规定的;

(四)会议的表决结果未达到公司法或者公司章程规定的通过比例的;

(五)导致决议不成立的其他情形。

当事人请求确认决议不成立的,应自知道或者应当知道决议不成立事由之日起六个月内向人民法院提起诉讼。

条文主旨

本条是关于公司决议不成立的情形及除斥期间的规定。

要点提示

现行《公司法》对公司决议瑕疵的规定是由无效、可撤销的“二分法”发展到无效、不成立、可撤销的“三分法”。“三分法”之下,公司决议瑕疵的法律效果由轻到重,呈梯度化分布。最轻微的瑕疵,适用决议瑕疵驳回裁量规则,决议有效;一般性程序瑕疵,决议可撤销;重大程序瑕疵,决议不成立;内容违法,决议无效。现行《公司法》第 22 条针对可撤销决议规定了 60 日的客观除斥期间,自决议作出之日起 60 日内当事人可请求法院撤销决议。既然如此,则决议不成立的除斥期间就应当体现于与可撤销决议除斥期间的梯度化差异,简单地说就是决议不成立的除斥期间要更长一些。因此,本书主张针对决议不成立规定 6 个月的主观除斥期间。

本书主张规定 6 个月的主观除斥期间,而非更长的时间主要是基于三点原因:第一,公司治理关系相较于普通民商事关系而言,更注重效率,所以除斥期间不宜设置过长。第二,一项决议往往会引发一系列的后续法律关系,如果除斥期间规定得过长,那么意味着公司后续的法律关系的合法性、稳定性都会受到冲击,这不利于维护公司团体治理的稳定性。第三,基于法体系性的考虑,本书在前文中主张表决权瑕疵适用6个月的主观除斥期间,那么决议不成立的除斥期间应当与之对应。因为,当股东以表决权瑕疵为由撤销其表决权后,若公司决议达不到公司法、公司章程规定的最低通过比例,则决议不成立。如果二者不统一,就会出现同样是决议不成立,却适用两套不同的除斥期间的现象,导致法体系性缺陷。

背景依据

在《公司法司法解释(四)》实施前,我国相关公司决议规则没有规定决议不成立这一法效果情形。现在由《公司法司法解释(四)》第5条所规定的5种决议不成立情形,在既往的司法裁判实践中,要么被以内容违法为由而认定决议无效,要么以程序违法为由认定而撤销决议,即散布在无效和可撤销决议之中。但是,这种立法思路隐含的一种观念是,在公司法上,内容重于程序。公司决议内容违法,则决议自始无效;公司决议程序违法,当事人只能在决议作出之日起60日内向法院请求撤销。这就导致决议瑕疵之间呈现一种断崖式的效力悬殊结构。而随着公司法规则的日渐完善,尤其是公司法的组织法特性的不断凸显,我们逐渐意识到,程序在公司治理中的重要性应该凸显,而不能继续重内容轻程序。基于这种考虑,本书的公司决议瑕疵规则由"二分法"变为了"三分法"。把一部分重要程序从一般性程序中提炼出来,作为公司决议的成立要件。那么,决议不成立的法效果重于决议可撤销的地方其实主要体现在期间上,甚至无效、不成立、可撤销三种效力状态的区别也基本体现在期间上。但是《公司法司法解释(四)》未对公司决议不成立规定期间,这在实际上导致了一种结果,即决议不成立在法效果上与决议无效没有实质性区别,决议瑕疵规则的梯度化设计没能被反映出来。

决议不成立规则目前还属于十分不成熟的一套规则,即使是在比较法上,亦是如此。例如,德国公司法对是否规定决议不成立这一决议瑕疵类型,态度都处于左右摇摆的状态。但是在域外立法中,比较统一的认识是,决议不成立的存在价值主要是克服决议无效事由范围过窄的问题。德国、意大利等国公司法对于决议无效事由均规定得比较严格且范围狭窄，诸多重大瑕疵情形无法纳入其中，所以决议不成立规则应运而生。[①] 因此，诸多观点普遍认为，决议不成立与无效无实质差别，但是这一情况在我国公司法上有所不同。首先，我国现行《公司法》并未对公司决议无效事由作出范围限定，而是笼统地规定为不得违反法律、行政法规的强制性规定。其次，从司法实践来看，公司决议被法院认定无效的情况非常多见，且具体无效事由五花八门，除最常见的违法无效外，还有意思表示不真实决议无效、决议侵权无效等。因此，我国公司法上的决议无效规则并不存在范围过窄的问题。而我国公司法上的决议不成立规则的主要作用是解决决议可撤销规则对于程序瑕疵决议规制不足的问题。因此，基于本土考量，决议不成立规则的参照物应当定位为决议可撤销规则，而非无效规则。那么，决议不成立规则的期间规定应当更接近可撤销决议的期间规定，而非决议无效规则。

在当前的司法裁判实践中，因为立法及司法解释针对决议不成立既未规定除斥期间，也未明确是否可适用诉讼时效规则，造成法院的裁判标准不统一。有的法院认为，应适用诉讼时效，有的认为不适用诉讼时效，给司法裁判带来一定困扰。综合对比之后，本书认为，设置6个月时间的主观除斥期间比较合适，《民法典》对撤销权规定的除斥期间是1年，公司法上可撤销决议的除斥期间是60日，6个月的除斥期间在二者之间求取一个平衡点，使决议不成立与决议可撤销规则呈梯度化设计，但是又不至于距离太远。

典型案例

李某与A公司公司决议效力确认纠纷案[②]

基本案情

A公司章程规定："公司再融资须召开股东会，经全体股东所持表决权比例三分之二以上通过。"2015年3月，A公司股东会就再融资事项进行决议，该次股东会决议通过比例为60%。其后A公司便与B公司签订投资协议，引入该投资者。2019

---

① 参见殷秋实：《法律行为视角下的决议不成立》，载《中外法学》2019年第1期。

② 参见上海市第二中级人民法院民事判决书，(2019)沪02民终6605号。

年6月,A公司股东李某向法院起诉,请求确认该次股东会融资决议不成立。A公司主张李某的请求已过诉讼时效。

审判

法院经审理认为,诉讼时效的适用对象是请求权,而确认决议不成立之诉的实体权利是形成权,对形成权不能适用诉讼时效。

点评

在该案中,形成权不能适用诉讼时效的裁判说理无疑是正确的,部分法院对决议不成立适用诉讼时效规则的做法显然有悖法理。该案充分暴露出决议不成立规则的不足,该类诉讼不适用诉讼时效,但立法及司法解释又未规定除斥期间,这意味着当事人随时可以主张决议不成立,这将会给公司治理带来极大的不确定性,并使决议不成立规则在实质上等同于无效规则,造成决议无效情形适用的实质扩大化。

决议生效规则

有限责任公司、非上市股份有限公司股东会决议自送达之日起生效,上市公司股东大会决议自公告结束之日起生效。

董事会决议自作出之日起生效。

条文主旨

本条是关于公司股东会或股东大会、董事会决议生效规则的规定。

要点提示

根据法律行为理论的一般原理,在原则上,法律行为成立即生效,具体到公司决议,在理论上,决议只要依法、依章程作出即生效。现行《公司法》及相关司法解释虽未对此作具体规定,但隐含的逻辑确是如此。然而,在实践中,我们发现决议行为比较有特殊性。如合同,它不会存在成员不在场的问题,合同订立,全体当事人均在场知悉,故无须再有特别的生效程序,但是决议不同,决议会有不在场的成员,尤其是对于公司内部的少数派股东来说,尽管他们不能左右决议的结果,但是他们对决议享有第一时间的知情权。这一知情权尤其可以避免伪造股东签名决议、肆意处置股东权决议的出现。因此,本书认为,股东会或者股东大会决议作出并不立即生效,应当自送达或者公告结束之日起生效。

有限责任公司、非上市股份有限公司股东人数总体而言数量不多,采送达生效规则,不会给公司带来操作困难,也不会产生太多的管理成本。上市公司股东大会决议作出后须公告,因此本书把公告程序解释为决议生效程序,因为上市公司股东人数众多,故无须另行送达。

对于董事会决议的生效规则,本书认为,应当是自作出之日起生效。因为董事会与股东(大)会的功能定位不同,董事会是公司的经营决策和战略管理机构,讲究专业性和效率性,所以除非公司章程另有规定,原则上董事会决议自作出之日起生效。

背景依据

在公司法理论界,尽管很大一部分学者并不承认决议行为的法律行为属性,但不可否认的是,我国公司法上的公司决议规则很多地方潜移默化地受法律行为规则影响,甚至可以说脱胎于法律行为规则。法律行为生效规则即是如此。在法律行为理论中,除附生效条件的法律行为外,其他法律行为在原则上成立即生效,至于是否会被撤销或最终认定为无效,则是受阻却生效要件影响,但阻却生效要件的适用普遍是事后性的。法律行为的生效规则之所以如此规定,主要是基于以下三点原因:第一,成立即生效,可以最大限度地降低法律行为订立中的不确定性因素,保障相对方的信赖利益,提高交易的便捷性。第二,法律行为是私法自治的工具,其精神内核为意思自治,对法律行为设置一般性生效程序,与意思自治原则相冲突。第三,传统的法律行为理论发端于个人法领域,个人法领域主要是单方行为、合同行为,法律行为实施中所有当事人理论上均在场,具有亲历性,既然如此,也就无须多余地设置一道生效程序。前述三点理由中的前两点对于公司决议均同样成立,但是第三点无法用以解释公司决议。公司决议是人头多数决或者资本多数决,无论是哪一种决议方式,理论上都可能存在当事人不在场、不亲历的情况,尤其是对于上市公司来说,股东人数众多,大量散户股东基于理性冷漠原因根本不会参加股东大会。如果公司决议作出便生效,那么意味着决议可以在部分成员不在场、不知详情的情况下生效,这与公司治理民主理念相背离,也不利于保障股东的知情权、监督权。因此,本书认为,从理论上讲,公司股东会或者股东大会决议应当在确保全体股东知情的情况下才能生效。

就实践层面而言,本书之所以认为应当对股东会或者股东大会决议设置一道生效程序,主要是因为基于大量案件纠纷所作出的实践考量。在司法裁判实践中,有诸多公司治理纠纷,从理论上讲,只要我们设置一道决议生效程序,就可以得到有效避免。如伪造股东签名决议纠纷,实践中的这类纠纷均是在被伪造签名股东不知情的情况下实施的,被伪造签名股东可能在很多年里都不知情,直至自己的权利受到侵害时才去查阅当时的股东会决议文件。那么,如果公司法规定有限责任公司股东会决议自送达股东之日起生效,那么股东就可以在第一时间知道自己的签名是否被伪造,这也会倒逼其他股东、董事不敢伪造股东签名。并且,本书认为,设置公司决议生效规则,有利于维护股东对公司治理信息的知情权、监督权,可以提升公司治理的民主性、透明度。尽管《公司法(修订草案二次审议稿)》第26条针对可撤销决议,增设规定"未被通知参加股东会、董事会会议的股东、董事自知道或者应当知道股东会、董事会决议作出之日起六十日内,可以请求人民法院撤销"。该新规定可以在一定程度上减少股东不知情的"抽屉决议"出现,但即便股东被通知参会,甚至参会,一样存在产生"抽屉决议"的可能,比如,股东因时间冲突未参会,而对表决结果不知情;中途离会导致对最终通过的决议不完全知情。因此,最为一劳永逸的办法是直接规定决议的生效规则。

第八章
公司法人格否认规则的修订完善

公司法人格否认制度一直我国是公司法理论和司法实践中的热点问题。我国于2005年修订《公司法》时原则性地确立了该制度的适用条件,我国也因此成为世界上第一个以成文法方式规定公司法人格否认制度的国家。其后,2008年《公司法司法解释(二)》明确了公司清算中适用该制度的情形,2019年最高人民法院发布的《九民纪要》,总结了司法实践中人格否认制度常见的三种适用情形,2020年出台的《民法典》亦将该制度吸纳其中,《公司法(修订草案二次审议稿)》第23条在对公司法人格制度进行整合的同时①,也扩大了刺破公司面纱的适用范围。尽管如此,业界关于公司法人格否认制度的讨论一直不绝于耳,关于实际控制人可否作为滥用公司法人格主体、反向法人格否认与横向法人格否认之吸纳、资本显著不足对公司法人格否认的影响等问题仍需要进一步研究与探讨。

公司法人格否认的一般情形

公司股东滥用公司法人独立地位和股东有限责任,逃避债务,严重损害

---

① 《公司法(修订草案)》直接将现行《公司法》关于一人公司人格否认制度等在内的一人公司特殊规定予以删除,且将一人公司从有限责任公司扩大至股份有限公司。《公司法(修订草案二次审议稿)》又恢复了一人公司人格否认的特殊规定,并在条文结构上将其整合到公司人格否认条文的第3款。

公司债权人利益的,应当对公司债务承担连带责任。

公司实际控制人滥用控制权,使公司丧失独立性,沦为实际控制人逃避债务、非法经营甚至违法犯罪工具,严重损害公司债权人利益的,应当对公司债务承担连带责任。

人格混同是公司股东、实际控制人对公司债务承担连带责任的前提。公司的财产与股东、实际控制人的财产发生混同且无法区分时,公司人格便与股东人格、实际控制人人格发生混同。

条文主旨

本条是对公司人格否认一般情形,以及认定是否构成此情形应当考虑因素的规定。

要点提示

《公司法》第20条被认为是审理公司人格否认案件的主要法律依据。但该条文在实际应用过程中争议较大。争议最大的问题莫过于,在出现何种情形时,才构成滥用公司法人独立地位和股东有限责任。故而,在进一步修订《公司法》时,应当结合司法实践的常见情形予以归纳与列举,在最大限度地减少争议。此外,关于公司法人格否认的适用主体,应当将公司实际控制人囊括进来,从而解决实践中的困惑。

背景依据

一、关于将实际控制人作为滥用公司法人格主体的背景依据

实际控制人,是指虽不是公司的股东,但通过投资关系、协议或者其他安排,能够实际支配公司行为的人。我国在公司法立法之初并无实际控制人概念,在2005年修法时才予以规定。我国现行《公司法》第216条针对实际控制人规定了三种控制手段,即"投资关系"、"协议"与"其他安排",其所使用的是"示范性列举"而非"规范性列举"方法。这意味着,认定实际控制人的核心在于其足以影响、控制公司的意志和行为,至于通过何种手段,则并无限制。按照朱慈蕴教授的观点,从狭义的角度进行考量,可将公司的实际控制人分为以下四类:第一类,通过间接持股的方式控制公司

的人,如通过持有母公司股份而间接控制子公司,或者利用姐妹公司交叉持股而获得控制权;第二类,通过契约方式取得公司控制权的人,即通过托管协议、控制协议等契约方式取得公司控制权的人,常见于关联企业、公司重组等过程中;第三类,通过各种方式取得投票权而控制公司的人,如通过征集投票权、代理行使表决权、表决权信托等广义的契约方式取得公司控制权;第四类,通过亲属关系或者其他代理关系实际控制公司的人。亲属关系的情形主要出现在家族企业和封闭型公司中;代理关系则最常见于通过股权代持参与控制公司经营的情形中,实际出资人往往比显名股东更具实权。①

我国《公司法》第 20 条将源于判例法系的公司法人格否认制度以成文法的形式规定下来,但并没有将实际控制人纳入其中。《九民纪要》第 11 条第 2 款规定,“控制股东或实际控制人控制多个子公司或者关联公司,滥用控制权使多个子公司或者关联公司财产边界不清、财务混同,利益相互输送,丧失人格独立性,沦为控制股东逃避债务、非法经营,甚至违法犯罪工具的,可以综合案件事实,否认子公司或者关联公司法人格,判令承担连带责任”。尽管该款涉及实际控制人滥用公司独立法人格,但却未规定实际控制人应当对公司债务承担连带清偿责任,而仅否认了实际控制人所控制的关联公司之间的法人格独立关系。这体现了现有规则对公司法人格适用于实际控制人问题上的谨慎态度。然而在实践中,公司实际控制人滥用公司独立人格的问题普遍存在。当然,从我国实定法来看,对于实际控制人侵害公司及其债权人利益的问题,并非完全无解。2018 年《公司法》第 21 条为追究实际控制人的损害赔偿责任提供了制度通道,再综合《民法典》第 535 条、第 538 条和第 539 条关于债权人行使代位权、撤销权的一般规定,可在一定程度上对实际控制人损害公司及债权人利益进行规制。然而,就司法实践而言,当实际控制人滥用公司人格损害、侵害公司利益并对公司负有赔偿责任时,即便在构成要件上符合公司债权人行使代位权、撤销权的条件,债权人行使代位权、撤销权之通道也并不畅通。例如,公司债权人行使代位权时,很有可能因实际控制人给公司造成的损失数额难以计算,从而使债权数额难以确定。然而,“债权人提起代位权诉讼,应以主债权和次债权的成立为条件,债权成立不仅

---

① 参见朱慈蕴:《将实际控制人纳入公司法人格否认适用中的法律思考》,载《中国法律》(中英文版)2011 年第 4 期。

指债权的内容不违反法律、行政法规的规定,而且要求债权的数额亦应当确定”[①]。因此,公司债权人提起代位权诉讼缺乏司法实践层面的可操作性。

鉴于实定法的一般规则在规制实际控制人侵害公司及其债权人利益方面力有不逮,为实现公司法人格否认制度设置之目的,有必要将实际控制人纳入公司法人格否认制度之中。这不仅在理论界达成了共识,而且在实践中获得了积极应用。[②] 当然,公司法人格否认制度是一把“双刃剑”,在将实际控制人适用“揭开公司面纱”时体现得更加明显,这就要求认定实际控制人滥用公司独立地位时应更加严格与谨慎。对此,有学者主张,在认定上应结合意志因素、行为因素、结果因素进行综合判断。在意志因素方面,实际控制人有控制公司的意愿,并将自身意志实质性地转化为被控制公司的意志。在行为因素方面,实际控制人实际参与了公司经营管理的决策或执行过程,即有证据表明当事人实施了各种规避法律的不诚信行为,既包括行使控制的行为,又包括维护控制的行为。在结果因素方面,实际控制人通过控制权从公司获取了不当利益,而这种不当利益的掠夺结果是对实际控制人施以揭开公司面纱规则的必要条件。[③] 尽管实践中的债权人在提供证据证明实际控制人的身份方面往往难度较大,但这并不应该成为将实际控制人排除在滥用公司法人格的主体之外的理由。从程序制度层面来讲,完全可通过实际控制人举证责任之弱化以改善债权人举证难的现状。

总之,从《公司法》第 20 条第 3 款的立法宗旨来看,追究滥用股东有限责任的控制股东的责任和保护公司债权人利益是公司人格否认的立法目的,因此,追究隐藏在股东背后的实际控制人的责任无疑有利于实现《公司法》关于法人格否认制度的宗旨。

二、关于人格混同相关规定的背景依据

我国《公司法》第 20 条第 3 款,引入了公司法人格否认制度,目的在于保障债权人权益。总体而言,在判断认定公司人格与股东人格是否存在混同时,最根本的标准是公司是否具有独立意思和独立财产。作为企业法人的公司,是独立的民事主体,具

---

① 《最高人民法院公报》2011 年第 11 期。

② 参见谭贵华:《我国公司法人格否认规则的司法适用研究——基于 2014 年的 92 份判决书的实证分析》,载《西南政法大学学报》2016 年第 4 期。

③ 参见叶敏、周俊鹏:《公司实际控制人概念辨析》,载《国家检察官学院学报》2007 年第 6 期。

有独立于股东的意思和财产。如果公司不具有独立于股东的意思，也就意味着公司人格已经形骸化。此外，作为独立民事主体的公司，还必须拥有责任财产。如果公司没有独立财产，那么也就没有成为独立民事主体的必要。可见，拥有独立的财产是判断公司拥有独立人格的关键。如果公司财产与股东财产发生混同，也就意味着公司人格与股东人格发生混同，公司的独立人格自然要受到质疑。因此，人格混同是适用公司法人格否认制度的前提。明确此前提，并不意味着该制度就可以被很好地适用，因为司法实践中还存在如何判断是否发生人格混同的难题。制度的抽象性，决定了其可操作性欠佳。这也是为何在我国引入公司法人格否认制度后，理论界与实务界既有积极肯定者，亦有不少批评者。

如何化抽象为具体，也就成为破解实践困境的重要方向。为此，最高人民法院按照问题导向的原则，结合审判实践中的问题，在《九民纪要》中归纳了判断是否构成人格混同应当考虑的因素，包括：(1)股东无偿使用公司资金或者财产，不作财务记载；(2)股东用公司的资金偿还债务，或者将公司的资金供关联公司无偿使用，不作财务记载；(3)公司账簿与股东账簿不分，致使公司财产与股东财产无法区分；(4)股东自身收益与公司盈利不加区分，致使双方利益不清；(5)公司的财产记载于股东名下，由股东占有、使用；(6)其他情形。此外，《九民纪要》也指出，业务混同、员工混同、财务人员混同、住所混同往往会与人格混同同时出现，但人格混同是关键，其他方面的混同只是对人格混同的补强。《九民纪要》中上述化抽象为具体的规定，对于降低各级人民法院审理类案的难度无疑具有重要意义。

司法实践中积累的经验可以为立法机关的立法、修法提供了最鲜活、最原始、最直接的素材，新一轮《公司法》修改有必要汲取其中的有益成分。而考虑到《九民纪要》已经较具体地归纳了人格混同的常见情形，同时也考虑到这一归纳是最高人民法院基于以往的案件，不排除在未来的公司经营活动中还会出现其他人格混同的情形，基于立法的稳定性，新一轮的《公司法》修改应明确人格混同是公司股东对公司债务承担连带责任的前提，并对人格混同的概念作出界定即可。当然，基于前述，在该条文中应当同时明确将实际控制人作为滥用公司法人格的主体。

典型案例

A 公司、B 公司广告合同纠纷案①

基本案情

C 公司与 B 公司、D 公司均在原工商行政管理部门登记为彼此独立的企业法人，且工商登记亦未显示 B 公司、D 公司与 C 公司之间存在投资与被投资的关系。但在依据调查到的证据发现，B 公司无论是在三公司的对外关系还是三公司之间的内部关系中，均对 C 公司与 D 公司实现了全面控制，C 公司与 D 公司无论在法人意志表达、机构设置与运行、人员配备与管理、财务及业务活动、资产配置与处分等各个方面均受到 B 公司的实际控制，丧失了企业法人作为独立承担民事责任的主体应有的独立人格，形成了人格混同。

审判

法院认为，公司实际控制人与被其控制的关联公司及被控制的关联公司之间虽然在工商部门登记为彼此独立的法人且形式上不存在交叉投资关系，但公司作为商事主体的本质决定了其控制关系的实现最终只能是基于公司资本的控制（只不过这种资本控制关系往往是基于隐名持股等方式而不为关联公司之外的人知晓，难以举证证实）。因此，公司实际控制人与被其控制的关联公司之间的关系和公司股东与公司之间的关系并无本质上的不同。从这个意义上讲，公司实际控制人与被其控制的关联公司及被控制的关联公司之间出现人格混同，与公司与其股东之间人格混同的情形相当，公司实际控制人与被其控制的关联公司及被控制的关联公司之间人格混同，严重损害债权人利益的行为本质与危害后果与《公司法》第 20 条第 3 款规定的情形相当，亦当然可参照《公司法》第 20 条第 3 款规定处理。

点评

尽管我国《公司法》关于实际控制人之界定，排除了与股东身份重合的情形，但在实践中，当公司实际控制人滥用公司独立地位损害债权人利益时，如果有证据证明公司存在人格混同、财产混同等情况，因实际控制人的意志而使公司事实上已不具有

---

① 参见湖北省宜昌市中级人民法院民事判决书，(2018)鄂 05 民终 461 号。

独立人格,立法应允许法院适用公司法人格否认制度要求实际控制人承担连带责任。毕竟,公司实际控制人与被其控制的公司之间的关系,与公司股东与公司之间的关系相比,二者并无实质差异。

反向法人格否认、横向法人格否认

公司股东、实际控制人为逃避债务,恶意向关联公司转移财产、输送利益,损害公司股东、实际控制人之债权人利益的,公司应当对公司股东、实际控制人的债务承担相应责任。

公司股东、实际控制人滥用其控制权,造成关联公司的财产边界不清、财务混同,严重损害关联公司债权人利益的,发生混同的各关联公司共同对发生的债务承担连带责任。

条文主旨

本条是关于反向法人格否认、横向法人格否认的规定。

要点提示

我国《公司法》第 20 条仅对公司法人格否认的一般情形作了规定。《九民纪要》以解决实际问题为导向,对审理法人格否认案件给出了较翔实的指导意见,并在第 11 条第 2 款中规定了公司法人格否认类型中横向否认的典型情形,但对理论与实务界广泛讨论的反向法人格否认未作出回应。反向法人格否认,是指由股东或者股东的债权人提起,请求刺破公司面纱,认定股东和公司为一体,进而发生相应法律效果的制度。① 根据提起主体的不同,可将反向法人格否认分为外部人反向法人格否认和内部人反向法人格否认。内部人反向法人格否认,是指公司的特定股东(内部人)出于种种考虑,主动要求无视公司独立人格,将公司与该股东视为一体,从而使公司

① 参见张士元:《企业法》,法律出版社 2015 年版,第 132 页。

得以享受本来只能由该股东享受到的豁免或保护；外部人刺破公司面纱，是指公司特定股东的债权人（外部人）要求将特定股东和公司视为一体，从而迫使公司对该股东的个人债务承担责任。[①] 反向法人格否认虽然可以确保法律关系的实质优于形式，但也存在可能会降低规则的稳定性与可预期性等问题，也许正是考虑到这一点，《九民纪要》并未将该制度吸纳其中。然而，对于反向法人格所存在的这种弊端，是可以通过一种谨慎的态度，在对相互冲突的利益进行充分平衡的基础上，得出一个科学合理的解决思路的。尽管这一过程可能造成司法成本的提高，但这不应成为《公司法》进一步修订时继续忽视反向法人格否认规则的充分理由。横向法人格否认，是公司控制股东滥用其对若干子公司或者关联公司的支配权，为达到规避法定义务或者合同义务的目的，使多个子公司或者关联公司财产边界不清、财务混同，利益相互输送，丧失人格独立性，沦为控制股东逃避债务、非法经营，甚至违法犯罪的工具，而应其中某个公司债权人的请求，相互否认子公司或者关联公司法人格，使其相互承担相应的连带责任。[②] 从司法实践的角度来看，法院在调查横向法人格否认案件相关事实时，需要债权人进行充分的举证，否则法院就无法作出横向否认的判决。尤其是在控制股东在子公司或者关联公司隐名的情况下，债权人举证的难度更高。对此，可考虑适当减轻公司债权人的举证责任，在债权人所提供的证据能够初步证明公司控制股东滥用其对若干子公司或者关联公司的支配权时，要求各子公司或关联公司分别提供财务会计报告、审计报告、公司总账、明细账、银行流水等。

背景依据

在我国，同一股东或者有着极其密切关系的股东设立若干公司，并完全控制这些公司的运营，诸如“一套人马，若干牌子”的多个子公司或者关联公司的模式是非常普遍的。股东们经常在逃避合同义务或者法定义务和获取不当利益的需要时，在这些公司中调动资产、输送利益，完全忽略了各个公司的独立人格，造成对某一公司的

---

① 参见廖凡：《美国反向刺破公司面纱的理论与实践——基于案例的考察》，载《北大法律评论》编辑委员会编：《北大法律评论》第 8 卷第 2 辑，北京大学出版社 2007 年版。

② 参见最高人民法院民事审判第二庭：《〈全国法院民商事审判公司会议纪要〉理解与适用》，人民法院出版社 2019 年版，第 154 页。

债权人之利益侵害。因此,虽然我国《公司法》第 20 条第 3 款关于“公司法人格否认”规则的表述属于最传统的公司法人格否认的适用情景,即公司股东滥用公司独立人格和股东有限责任,严重损害公司债权人利益时,公司股东应当对公司债务承担连带责任。但是,根据公司控制股东滥用对若干子公司或者关联公司的支配权的情况大量存在且独立性难以保障的情况,将公司法人格否认规则适用扩展至各子公司或者关联公司之间的人格否认,应符合我国公司法确立这一规则的立法意图。在司法实务中,面对日新月异的人格滥用情形,不少法院不断对《公司法》第 20 条进行扩张适用,有些法院直接将该条作为关联公司承担连带责任的依据,还有法院直接将该条作为公司为股东承担责任的依据。2008 年,最高人民法院以有关“姐妹公司”人格混同为由,适用民法的公平、诚实信用等一般原则判决关联公司之间对外承担债务连带清偿责任;在最高人民法院 2013 年第 15 号指导性案例“徐工集团工程机械股份有限公司诉成都川交工贸有限责任公司等买卖合同纠纷案”中,最高人民法院再一次重申了这一司法立场,即“关联公司人格混同,严重侵害债权人利益的,关联公司相互之间对外部债务承担连带责任”。这一做法突破了我国《公司法》第 20 条之规定,对理论与实务界造成极大冲击。《九民纪要》以解决实际问题为导向,在第 11 条第 2 款中规定了公司法人格否认类型中横向否认的典型情形。《公司法(修订草案)》也吸纳了司法实践中的有益做法,在第 2 款中新增横向法人格否认制度,《公司法(修订草案二次审议稿)》第 23 条第 2 款也保留了横向法人格否认制度的相关规定。然而,《九民纪要》及修订草案关于横向法人格否认制度之规定,将行为的实施者限于公司股东,并未波及公司实际控制人。而且,修订草案关于“公司股东利用其控制的两个以上公司实施前款规定行为”之表述,虽然做到了语言上的精炼,但未精准界定适用条件,在理解与适用时容易产生疑问。此外,《九民纪要》及修订草案并未对反向法人格制度作出回应,然而在实践中,公司集团中的母公司过度控制子公司,为了达到逃避债务的目的,将不当利益从母公司输送到子公司的情况时有发生。因此,在特定场合下反向适用公司法人格否认规则,令子公司承担母公司的债务,保护债权人的利益,同样符合立法意图,具有合理性。

典型案例

案例1（反向法人格否认案例）：S公司与Y公司建筑工程施工合同纠纷案[①]

基本案情

A公司为S公司的子公司,S公司拥有A公司51%的股份,A公司成立日期为2003年12月4日。2003年7月1日,Y公司与S公司签订建筑工程施工合同,发包人为S公司,承包人为Y公司,工程名称为“沈阳农业高新区热网预埋套管工程”,该合同有S公司单位盖章及代理人文某签字,Y公司的单位盖章及Y公司法定代表人的印鉴和签字。2003年8月18日,Y公司与S公司签订建筑安装工程安全合同,该合同属于2003年7月1日签订的建筑工程合同的附属合同,合同上有S公司及Y公司双方单位盖章和法人代表印鉴和签字。后S公司与Y公司又签订了开工日期为2004年3月20日的建筑工程施工合同,该合同的签订时间在合同中没有体现,但工程名称、工程地点、工程内容、承包范围等内容和Y公司与S公司在2003年7月1日签订的内容一致,合同约定的价款为200万元,与原合同约定的价款50万元不同,但该合同发包人处签字为S公司委托代理人文某,发包人住所地为S公司热电住所地,即沈阳市沈河区热闹路47号,盖章为A公司,Y公司的盖章及签字均与原来相同。2004年4月及8月Y公司与S公司签订两份发包工程安全生产合同。此外,庭审中查明,2007年8月7日S公司在建行用电汇的方式给Y公司汇款60万元,2008年1月23日S公司给付Y公司排水、道路两笔工程款,金额分别为150万元、50万元。同时,Y公司在开具工程发票时付款人名称亦为S公司。此后,A公司给Y公司发过两次往来征询函,往来征询函中表明,截至2009年6月30日,新东方公司欠Y公司工程款1,400,221.70元。该往来征询函中有A公司盖章。

审判

法院经审理后认为,本案中,S公司持有A公司51%的股份,二者在人员、业务管理、资金方面存在人格混同情形,具体表现在:A公司董事长杨某同时又是S公司的董事,涉诉工程对外发包时间无论是在A公司成立之前或成立之后,S公司代理人

---

① 参见最高人民法院民事判决书,(2011)民四终字第29号。

文某均在合同发包方处署名，这表明，在人员、业务管理方面，S公司与A公司已无法区分；在合同履行方面，无论是A公司成立前，还是成立后，S公司均存在支付工程款的事实（自S公司与Y公司订立合同最初时间2003年7月至S公司最后一笔付款时间2008年1月，前后长达4年），而且对于Y公司以惠天公司为付款人所开具的发票及收据，S公司照收不误，并未提出任何异议。上述事实表明，S公司与A公司较长时间内在经营与资金方面难分彼此。基于上述两点，可以推定，本案在合同的订立、履行以及结算方面，无法反映A公司的独立意思表示，该公司的经营活动处于一种不正常状态，其与S公司之间出现人员、经营管理、资金方面的混同，说明A公司法人格已形骸化，实际是S公司的另一个自我。公司法人独立地位和有限责任是现代公司两大基石，若存在股东滥用法人格和股东有限责任，导致股东与公司人格混同的，则令滥用独立人格的股东对公司债务承担民事责任，此为《公司法》第20条所明确规定。由于存在股东与公司间人格混同，股东须对公司债务承担责任，自不待言，而公司也须为股东债务承担责任，也应是《公司法》第20条有关法人格否认规定的应有之义。另外，新东方公司通过询证函形式业已确认上述所欠债务。结合本案事实，A公司应对其股东S公司的债务承担连带责任。当然，公司法人格否认规则仅适用于本案，其效力不得扩张适用于未参加诉讼的债权人或公司股东。

点评

我国《公司法》第20条规定了正向法人格否认制度，却没有明确规定反向法人格否认制度，这造成了理论争议激烈、司法适用混乱的现象。理论界关于反向法人格否认制度也存在支持与反对两种截然不同的观点。支持者认为，我国《公司法》虽然没有明确规定反向否认制度，但公司与股东人格混同，动摇了公司人格独立和股东有限责任两大基石，认定公司为股东债务承担连带责任，是《公司法》第20条的应有之义，有利于保障公司债权人的利益，杜绝公司法人独立和股东有限责任的异化。反对者则认为，在我国《公司法》没有明确规定反向法人格否认的情况下，司法机关不宜擅自对法律作出扩大或延展解释，避免对公司和其他股东的合法利益造成损害。而司法实践中，关于反向法人格否认制度，支持与不支持的案例皆有。可见，无论是理论界，还是实务界在此问题上的争论呈现胶着样态。但不容否认的一点是，如果立法对此问题置之不理，无疑会放纵恶意股东，损害债权人利益，有违公正原则和诚信原则。

案例2（横向法人格否认案例）：X公司诉C1公司等买卖合同纠纷案①

基本案情

原告X公司诉称,C1公司拖欠其货款未付,而C2公司、C3公司与C1公司人格混同,3家公司的实际控制人王某以及C1公司股东等人的个人资产与公司资产混同,均应承担连带清偿责任。X公司请求判令C1公司支付所欠货款及利息;C2公司、C3公司及王某等个人对上述债务承担连带清偿责任。

审判

X公司所在地的中级人民法院审理后认为,基于3个方面因素考量,C1公司、C2公司与C3公司人格混同。一是3家公司人员混同。3家公司的经理、财务负责人、出纳会计、工商手续经办人均相同,其他管理人员亦存在交叉任职的情形,C1公司的人事任免存在由C2公司决定的情形。二是3家公司业务混同。3家公司实际经营中均涉及工程机械相关业务,经销过程中存在共用销售手册、经销协议的情形;对外进行宣传时信息混同。三是3家公司财务混同。3家公司使用共同账户,以王某的签字作为具体用款依据,对其中的资金及支配无法证明已被区分;3家公司与X公司之间的债权债务、业绩、账务及返利均计算在C1公司名下。因此,3家公司之间表征人格的因素(人员、业务、财务等)高度混同,导致各自财产无法区分,已丧失独立人格,构成人格混同。

点评

公司具有独立的财产,这是其独立承担责任的物质保障,公司的独立人格也突出地表现在财产的独立上。当无法区分关联公司的财产时,公司丧失独立人格,进而丧失了独立承担责任的基础。在本案中,尽管C1、C2、C3三家公司在工商登记部门登记为彼此独立的企业法人,但实际上3家公司相互之间界限模糊、人格混同,其中C1公司承担所有关联公司的债务却无力清偿,又使其他关联公司逃避巨额债务,严重损害债权人利益。这种行为明显背离法人制度设立的初衷,与诚实信用原则相悖,该行为在本质上与现行《公司法》第20条第3款所规定的法人格否认制度并无差异,故而法院参照该条款进行司法裁判并无不妥。

---

① 参见江苏省徐州市中级人民法院民事判决书,(2009)徐民二初字第0065号。

资本显著不足

公司设立后在经营过程中，股东实际投入公司的资本数额与公司经营应当承担的风险明显不匹配，恶意损害公司债权人利益的，负责公司经营管理的股东应对公司债务承担连带责任。

条文主旨

本条是关于因资本显著不足而引发公司法人格否认的规定。

要点提示

资本显著不足，是指公司在经营的过程中，股东实际投入公司的资本数额与公司经营所应当承担的风险明显不匹配的情形。理论界通常认为，资本显著不足包括公司设立时资本显著不足和公司经营过程中资本显著不足两种情形。从目前我国司法实践来看，并未出现在公司设立阶段因资本显著不足而否定公司人格的情形。本条关于因资本显著不足而引发公司法人格否认的规定，只适用于公司成立后的经营过程中。在适用该规定时，如何判断个案中是否存在资本显著不足至关重要。具体来看，应符合如下三个构成要件：其一，股东实际投入公司的资本数额与公司经营应当承担的风险，必须达到“明显”不匹配的程度。其二，股东实际投入公司的资本数额与公司经营应当承担的风险明显不匹配的情况必须具有一定的程序性，不宜以暂时的不匹配来轻易否定公司法人格。其三，须有证据证明股东具有利用较少资本从事高风险公司经营，从而损害公司债权人的恶意。但是，由于在实践中，要求公司债权人提供充分证据证明股东的行为具有恶意性，往往难度较大，甚至相关证据会与公司的商业秘密等重要信息相关联，因此公司债权人根本无法获取。鉴于此，可对举证责任进行重新分配，减轻债权人的举证负担，债权人只需初步提交证据以证明存在股东实际投入公司的资本数额严重不足，接下来的证明责任应由股东承担，或者由法院调查取证。[①]

背景依据

股东对公司的出资既反映了股东愿意承担风险的界限，也反映了股东运营公司的财产“诚意”。然而，我国2013年修改《公司法》之后，确立了资本认缴制，取消了对公司法定注册资本最低额的限制，并取消实缴期限和强制验资程序，这也就改变了资本对于公司的意义。在认缴制之下，股东完全可以认缴高额的注册资本但不实缴，股东以此公司对外开展大额交易。可见，在“资本显著不足”情形下，公司法人格否认制度适用的现实需求急剧增加，并成为司法实践中平衡效率与安全、股东权益与债权人利益的重要制度工具。[②] 然而，实证研究表明，实践中关于财产混同、营业混同以及人员混同的案例已经较多，且“刺破率”也相关较高。[③] 与之形成鲜明对比的是，关于“资本显著不足”是否属于公司法人格否认判断的标准或重要因素，并未得到法律、司法解释和指导性案例的明确和认可，相反，在认缴制下，基于资本弱化和资产表征信用的理由，部分学者直接提出资本显著不足不应适用于公司法人格否认。显然，未明确将“资本显著不足”作为公司人格否认的重要判定标准，在认缴制下对债权人权益保护是相当不利的。

从域外来看，以“资本显著不足”作为否认公司法人格的认定因素，已经得到了较普遍的认可与接受。例如，在美国的司法实践中，已经确认了股东滥用公司独立人格以及有限责任原则的一个表征性事实就是“资本显著不足”，并且已在诸多案例中得到检验和印证，说明“资本显著不足”作为否认公司法人格的一项事实因素，是具有科学性和实践性的，也为“揭开公司面纱”的判定赋予具体的客观事实标准，便于在司法审判中增强对“揭开公司面纱”的论证，进而促进“揭开公司面纱”制度能够具体落地，不至于“揭开公司面纱”制度“虚无缥缈”或“模糊不清”，从而有利于公司债权人的保护。

在当前我国的资本认缴制下，“资本显著不足”问题越来越严重，严重损害债权

---

① 参见张磊：《认缴制下公司法人人格否认规则的司法适用新探》，载《法律适用（司法案例）》2018年第8期。

② 参见胡改蓉：《资本显著不足情形下公司法人格否认制度的适用》，载《法学评论》2015年第3期。

③ 参见黄辉：《中国公司法人格否认制度实证研究》，载《法学研究》2012年第1期。

人的权益。为遏制我国当下股东肆意滥用有限责任原则，而侵害债权人合法权益的不法行为，最高人民法院《九民纪要》明确指出，股东利用较少资本从事力所不及的经营，表明其没有从事公司经营的诚意，实质是恶意利用公司独立人格和股东有限责任把投资风险转移给债权人。

典型案例

王某与S公司合同纠纷案①

基本案情

S公司于2015年8月12日设立登记，注册资本5,000,000元，法定代表人为蒋某。公司主要从事投资信息管理及金融信息技术外包业务。公司股东季某和股东蒋某持股比例均为50%，两名股东各自认缴出资2,500,000元，认缴期限20年，认缴出资期限为2035年8月31日。

S公司原股东季某和蒋某在认缴期限未届至，且各自承诺认缴的2,500,000元未实际出资到位的情况下，将公司股权转让给现股东牛某和王某。2016年12月29日，牛某和王某作为继受股东签署S公司章程，股东牛某和股东王某持股比例均为50%，两名股东各自认缴出资2,500,000元，认缴出资期限为2035年8月11日，但股东牛某和股东王某实缴出资额也均为0元。2017年1月4日，S公司进行股东变更登记，公司股东由季某、蒋某变更为牛某、王某。

审判

法院认为，S公司在成立时，蒋某、季某作为S公司发起人和原始股东，实缴出资皆为0元，且在设立登记后的经营过程中直至对外转让全部股权之日，亦未缴纳一分钱出资，故S公司资本显然不符合公司经营业务、规模和经营风险的最低要求，呈现公司资本显著不足的状态。

在公司资本显著不足的状态下以公司名义与他人签订合法有效的合同从事较高风险的证券代理业务，并在致投资人严重亏损后的短时间内通过外转全部股权来变换出资责任人，试图悬空出资财产，逃避出资义务，规避公司债务。该行为属于恶意

---

① 参见安徽省合肥市肥西县人民法院民事判决书，(2017)皖0123民初4502号。

滥用股东权利，滥用股东有限责任和法人独立责任，已严重损害公司债权人利益。此时S公司的法人人格应被否认，公司“面纱被刺破”，两个原始股东不应再享受股东有限责任的庇护，也不宜再享受认缴制下出资期限利益的保护，而应当在未出资本息范围内对案涉债务承担连带清偿责任。

点评

资本显著不足而导致公司法人格否认，在法律后果上与股东未履行或者未全面履行出资义务截然不同，应对二者进行严格区分。在商业实践中，股东利用较少资本从事力所不及的经营、资本显著不足普遍存在，这使商业活动的稳健有序发展产生了一定的风险性，在这种情况下，通过适用公司法人格否认制度，直接法律后果是公司股东对公司债务承担连带责任。而根据《公司法司法解释（三）》第13条第2款的规定，未履行或者未全面履行出资义务的股东是在未出资本息范围内对公司债务不能清偿的部分承担补充赔偿责任。

第九章
公司资本流出规则的修订完善

资本流出概念虽不见于法条，但其影响深深渗透到公司法相关规范体系中。从我国的公司法实践与学理研究看，资本流出制度是庞杂的系统规定，由利润分配、减资、股权与股份回购、禁止抽逃出资等系列规则构成，与英美法系中的"大分配"概念有诸多相似之处。资本流出制度的核心有二：一是聚焦公司资本是否不受侵蚀；二是关注公司资产流向股东的方式是否合理。这两点也是资本维持原则的核心理念。2013 年，我国《公司法》对资本制度的前端进行集中修订，放松资本管制手段，废除最低注册资本限制，这一改革被学界视为戳破资本担保"神话"的颠覆性进步。在公司资本三原则中，仅剩资本维持原则仍在发挥余热，虽然有部分学者主张废除资本维持原则，提出建构偿债能力测试模型来维持公司资本的真实有效，但学界的主流观点依然认可资本维持的理论贡献与实然价值，这点从未动摇。但不可否认的是，秉持资本维持理念的部分规定也存在不足之处，需要与时俱进的修改和完善。例如，在资本流出规则中，涉及缓和债权人及股东利益冲突的立法就需要更新。《公司法（修订草案）》和《公司法（修订草案二次审议稿）》对这部分的修法风格偏于保守，仅对个别法条进行修改，未触动核心部分。结合现行《公司法》框架下资本流出规则的既有规定，立法至少可以在以下几个层面有所创见。

强制分红之诉

股东未提交载明具体分配方案的股东会或股东大会决议，请求公司分配利润的，人民法院应当驳回其诉讼请求。但公司确有可分配的税后利润，不分红或过度提取公积金并非公司生存、发展必需，通过不合理高薪、关联交易、隐瞒或转移公司利润等手段违反股东实质平等原则，导致公司不分配利润，给其他股东造成损失的除外。公司抗辩的，应当承担举证责任。

条文主旨

本条是对司法强制介入公司利润分配的规定。

要点提示

股东的分红权源于公司的营利性，是股东权利和利益最直接的体现。我国《公司法》第37条、第99条将分配决策权赋予股东会和股东大会，由他们经会议决议出具公司的具体分红方案，使股东的分红权从抽象层面的期待权转化为具体的债权。但实践中出现大量股东阻止债权形成的案例，部分控股股东或公司实际控制人利用持股比例优势或自己对公司的控制能力，巧借资本多数决规定，恶意操纵股东(大)会，使其作出不分红决议。这是背离股东中心主义，严重侵害股东利益的行为。面对公司理性的“出走”，立法和司法不应缺位。① 长期以来，立法者始终认为利益分配属于公司自治范畴，未走出公司自治的异化误区，坚持尊重股东决策。

这一看法在近些年来得到突破，《公司法司法解释(四)》第15条在但书规定上导入强制分红裁判规则，开辟我国司法介入公司利润分配自治的先河，允许法院对权利受到严重侵害的股东提供救济，捍卫公司理性自治精神。这体现了传统规定的松动，但仍存在较大局限。《公司法司法解释(四)》第15条但书仅笼统地规定了实质要件，条文结构和表述都相对粗线条，对具体例外情形和程序要件的规定更是语焉不

---

① 参见刘俊海:《论上市公司治理的股东中心主义价值观》，载《甘肃社会科学》2021年第6期。

详，难以给司法裁判提供具体指导。

要强化司法对股东分红权的救济力度，就要重构救济标准和模式，为此，应当跳出传统分配的思维定式，构建合理、可操作性强的分配权救济制度。本书建议，强制分红裁判规则的修缮可以从实体层面和程序层面综合入手，完善现有立法。在实体认定上，第一，公司有可供分配的税后利润。第二，公司不需要基于生产发展的必须要求而作出不分红或过度提取公积金的决议。这两条的本质都是要求公司有可以分配给股东的资产，这不仅是利润分配的实然前提，也是资本维持原则"无盈不分"的直接体现。[①] 在比较法视野上，德国《股份法》、美国《特拉华州公司法》都有类似规定。第三，公司存在控股或控制股东利用股权或职权欺压其他股东的行为，这些行为需要严重侵害股东间的实质平等原则，[②]且与不分红决议存在因果关系。第三项要件是法院判断是否需要强制公司向股东分配利润的重点和核心评价标准，也是实践认定的难点。经实证分析，主要有以下几类行为，供立法参考：其一，股东会决议给在公司任职的特定股东或其指派的人员发放与公司规模、营业业绩、同行业薪酬水平明显不符的过高酬劳；其二，公司购买与经营不相关的服务或财产，供控股或控制股东消费使用；其三，公司开展对价不公允、信息不透明或程序不严谨的关联交易；其四，公司隐瞒或转移利润。[③] 以上四类都是变相给控制或控股股东分配利润的行为，都能达到阻碍股东债权形成的目的。

在程序认定上，基于信息占有状况的不均衡，建议适当加重公司的举证责任。对于前述提出的实体认定要件，原告股东仅需承担初步举证责任即可，若公司主张实体认定不成立的，需要承担相应的举证责任。

背景依据

一、理论证成

利润分配请求权作为典型的财产性权利，既是股权的重要职能之一，也是股东参

---

① 参见龚鹏程、臧公庆：《论我国公司资本制度改革的法律逻辑及问题应对》，载《南京社会科学》2016 年第 10 期。

② 参见刘俊海：《股东中心主义的再认识》，载《政法论坛》2021 年第 5 期。

③ 参见李建伟：《公司诉讼类型化专题 24 讲(一)：公司大数据实证分析与裁判规则述评》，法律出版社 2021 年版，第 244～247 页。

与公司投资的重要目的,为《公司法》第 4 条所明确保障。公司作为独立法人,与股东在财产和人格上均相互分离,这决定了即使公司有可分配的利润,但在股东(大)会作出分红决议,出台具体的分配方案前,股东都仅能因其持有的股权而具有分配资格。此时的请求权仅停留在抽象层面,表现为期待权。[①] 只有具体分配方案作出之后,抽象的利润分配请求权才通过决议使股权和公司利润产生直接联系,股东和公司之间才形成债权债务关系,这时股东的期待权才转化为对公司的具体债权。

在理想状态下,公司的利润分配属于公司自治范畴,受公司决议和章程的约束,为公司发展战略所影响,能在促进公司长远经营发展的同时保障股东的金钱利益。但在实然状态下,公司常陷入理性出走之窘境,股东(大)会作出的决议反而会成为对股东权利的不当约束,甚至会侵害股东的根本利益。此时,受侵害的股东在公司内部无法找到其他合理退路,只能援引《公司法司法解释(四)》第 15 条规定,以此为依据申请司法救济。从司法实务来看,2018 年以来,法院在涉及强制分配利润请求的案件中,支持中小股东利润分配诉请的比例不增反降,[②]原因之一就是立法上裁判依据不清,这一制度漏洞给法官裁判造成了难题。

完善和细化强制分配之诉,首先就要坚持“无盈不分”的前提。[③] 通常而言,无盈不分包含两种情况:一是公司有盈余,但在按规定提取法定公积金之前就分配了全部利润;二是公司没有盈余,但股东(大)会依然直接分配了公司资产。[④] 第一种情形可能致使公司的法定公积金不足,难以应对潜在风险,最终造成公司陷入财务危机;第二种情形则损害了公司资本及资产,打击并阻碍了公司发展。由此,应当明确,公司在确有盈利的情况下才能按照法律规定合理分配利润,将“公司确有可分配的税后利润,不分红或过度提取公积金并非公司生存、发展必需”列为强制分红之诉的前提条件,杜绝股东为获得利润而损害公司利益,影响公司发展,浪费司法资源。

实践中常见的控制股东压迫小股东的案例主要包括:给控制股东或其关联人员、

---

① 参见李建伟:《法院如何支持股东的抽象股利分配请求——来自 197 份商事裁决书的类型化分析》,载《中外法学》2021 年第 2 期。

② 参见赵奕彤、傅穹:《公司盈余分配的司法实证观察》,载《社会科学家》2020 年第 10 期。

③ 参见张红、裴显鹏:《公司利润强制分配》,载《西北大学学报(哲学社会科学版)》2021 年第 1 期。

④ 参见李建伟、岳万兵:《董事对债权人的信义义务——公司资本制度视角的考察》,载《中国政法大学学报》2022 年第 2 期。

指派人员以显著超过岗位一般收入的“不合理高薪”，与控制股东及其控股、参股或经营的公司以不合理的关联交易，购买与公司经营不相关的服务工股东使用、隐瞒或转移公司利润等手段来输送或变相分配公司利润。这几类行为在《公司法司法解释（四）》形成过程中的送审稿及最终送审稿中均有列明，但在而后发布的正式版本中予以删去，现行立法仅以但书的形式保留了股东的抽象分配请求权，没有说清债权形成的阻碍因素。另外，公司不分配利润的手段层出不穷，但本质上都可以概括为违背“同股同权”和“股东中心主义”，侵害股东间实质平等地位的行为。只要公司存在这些行为，且这些行为与公司不分配利润，给其他股东造成损失之间有因果关系，即使在前款列明的行为之外，也应当在立法干预的范畴内。

二、立法背景

在公司理性“出走”、自治失灵之时，以立法和司法承接住受欺压股东的利益底线是各国公司法的职责所在。各国普遍奉行“自治分配应在股东中心主义框架内展开”的理念，当控制或控股股东滥用职权或股权侵害其他股东利益时，各国都选择以法律的强制性规定筑起最后防线，为受欺压的其他股东提供裁判救济。综合而言，各国保障小股东分红权的法律手段可以概括为两类：一是直接在立法中规定公司应当至少给股东分配一定比例的股利；二是最大限度尊重公司自治，但保留司法介入的可能，在公司自治失灵时则提供裁判救济。

采用第一类强制公司直接进行现金分红方案的国家较少，不少国家考虑到利润分配办法的确定需要法律和会计交叉视角的支撑，而直接作出生效判决的法官既不是公司局内人，又欠缺足够的商业知识，难以厘定合理的方案，所以选择此路径的国家较少。我国有学者主张《证券法》应当因循此路线，强制上市公司分红，主要理由包括：一方面，公司法和证券法保护的是公司理性自治，自治异化并非保护范畴；另一方面，从成本效益视角看，在立法上确立强制分红规则的成本、效率及收益都远优于设立强制分红救济的裁判权。至于《证券法》是否适合设立强制分红的法条，本书不作讨论，但适用对象广泛的《公司法》需要考虑到中小公司的发展现实，直接限制股东的分红决策权恐不恰当。这也是目前学界的普遍共识。从我国立法实践分析，我国证监会、上海及深圳证交所都陆续出台多部规定，引导上市公司建立长期分红政策，中国证监会于2001年发布的原《上市公司新股发行管理办法》、2004年发布的《关于加强社会公众股股东权益保护的若干规定》、2008年修改的《关于修改上市公司现金分红若干规定的决定》及2012年出台的《关于进一步落实上市公司现金分红有关事项的通知》中都有相关条款鼓励上市公司积极给投资者以现金回报。但《证券法》规定本身却始终没有迈开强制分红的步伐,2019年11月证监会答复《关于上市公司的股份减持和分红挂钩的提案》,明确以分配为公司自治行为、公司发展规划各异等理由反对直接规定强制分红的做法。虽然有学者主张《证券法》作为公司法的特别法,应当突破分红决策权"瓶颈",但立法机关始终未予采纳,而《公司法》不应当要求公司直接进行利润分配已经基本成为理论界和实务界的共识。

第二种情况是当股东的利润分配请求权被侵害时,可以诉诸法院,法院结合实际情况考量是否应当要求公司必须分配。这也是适用范围最广的救济渠道,为多个国家采纳。以德国为例,德国立法所提供的司法救济包括以下几个层面:其一,盈余分配请求权被排除的股东可以对相关决议提出撤销之诉。德国《有限责任公司法》第29条明确股东对扣除公司亏损结转部分的年终盈余享有请求权,如果法律或公司章程禁止分配此部分利润,或公司作出将这部分利润投入生产,不向股东分配的决议时,股东有权对此决议提起撤销之诉。其二,当公司未召开会议分配盈余时,股权低于10%的股东有权提起给付之诉,请求召开会议。美国的解决办法与德国规定有相似之处,美国立法兼采事前协议和事后救济办法,同时对公司的利润分配进行规制。不过,作为一种预防性的机制,公司、股东之间只有在事前有约定的情况下才能援引事前协议救济,否则这一途径适用不能。① 事后救济则主要是指当控股股东以非法、压迫、欺诈等不公平的方式作出或即将作出压迫其他股东的决议时,其他股东可以向法院申请救济。英国、韩国、日本也有类似规定。

我国《公司法司法解释(四)》采取的就是第二种路径,将裁判救济作为最后红线,既有利于给公司的自治能力和理性程度以充分相信,又有利于维护股东的根本利益,实现公司法的价值。

---

① 参见邓峰等主编:《最高人民法院公司法解释(四)理解适用专题讲座》,中国法制出版社2018年版,第15~21页。

典型案例

A 公司与 B 公司强制利润分配案①

基本案情

原告 A 公司是被告 B 公司的股东,持股比例为 40%,被告的另一股东为 C,持股比例为 60%。原告诉称:C 作为被告的大股东,恶意操控被告,导致被告虽然有巨额利润,但拒不向原告分配。此外,C 还转移被告财产,侵害了原告的利润分配请求权。

审判

本案经甘肃省高级人民法院一审裁判,B 公司不服判决提出上诉,最终由最高人民法院作出判决。一审法院判决被告应当以"应分利润数额"为基数,按照原告 40% 的持股比例,向原告支付相应利润。二审法院虽然撤销了一审判决,但裁判思路不变,依然责令被告向原告支付 40% 的利润。

点评

本案作为《公司法司法解释(四)》出台后,《最高人民法院公报》发布的第一例援引第 15 条判决的案件,具有典型意义。本案中,一审法院委托专业机构对被告的财务状况和可分配利润进行审计,查明被告确有超 7000 万元未分配利润,二审法院虽然在盈余总额中扣除了一笔资金,但不影响被告具有可分配盈余的认定。此外,被告转移财产的行为符合控制(本案为控股)股东利用股权欺压其他股东的认定要件,事实上也造成了其他股东(原告)未获得利润分配的后果,符合《公司法司法解释(四)》第 15 条"滥用股东权利导致公司不分配利润"的认定。另外,本案也能够满足我们建议的立法修改认定。被告确有可分配的盈余,但控股股东拒不分配利润,还涉嫌转移财产,变相给控股股东分配,损害了原告利益,由此,司法应当向受侵害的股东提供救助。

禁止抽逃出资

公司成立后,除股权回购、减资等特殊情形外,不得向股东返还股本。

---

① 参见最高人民法院民事判决书,(2016)最高法民终 528 号。

公司违法或变相向股东分配利润，损害公司或股东利益的，依照违法利润分配的规定承担责任。

条文主旨

本条是对抽逃出资的认定及法律责任的规定。

要点提示

现行《公司法》第35条规定，公司成立后，股东不得抽逃出资。《公司法(修订草案)》及《公司法(修订草案二次审议稿)》在坚持这一规定的基础上有所创新。但需要认识到，规定的不明确、执行的不具可操作性仍未得到根本解决。《公司法司法解释(三)》第12条列举了几类抽逃出资的常见情形，试图以“损害公司权益”为核心，对其进行类型化规定。但相关表述本身依然存在同语反复问题，立法未能充分全面地呈现抽逃出资的全部要素。这一缺憾在司法裁判中也有所体现，虽然援引抽逃出资条款的案件数量较多，但判决集中存在两个问题：一是对抽逃出资的确定标准不一，有的案件采取较严格的认定尺度，有的则不然，“勤峰铁业案”[①]和“万晨投资案”[②]便是例证；二是法院通常将《公司法》第35条作为宣示性条款，不加以解释说明，实际上真正起到裁决规则作用的是《九民纪要》第5条规定。为解决第二个难题，《公司法(修订草案)》第52条[《公司法(修订草案二次审议稿)》第57条]规定股东具有返还出资义务，强化了作为公司管理层的董监高的赔偿责任。相比现行《公司法》和《公司法司法解释(三)》，该修订草案已经有所进步，不过遗憾的是，抽逃出资在分配体系中的定位困境与规则契合问题仍未得到解决。

从形式上来看，抽逃出资规则的表述存在主体错位。股东出资后，出资部分的资产属公司所有，为独立的法人财产。即使立法者考虑到股东和公司治理者高度重合的实践情况，也不应当忽视公司的独立人格以及董事会对公司独立财产的控制。因此，结合我国分配制度构造，抽逃出资的表述可以更换为“除股权

---

① 参见最高人民法院民事判决书，(2012)最高法民二终字第39号。

② 参见福建省高级人民法院民事判决书，(2015)闽民终字第1292号。

回购、减资等特殊情形外,公司不得向股东返还股本”。这样一来可以保留“抽逃出资”规定的实质精神,二来与分配架构中减资、股份回购、回赎等情形相契合;三来将股东抽逃的范围限定在其所缴纳的“股本”范围内,更能适应实践需求。

从实质上看,抽逃出资的标准不明,有学者提出以“侵蚀股本”和“抽逃数额为出资数额”的标准进行认定。但在实践中,股东抽逃的部分可能尚在公司应当向股东支付的利润范围里,此种情况则不满足前述标准的认定,由此产生的问题也超出抽逃出资制度的射程范围,不属于《公司法(修订草案)》第52条第2款、《公司法(修订草案二次审议稿)》第57条第2款规定的股东及管理层责任所能及。此外,实践中股东直接取回出资的情况相对较少,更多的是通过各类行为变相分配公司利润以获取股本。鉴于此,本书建议,在“不得非法返还股本”的条款后再设“不得违法和变相向股东分配利润”规定,一来这两种分配方式构成分配的完整范畴,能与公司法的分配体系相契合;二来能实现法律责任的协同,不仅能作为裁判依据,指导司法实践,更能在私法判断层面达到统一。

背景依据

一、立法沿革

作为公司资本三原则的重要体现,抽逃出资是资本维持原则和法定资本原则的次级规范,与公司资本有着密不可分的关系,长期以来都是我国立法重点规制的对象。为了进一步遏制股东抽逃出资,避免公司利益和资本市场环境受到破坏,我国专门对抽逃出资设立了严格的行政和刑事责任,《中华人民共和国刑法》第159条专条对虚假出资和抽逃出资进行规定,此条不仅规定了较大金额的罚金,对于情节严重的,甚至可以判处5年以下有期徒刑或拘役。可见,立法者捍卫公司资本、杜绝股东非法获取股本行为的决心之坚定。

但随着实践的发展和法律思想的进步,特别是随着公司资本制度改革的日益深化,这一立场逐渐有所松动。[①] 一方面,《公司法》第35条有关禁止抽逃出资的规定是法定资本制度的直接体现,立法体系中完整的禁止抽逃出资规范架构与法定资本

① 参见杨丹:《公司资本制度变革下抽逃出资“除罪化”的实证研究》,载《法商研究》2016年第3期。

制度所确立的严格的出资规范密不可分。而经过2005年、2013年等《公司法》的多番调整及理念的多次修改,2013年《公司法》正式引入认缴制,法定资本原则正慢慢退出历史舞台,①曾经非常严密的出资规范有所改变,不再能与禁止抽逃出资规范相辅相成,禁止抽逃出资规则也应随之变动和调整。

另一方面,理论界和实务界对资本维持原则的理解得以归正及深化,传统认知中的公司资本认定模式正向信用资产标准转化。正因如此,理论界围绕"是否应当保留抽逃出资规则"掀起了轰轰烈烈的讨论,虽然有不少学者考虑到"禁止返还资本"是"资本维持原则最本原的体现",主张保留,但也有诸多学者持反对意见,认为本次《公司法》修订正是废除禁止抽逃出资规则的完美契机。对于废除后的监管政策,学者们尚未形成统一观点,出资义务履行规则的解释机制、实际偿付能力检测法等办法均有提出。②

禁止抽逃出资规则的规范能力不足不仅在理论界引起了广泛讨论,也给司法实务造成了一定的阻碍。在司法裁判中,因为《公司法》第35条责任规范的缺失,法官往往只能援引《九民纪要》第5条隐含的"未完成减资不得回购股份"规定作出判决。同时,作为公司治理中的管理层,董事、监事和高级管理人员的忠实义务和勤勉义务被实务界进一步强调。因此,《公司法(修订草案)》第52条、《公司法(修订草案二次审议稿)》第57条依然坚持确立"禁止抽逃出资规范",并通过第2款用以强化其可操作性,以期能一定程度平息实践争端。

这是禁止抽逃出资规则形成和修改的大背景。必须要承认的是,一方面,抽逃出资规则的宣示力和效果已不如从前,确实需要对立法进行丰富甚至大改。而另一方面,即使出资规则已经变为全面认缴制,但股东的抽逃出资行为依旧存在甚至频发,偿债能力测试虽然具有较高的理论价值及实践潜力,但在我国公司法实践中并未普遍适用,单以此来规制抽逃出资难免会有所遗漏。基于这种双重困境,我们可以从立法技术上进行调整。首先,保留现行《公司法》第35条规定,将"禁止抽逃出资"表述替换为"不得向股东返还股本",以保留现有法条的精神内涵,又满足公司的独立人格和独立财产要求。其次,将"除股权回购、减资等特殊

① 参见冯果:《慎重对待"资本维持原则"的存废》,载《中国法律评论》2020年第3期。

② 参见王军:《抽逃出资规则及公司分配制度的系统性改造》,载《法学研究》2021年第5期。

情形”作为不得向股东支付股利的例外规定，以契合公司法的分配规范体系，避免误伤。最后，返还股本概念是指公司直接或间接将公司资产转移给股东，能为广义上的“分配”概念所吸收。鉴于此，本书建议在本条中引入“违法分配利润”和“变相向股东分配利润”情形。违法分配利润情形，是指《公司法》第166条规定的几类情形，防止股东未经股东或股东大会批准，或在公司未缴足法定公积金的情况下就获取股本，侵害公司利润。再配套以“变相向股东分配利润”情形，用以描述其他不合理的利润分配行为，补全利润分配体系，构成完整的分配范畴。[①] 此外，2021年《公司法（修订草案）》第207条［《公司法（修订草案二次审议稿）》第207条］就违法分配利润的情形对股东和管理层进行了责任规定，可以完善对抽逃出资各类情形的有效规范，有助于增强法条的实践性。

二、立法背景

放眼目前世界各国的公司法规范体系可知，无论是理论界还是实务界，都普遍认同公司不得非法返还资本理念，奉行资本维持规范的国家或地区占多数。大多数国家都是将这一理念视为公司法运行的指导性规范，虽未成文化但确实能在司法运行中起指导作用。以英国为例，英国关于公司法的规定中从未有条款直接明确“股东不得抽逃已经缴纳给公司的资本”，但早在19世纪末，英国判例中就已经提到“已缴资本不得非法返还”。

目前仅有德国将禁止抽逃出资理念落实为制定法上的具体规则，德国《股份公司法》第57条规定，“出资不得返还给股东”；德国《有限责任公司法》第30条也有此规定，明确“用于维持股本所需的公司资产不得支付给股东”。

再考察德国的规定可以发现，虽然其法条内涵与我国《公司法》第35条规范几乎一致，却是从不同的视角切入的。相比于我国强调股东不得抽逃出资，德国立法更重视公司的主体独立性，要求公司不得向股东返还股本。[②] 德国立法背后的思路与本书主张更换我国《公司法》第35条主体的思路一致，都认为，公司具有独立人格，公司成立后，股东支付给公司的股本属于公司所有。

---

① 参见林一英等：《公司法修订的立法选择笔谈》，载《政法论坛》2022年第4期。

② 王萍：《公司抽逃出资法律问题研究——以德国法为主要参考系》，载《德国研究》2016年第4期。

典型案例

A公司与B公司公司增资纠纷案[①]

基本案情

原告A公司共有3位股东,被告B公司与原告公司的3位股东达成增资合意,约定被告向原告增资2亿元,获得原告40%的股权,其中2000万元进入原告注册资本,1.8亿元进入资本公积金。被告按照约定,支付了2000万元注册资本金及3000万元资本公积金,后又支付1.5亿元资本公积金。后被告与原告签订《资金往来框架协议》,将1.5亿元资本公积金转至其他公司,被告辩称此部分资本公积金转化为债权,仍归原告所有,不构成抽逃出资。

审判

本案经江苏省高级人民法院一审裁判,认定被告仅以《资金往来框架协议》就转出已经缴纳的资本公积金,属于在无合法正当理由情形下取回已投入资本公积金,符合《公司法》规定的抽逃出资行为的构成要件,应当将1.5亿元返还给原告。后被告不服一审判决,上诉至最高人民法院,最高人民法院维持原判。

点评

本案中,一审和二审法院都认定被告行为构成抽逃出资,但对其行为认定依据的阐述过程则围绕《公司法》第180条有关公积金用途的相关规定展开。最高人民法院判决被告返还转出股本的依据也是《公司法》第168条和原《合同法》第60条(现《民法典》第509条)。可见,虽然《公司法》第35条明确规定禁止抽逃出资,但因责任惩罚机制的缺乏,导致其仅作为宣示性法条,无法在法庭审判中成为认定和裁判依据。

从主体上看,法院均认可被告按照约定向原告交付出资的财产属于原告所有,被告对此不再具有支配权。这一审判视角强调公司的主体性和独立性,与《公司法》第35条强调股东主体性的切入点不同,更具有现实意义和裁判价值。

从行为认定来看,本案被告通过签订《资金往来框架协议》和《债权转让协议》非法获得股本,不属于《公司法司法解释(三)》第12条列明的几种抽逃情形。但这一

---

① 参见最高人民法院民事判决书,(2018)最高法民终393号。

行为可以为分配体系所涵盖，能够被认定为“变相分配利润”。被告作为原告的股东之一，可以按照《公司法(修订草案)》第208条[《公司法(修订草案二次审议稿)》第208条]股东返还责任的约束进行判决，这样则更简洁全面。

股权回购

公司不得收购本公司股份。但是，有下列情形之一的除外：

(一)减少公司注册资本；

(二)与持有本公司股份的其他公司合并；

(三)将股份用于员工持股计划或者股权激励；

(四)股东因对股东会作出的公司合并、分立决议持异议，要求公司收购其股份；

(五)将股东用于转换上市公司发行的可转换为股票的公司债券；

(六)上市公司为维护公司价值及股东权益所必需；

(七)公司与投资方订立对赌协议，投资方请求公司回购股权的。

公司依照本条第一款规定收购本公司股份后，属于第一项情形的，应当自收购之日起十日内注销；属于第二项、第四项情形的，应当在六个月内转让或者注销；属于第三项、第五项、第六项情形的，公司合计持有的本公司股份数不得超过本公司已发行股份总数的百分之十，并应当在三年内转让或者注销。

公司收购时，董事在回购环节出具偿债能力声明，给债权人造成损害的，董事应当承担赔偿责任；属于非减资型回购的，回购行为不得侵蚀股本。

条文主旨

本条是对公司收购本公司股份的例外情形及其程序要求的规定。

要点提示

《公司法(修订草案)》和《公司法(修订草案二次审议稿)》对2018年《公司法》第142条仅作出细微调整,总体变动不大。第142条规定公司不得收购本公司股份,但对六种情形作了特殊规定。而近年来,在公司经营板块,特别是在私募创投领域,对赌已经明显具有泛化的趋势,[①]从“海富案”到“华工案”,司法实践对对赌协议的认知在不断深化,态度也在不断转变。2019年11月,最高人民法院出台《九民纪要》,其第5条在《公司法》第142条创设的六类特殊情形之外再设例外,肯定了对赌协议效力,但在法条中却暗含“非减资不得回购”的规定,将矛头从效力认定转到了股份回购规范上,但由此引发的新矛盾也十分复杂。

一方面,《九民纪要》第5条与减资和回购间的逻辑关系相悖。结合《公司法》第142条条文和资本维持制度分析,例外规定的六种情形是减资的合法原因,即回购本身只是减资的法律手段之一,并非绝对的因果关系,如有需要,可以先回购,再减资。[②] 而按照《九民纪要》规定,如果目标公司实质上没有完成减资程序,那么投资方以回购型对赌协议起诉的,人民法院应当驳回。另一方面,减资程序前置意味着公司的注册资本已经减少,且登记手续已经完成,与减少股本所对应的财产已经返还给丧失股份的股东。此时,投资方退出公司的目标已经完成,无须,也不存在需要向法院提起诉讼请求回购的股份。

由此,本书建议本次《公司法》修订,应当对对赌型回购进行规制,立法至少要在两点上下功夫:一是破解《九民纪要》中回购型对赌的效力规定与《公司法》严格规定的股份回购的六种例外情形间的冲突。为此,本书建议将对赌型回购引入到股份回购的法定规范中,在《公司法(修订草案)》第173条和《公司法(修订草案二次审议稿)》第162条的六种法定情形之外再增设对赌型,将其增列为法定除外情形。二是解绑对赌协议的回购程序和减资程序,[③]删除暗含的“非减资不得回购”之规定。

另外,对债权人保护和股本保护的关系平衡也应引起《公司法》修订之重视。历年的公司法修订逐渐放松甚至取消了公司的资金来源限制,却始终未提出合理、有效

---

① 参见盛学军、吴飞飞:《“中国式对赌”:异化与归正——基于契约法与组织法的双重考察》,载《证券法苑》2020年第2期。

② 参见赵旭东:《第三种投资:对赌协议的立法回应与制度创新》,载《东方法学》2022年第4期。

③ 参见张保华:《对赌协议下股份回购义务可履行性的判定》,载《环球法律评论》2021年第1期。

的替代性安排，这一法律漏洞逐渐催生出机会主义。在实践中，2019 年 10 月，三泰控股（002312）在没有盈余的情况下，就宣布用自筹资金来回购股份，并将其用于股权激励计划或员工持股计划。法定股权回购的类型可以依其目的简要区分为两类：一类是减资型回购，除《公司法》第 142 条第 1 款所明确规定的以减少公司注册资本为目的而实施的回购行为以外，还包括按照其他法定情形收购但是未及时转让，也未办理减资及登记手续的情况。另一类则是非减资型回购，指公司将转让收购的股份。这两类收购行为的目的不同，潜在的危害也不同，需要采取不同的保护手段。

对于第一类减资型回购，按照现有规定，公司需要在完成回购流程之后再履行减资程序并按照规定通知债权人，那时债权人面对的是公司已经向股东返还资本的既定事实，债权人利益难以得到保护。对此，本书建议吸收深交所、沪交所发布的上市公司股份回购实施细则的相关规定，在回购环节引入偿债能力测试，要求董事发布偿债能力声明，给债权人造成损失的，由董事承担赔偿责任。

对于第二类非减资型回购，考虑到实践中公司的债务状态复杂多样，回购行为并不一定损害偿债能力。在这种情况下，虽然董事作出的偿债能力声明真实有效，但公司资金结构亦发生变化，容易对第三人造成误导。为此，本书建议在同时吸收第一类减资型回购的办法外，还额外作出“不得侵蚀股本”之规定，保证公司注册资本真实、合法、有效，以此维护交易安全。

背景依据

一、制度变迁

股份回购制度在创设之初就实行严格的立法手段，1993 年立法规定的股份回购的法定例外情形仅有两类，分别是减少注册资本和与和持有本公司股份的其他公司合并，这一立法政策在之后的两次修法中得到巩固和保留。直到 2005 年 10 月，《公司法》再度迎来修改契机，法定例外情形有所增设，除原有两类规定外，还新纳入“将股份奖励给本公司职工”的规定，异议股东回购请求权也首次以立法的形式被明确。此外，2005 年《公司法》还有一个重大突破，从公司持续经营的视野出发，立法人员首度引入资金来源限制，规定“用于收购的资金应当从公司的税后利润中支出”。虽然这一规定仅适用于“为奖励本公司职工而收购股份”的情形，背后逻辑在于“为奖励本公司职工而收购股份属于公司经营计划的组成部分，不应当影响公司的正常经营”,但这一例外情形的导入在客观上丰富了股份回购的运用场景,提高了公司的自治权,一定程度上增强了市场活力。

2018 年,我国资本市场发展已形成规模,金融行业处于蓬勃发展态势,实践呼唤着更大的公司自主权。在此背景下,资金来源限制规定在 2018 年的《公司法》修订中被删除,当时《公司法修正案(草案)》对此作出说明“这是根据实际情况和需要”而作出的修改。不过,这一修改并非众望所归,在立法机关内部也存在一定争议,资金来源限制规定是否应当保留,应当怎么保留,在理论界引起讨论。

2019 年,沪交所和深交所分别发布上市公司股份回购实施细则,在第二章回购实施的一般规定中,对资金来源进行了列举,不过却统一规定了所有“其他合法资金”均可用于回购股份,导致资金来源限制范围被极大程度地扩张,失去了实质规制意义。

在资金来源限制在公司法系列规定中频繁碰壁的同时,对赌协议逐渐出现在人们的视野中。2012 年,最高人民法院对“海富案”作出判决,判处对赌协议无效,这被业内冠以“对赌第一案”之称,彰显了最高人民法院全面否定对赌协议效力的立场,这在实务界引起巨大反响。作为投融资行业的常青树,对赌协议普遍见于各类创投之中,甚至出现“十投九赌”之状。随着经济的发展以及对赌行为的泛化和闭环化,最高人民法院对此也逐渐宽松。2019 年 4 月,江苏省高级人民法院在“华工案”中肯认对赌协议效力,同年 11 月,最高人民法院在《九民纪要》第 5 条认可对赌协议的法律效力。从对赌协议出现在法律视野中,再到其效力被承认,围绕其所进行的法律讨论与公司股份回购规则有着千丝万缕的关系,相关讨论在《九民纪要》出台后再达高峰。《九民纪要》第 5 条第 2 款规定,“目标公司未完成减资程序的,人民法院应当驳回其诉讼请求”,这暗含着“非减资不得对赌”的潜台词。这一条款在理论界和实务界都备受质疑,修正回购型对赌的效力规定已经迫在眉睫。

二、立法背景

《九民纪要》第 5 条虽短暂驱散了效力认定的“迷雾”,捆绑回购和减资的做法却造成了更复杂的理论背景。例如,公司法人和财产的独立性被侵蚀。在实践中,对赌协议指向的目标公司往往存在封锁性较强的问题,股份所有与公司治理紧密结合,股东和公司资本资产的关系复杂化。特别是当投资方为公司控股股东时,容易滋生股东财产和公司资产混同的风险,这会损害公司的独立人格,使公司的独立财产受损。

回购型对赌立法规定所滋生的诸多问题在理论界已有颇多讨论。结合资本维持原则和《公司法》所确立的股份回购体系可知,在某种意义上,立法者也是不得已而为之。《公司法》第142条严格规定了股份回购的六种法定例外情形,第2款至第6款都作出了严格限制,只有第1款关于减资的规定尚且能容对赌协议存留。为了不与公司法现有法条发生冲突,对赌被纳入减资的情形之一。不过,如果是基于此考虑,为何在本次修订中,《公司法(修订草案二次审议稿)》第162条依旧没有进行相应调整,是否背后还有其他顾虑?基于此,本书建议,在股权回购的例外情形中纳入"回购型对赌",删除"对赌必须完成减资程序"的隐藏规定,使回购型对赌与股份回购体系契合,增强其现实适用性。

在一般情况下,公司收购自己的股份可以区别为两种情况:一是注销回购的股份,这与减资行为带来的实际效果相同,此时,回购为因,减资为果;二是公司只是暂时持有收购的股份,最终会将收购的股份转让。第二种情况并不会产生减资的效果,但在股份未转出的状态下,这部分股被称为库存股,并不能视为公司的真实资产,①反而意味着公司资产的减少。所以,在资本维持视野下,无论是哪一种类型的回购,都意味着公司资产流向股东。由此,为捍卫公司资本,维护债权人利益,对回购的资金施以财源限制是划定公司自主回购底线所不可缺少的手段。但随着市场的发展,金融交易运转得更加迅速,公司亟须广泛自主权用以扩张,以股份回购的第6项例外情形为例,当上市公司为维护公司价值及股东权益而展开护盘式回购时,往往是基于特定的交易时机而快速进行的交易行为。在这些情况下,公司希望对开展交易的时机有绝对的发言权,但囿于资本分散,要在绝对遵守财源限制规定下把握市场转向恐有一定困难。基于这种现实情况,为促进我国金融发展,立法者授予了公司极大的自主权,借《公司法》修法之际,直接从法律中删除了财源限制的相关规定。

这确实促进最大限度地赋予了公司自主权,却滋生出另一个问题。需要认识到的是,财源限制深受资本维持原则的影响,取消财源限制规定后,就事实上意味着公司向股东返还资本的闸门打开,可能会损害债权人的利益,甚至侵蚀公司股本。基于这种两难的状况,有学者提出引入偿债能力测试规范,以期弥补债权人保护的法律不

---

① 参见刘燕:《"对赌协议"的裁判路径及政策选择——基于PE/VC与公司对赌场景的分析》,载《法学研究》2020年第2期。

足。偿债能力测试又称为债务清偿能力测试，包括衡平测试、资产负债表测试以及资本充足测试，[①]核心围绕公司资产和债务间的匹配能力展开，力求确保公司的分配行为不突破债权安全的底线，能有效保障公司的持续经营能力。此外，偿债能力测试的引入不仅切中债权人的核心关切，增添了债权人保护的实操性，还有助于完善董事追责机制，实现董事权利、义务及责任的统一。[②] 从金融实践来看，偿债能力测试本质上并非对公司资金发展的"绝对现实判断"，在某种意义上，可以将其理解为基于公司现状，对公司资金流和发展状况作出的"预期"。[③] 在实践中，偿债能力声明由董事出具，董事需要全面审核公司基础信息，充分展开讨论，最终保证回购行为不会损害公司的偿债能力，也不会影响公司持续经营的能力，本质是董事为回购行为"背书"的体现。鉴于此，当回购给公司债权人利益造成损害时，董事需要因此份声明而承担赔偿责任。这是债权人合法利益维护层面的需求，也是资本市场诚信要求所导向。

还需要认识到，非减资型回购除可能会损害债权人利益外，还可能滋生股本侵蚀之危害。在实践中，公司的债务结构及组合纷繁复杂，公司回购本公司股份并非一定会损害债务偿还能力。在这种情况下，如果公司以减资为目的回购股份，那么在完成回购后会按照要求办理登记手续，此时公司操作符合程序规定，于表于里皆正当。但当公司回购为非减资型时，情况则更复杂。当公司所欠外债较少，能够通过偿债能力测试时，此时没有别的规定可以对公司用以收购股份的财产来源进行有效限制，这就意味着公司流向股东的财产实际上可以源于公司的任何资产，甚至包括股本。推衍至极致，如果公司用股本收购，而基于公司所欠外债较少，甚至为零的债务状况，那么则能够通过偿债能力测试，此时公司注册资本实质减少，却没有办理登记手续，极有可能会给与公司交易的第三人造成误导，导致交易混乱。由此，对减资型回购，还得再作出"不得侵蚀股本"之规定，加强对回购股份行为的合法性判断。

三、立法趋势

作为重要的分配方式，股份回购在世界各国的金融实践中发生的频率越来越高，

---

① 参见朱慈蕴、皮正德：《公司资本制度的后端改革与偿债能力测试的借鉴》，载《法学研究》2021 年第 1 期。

② 参见皮正德：《公司股份回购的规制探讨》，载《东北大学学报（社会科学版）》2022 年第 2 期。

③ 参见朱慈蕴：《中国公司资本制度体系化再造之思考》，载《法律科学（西北政法大学学报）》2021 年第 3 期。

各国的回购制度规范也愈发成熟。从总体趋势来看,从禁止到部分开放,直至现在的全面放开,各国对股份回购的约束越来越少,法律允许的范围越来越大。英国、日本及美国部分州更多的是从回购过程入手,通过对回购的资金来源进行规范以平衡各方利益。以美国《特拉华州公司法》为例,从概念上理解,《特拉华州公司法》将公司收购本司股份的行为定义为"股份回赎",与我国股份回购制度本质极为相似。但不同的是,美国立法探讨的是公司根据合约或章程规定,有赎回股东所持有股份的义务。美国《特拉华州公司法》肯认资本维持原则的重要价值,将回购制度和资本维持理念挂钩,直接规定回购行为不得损害公司资本,需要特别说明的是,此处的"资本"特指公司"股本",与本书主张的"不得侵蚀股本"理念有相同之处。这一理念让立法将重心放到回购股份的资金审核上,《特拉华州公司法》第154条和第160条规定,公司只能用"溢余"和"资本剩余"资金,也即只能用超过注册资本的净资产部分来收购本司股份。唯一例外情况就是减资型收购,此时公司才能够用资本来回购股份。除了特拉华州外,美国大部分州都摒弃了资本维持原则,转而采用"双重清偿能力测试",《修订示范商业公司法》便是例证。日本对股份回购制度的认知发展也经历了漫长的过程,在刺激经济的要求下,20世纪90年代,日本便开始逐步放宽股份回购的要求。2001年,日本彻底扭转了"原则上禁止回购,特殊情况下例外"的态度,删除了股份回购的限制规定,财源限制也不断放宽,可以用于回购股份的资金范围被不断扩大,最终被立法确定为"可分配利润"。可见,虽然股份回购的限制被层层剥去,但世界各国都仍然重视对公司股本及债权人利益的保护,虽然采取的限制规定及衡量手段不同,但保护立场始终未曾改变。

典型案例

A公司与B公司股份回购案[①]

基本案情

A公司(原告)与B公司(被告)签订《增资扩股协议》,约定原告以2200万元现金对被告增资,其中200万元作为注册资本,2000万元列为资本公积金。同时,

---

① 参见江苏省高级人民法院民事判决书,(2019)苏民再62号。

原告、被告与被告原有其他股东签订《补充协议》,约定如果被告于2014年12月31日前未完成相关约定,那么原告有权要求被告回购原告所持有的被告全部股份。

审判

原告对被告的投资转化为股权和资本公积金,属于被告财产。根据原告、被告签订的《补充协议》,结合被告未完成协议规定的事实,原告可以转化为被告的债权人。另外,公司法股份回购法定例外规定了股份公司可以通过减资程序回购本公司股份,被告应当依照此规定回购原告所持有的被告股份,并完成减资手续、办理登记。这一裁判意见与最高人民法院公报案例的"海富案"裁判相悖,但最终为最高人民法院所支持,在《九民纪要》第5条体现出来。

点评

江苏省高级人民法院进行了详细的裁判说理,分析可知,这实质上体现了法院认可回购型对赌协议有效的两个重要前提,分别是不违反"资本维持"原则和"不侵害债权人利益"。在本案中,法院从多维视角切入,对被告的状况进行综合分析权衡:从回购资金来源看,法院认为被告近些年持续盈利,经营状况良好,可以用"盈余利润"来回购原告所持有的被告股份,不会损害公司股本和债权人利益;从回购程序来看,《补充协议》约定了被告支付的回购款会扣除原告已经获取的分红款部分,避免原告基于股东、债权人身份双重获益,不存在抽逃出资的可能性;从回购金额来看,被告最终支付的股权回购款体现出回报率为8%,属于公司正常融资范围。

综合上述因素,原告、被告间签订的补充协议符合公司法资本维持理念,没有侵害被告债权人利益。另外,法院判决被告退出时履行减资程序,除基于原被告签订的补充协议约定的考量外,还受到公司法法定回购例外体系中,只有减资规则能作扩充解释,容纳回购型对赌协议的影响。本案的出现是顺应投资实践中对赌条款大量运用的结果,最高人民法院曾筑起的"海富案"高墙已经被实践冲击,出现了层层"裂痕"。但万变不离其宗,无论对赌协议的走势如何,债权人利益保护、公司持续经营及公司股本维护都是股份回购的宗旨所向。

减资中债权人利益保护

公司减少注册资本，必须编制资产负债表及财产清单。

公司应当自股东会作出减少注册资本决议之日起十日内通知债权人，并于三十日内在报纸上和统一的企业信息公示系统公告。债权人自接到通知之日起三十日内，未接到通知的自公告之日起四十五日内，有权要求公司清偿债务或者提供相应的担保。

公司未及时通知债权人，或未清偿债务或未提供相应担保仍然减资的，公司应当承担赔偿责任，股东在收到的退还资金并加算银行同期存款利息的范围内向债权人承担补充赔偿责任。

条文主旨

本条是在公司减资时，保障债权人知情权、债权及侵害债权人利益时公司及股东承担责任的方式和范围的规定。

要点提示

《公司法》第177条规定公司减资时，应当于作出减资决议之日起10日内通知债权人，同时还需要在30日内在报纸公告，债权人也有权要求公司清偿债务或提供相应担保。这是《公司法》为保护债权人利益而设立的特别条款，但遗憾的是，2018年修订的《公司法》虽然重视减资导致公司注册资本减少，极有可能会产生侵害债权人利益的后果，却没有规定相应的责任条款，导致司法实践在援引此条款时就相应的配套规定的理解适用及公司应承担的责任有所争议。《公司法（修订草案）》聚焦实务痛点，在“减资”一章新设第222条规定，专门设立了减资规则的责任条款，明确公司违法减资时股东应当承担退还义务，补全了减资规范体系。

《公司法（修订草案二次审议稿）》第222条与《公司法（修订草案）》相比更进一步，免除了股东加算银行同期存款利息的要求，充分吸收“违法减资应当恢复原状”

的观点。虽然能够有效地实现最大限度地维护债权人利益的愿景,但却滋生出新问题。一是成本效益的性价比相对较低。按照《公司法(修订草案二次审议稿)》第222条的规定可知,只要公司减资时未履行告知义务,股东就应当退还资金。而实务中公司减资的原因多样,包括调整股权比例、公司分立等。二是公司的债权构成复杂,不少公司对外所欠的债务并非都涉及较大数额。那么按照《公司法(修订草案二次审议稿)》的规定,一旦公司在没有向债权人履行或没有充分履行告知义务的情况下减少注册资本,无论公司是基于什么原因减少了多少注册资本,也无论此时公司的偿债能力是否受到影响,股东都应当无条件将收到的资金退还公司。这一规定所产生的成本显然过高。

防止公司在减资过程中侵害债权人利益不能以损害公司自治权为代价。公司内部能依靠自己及股东意志形成决议,且决议能有效履行是公司经营、发展的前提,即使是债权人,也因其第三人身份无法当然阻碍公司履行决议。本书建议,在减资决议的履行上,公司作出减资决议后,未及时通知债权人或者未按照债权人要求清偿债务或提供担保,但依然完成减资的,公司的减资行为有效。股东不需要因此就当然无条件地返还收到的全部资金。

回归债权保护视角可知,防止公司减资损害债权人利益的根本原因是避免公司资本不当流向股东,导致公司资产甚至资本降低,最终无力偿还债务。为此,可以借鉴《民法典》"合同编"和《公司法》的规定,采用双重责任路径。对债权人造成损害的,由公司承担赔偿责任,股东在收到的退还资金本金并加算银行同期存款利益的范围内向债权人承担补充赔偿责任。此外,在通知债权人的方式上,公司在作出减资决议后,除了应当在10日内告知债权人外,还应当同时在报纸上和在统一的企业信息公示系统上公告。两种公示途径并非任择其一适用的选择机制,而是应当同时采用的并列机制。如此,方能及时且全面地通知债权人,且这一方式的成本较低,在公司可以承担的范围内。

背景依据

一、理论依据

公司减资的程序可以简要划分成两个步骤,分别是:公司作出减资决议和公司履行决议内容。需要认识到,公司减资决议本身的效力与减资行为的效力是两个命题,前者受《公司法》第22条调整，只要召开会议的程序正当、作出的减资决议本身符合法律及章程规定，那么决议有效，公司应当按此决议执行，即债权人无权介入公司减资决议的形成过程中，这属于公司自治范畴。

关于减资行为，这一环节涉及公司在事实上减少注册资本，完成变更登记手续，与债权人的利益密切关联。无论是实务界，还是理论界，对减资行为的探讨尚未达成统一意见，目前的争鸣主要包括两个层面：第一个层面是获得债权人同意是否为公司减资行为有效的必须要件。

支持者主要是从交易基础变化的视野出发，认为减资属于公司发生重大变化，应当首先保证不影响债务清偿能力，再行减资。[①] 具体阐述为：公司的注册资本需要登记公示，属于债权人与公司交易时的评估部分之一。无论公司出于何种原因而选择减少注册资本，最终都产生了公司资本减少的实际后果。此时对债权人而言，交易基础改变，形势于债权人不利，那么当债权人提出异议时，公司应当满足其要求再行减资。换言之，如果公司是出于经营管理之需要而减资，那就意味着公司的偿债能力并没有因减资行为而有所降低，此时即便债权人要求公司提前偿债或者提供担保，公司也有能力满足债权人的要求，并不影响最终完成减资行为。由此，支持者认为，在减资变更登记时，公司不仅要出示公司决议，还需要出示债权人公告的无异议证明，只有同时提交上述两项材料的，才能完成减资程序。

反对者则主张，异议当然是债权人的权利，但债权人提出的异议请求只是公司保护债权人利益的解决途径之一，并不应当成为法律预设的规定动作，在性质上更不构成异议制度，无权阻止决议的履行。此外，债权人于公司而言是第三人，本就无权阻止公司内部自治所确定的决议履行。《公司法》立法的目的是通过对减资程序设置约束来保护债权人的利益，但这不应当成为债权人介入公司治理及决策的理由，更何况这种干预本身就可能会对债权的实现起反面效果。

本书认为，债权人对公司自治事项的介入权应当被限缩，而不应被以此为理由扩大。保护债权人利益是《公司法》的立法所向，但促进公司长远发展、维护公司良善经营体系更是《公司法》的立法根基，二者并不相冲突。保证公司能够履行其合法、合章

---

① 刘春梅等：《公司法第一百七十七条之理解与适用：决议减资与债权人保护》，载《人民司法（应用）》2017年第16期。

程的决议并不意味着对债权人利益的放弃。归根结底,债权人利益所系是公司资本,只要明确责任体系,保证公司资本流出也不侵蚀债权人利益即可平衡自治权和债权。

第二个层面的讨论围绕责任的分配机制展开。现行《公司法》立法对公司及股东、董事的责任约束机制空白,在司法实践中,法官只能援引合同法及公司法其他规定进行裁判。2021 年《公司法(修订草案)》认识到此问题,专门设立第 222 条明确责任机制,规定股东应当承担"退还义务"。不过,《公司法(修订草案)》的规定与其理解为是一种责任机制,不如解读为是围绕公司"违法减资"所确定的弥补后果。对《公司法(修订草案二次审议稿)》立法进行文本解读可知,一旦公司在减资时违反《公司法》规定,无论其是否损害了债权人利益,也无论其减资后的资产能否向债权人清偿债务,股东都应当退还自己收到的所有资金。这是最大限度保护债权人利益的体现,立法对公司施加的义务相对较严苛。

本书认为,立法过分倾向于维护债权人的利益,虽然能起到很好的保护效果,但不得不承认其伴随的代价之高昂。如前所述,要达到保护债权人的目的,只要保证公司在其减资前所拥有的资产范围内对债权承担责任即可。《公司法》第 220 条的触发要件是:公司作出减资决议后,没有遵守前款规定(包括没有告知或怠于告知债权人减资决议;债权人申请债权加速到期或要求公司提供担保,但公司未予置评),却依然完成减资程序。此种情况下,可以采纳双重责任机制以确保债权的完成。第一,债权人可以要求公司承担赔偿责任,履行清偿义务。理由在于:首先,债权债务关系是在公司和债权人之间产生,指向的债务人是公司;其次,公司具有独立人格,减资行为属于法律所许可的公司经营行为,系公司作出,产生的系列后果也应当由公司承担;最后,减资虽然是公司内部决议,属于自治行为。但在客观上存在侵害债权人利益的可能,所以债权人有知情权,而如果公司未保证债权人的知情权,或未按照债权人要求保障债权的履行时,公司存在一定的过错,因此公司需要承担债务范围内的赔偿责任。第二,当公司难以清偿债务时,股东应当在收到的退还资金的范围内向债权人承担补充赔偿责任。在此种情况下,减资行为事实上侵害了第三人利益,股东应当承担补充责任。① 这不仅是因为立法明确将作出减资决议的对象限定为股东会;更

---

① 参见肖雄:《股东自己责任抑或替代责任?——以"德力西案"与"十三冶案"为切入点》,载《安徽大学学报(哲学社会科学版)》2019 年第 6 期。

是由于当减资已经损害了公司偿债能力,但股东会依然决议将公司资本不当流向股东时,应当刺破公司人格面纱,保障第三人权利不受侵害。

二、背景考察

域外立法对公司减资中债权人利益的保护方式选择了几种不同的路径,这几类路径的保护思路与我国学术界形成的几类思路有相似之处。英国法采用严格规定制度,规定违规减资行为无效。① 在英国立法中,减资有两种方式,一类是法院批准,此种方式适用于所有拥有股份的有限公司,由法院裁定公司是否可以减资,如裁决过程中遇债权人反对,除非债权已被清偿或获担保,否则法院不允许公司减资;另一类仅适用于私人公司,指由公司发布偿债能力声明。无论是仅靠法院裁定还是仅将偿债能力测试作为考量依据,都可以发现这与我国司法实践和公司法体系并不兼容,因此排除。

美国的立法规定与我们主张的构建双重责任机制类似。美国立法对公司减资的规定较为宽松,虽然为减资设定了相关要件,但即使公司的减资行为不符合这些法定要件,减资行为的效力也不受影响。然而,立法对董事科以严格的责任限制,如果债权人利益不能得到保障,董事应当承担赔偿责任。本书提出的立法建议中,虽然责任方不在董事,而本质也是要求减资决议的作出者,即股东承担补充赔偿责任,与公司的清偿责任相补充,以此保障债权的落实。

典型案例

A 公司与 B 公司减资纠纷案②

基本案情

原告 A 公司于 2011 年与被告 B 公司签订一份买卖合同,约定原告向被告提供若干设备,被告支付原告 111 万元货款。原告按约定交付了全部设备后,被告向原告支付了 33.3 万元,剩余 77.7 万元未结清。2012 年,被告经股东会决议减少公司注册

---

① 参见余斌:《公司未通知债权人减资效力研究——基于 50 个案例的实证分析》,载《政治与法律》2018 年第 3 期。

② 参见上海市第二中级人民法院民事判决书,(2016)沪 02 民终 10330 号。

资本1.9亿元,被告未通知原告,也未提前向原告清偿债务或提供担保,仅在《江苏经济报》发布减资公告,并完成减资手续。减资后,被告原控股股东冯某不再具备股东资格。基于此,原告以被告、被告控股股东C公司、退出股东冯某为共同被告,请求判令被告支付剩余货款,判令C公司和冯某在减资的1.9亿元范围内对原告的剩余货款承担补充赔偿责任。

审判

本案经过两次审理。一审法院认为,原被告间债权债务关系成立,被告减资时未履行通知义务就完成减资程序,且减资产生了被告原有股东冯某退出公司的后果,公司和冯某都应当承担责任。一审法院判令被告在判决生效之日起10日内向原告支付剩余货款;判令冯某在减资的1.9亿元范围内对原告的债权承担补充赔偿责任;驳回原告诉请被告C公司承担补充赔偿责任的诉请。判决作出后,原告不服,提出上诉。二审法院认为,按照公司法规定,被告减资应当直接通知原告,在被告明知原告联系方式的情况下,不得以公告形式代替直接通知义务。被告公司股东应当尽到合理义务但未尽到,这一情形与股东违法抽逃出资导致债权人利益受损的本质相同,因此,可参照适用该规定来加以认定。综上,二审法院撤销一审法院作出的C公司不承担补充赔偿责任的判决,判令C公司在减资1.9亿元范围内对原告债权承担补充赔偿责任,维持一审其他裁判。

点评

公司减资时告知债权人是保障债权人利益的重要程序之一,现行《公司法》将直接通知和在报纸上公告两种方式并列,共同作为保障债权人知情权的手段。在实践中,有不少公司将此并列规定视为选择规定,仅以报纸公告的方式告知债权人而不履行直接通知义务,更有甚者在"报纸"级别和影响区域上做文章,以此规避告知义务。但司法裁判向来否定这种小把戏,无论是"浙江海特包装彩印公司案"[①]还是"江苏远洋运输公司案",[②]法院都会将公司是否将减资情况专门告知债权人作为裁判考量依据。从法律后果来看,公司违反通知义务虽然侵害了债权人利益,但并不一定导致债

① 参见广东省深圳市中级人民法院民事判决书,(2012)深中法商终字第2037号。

② 参见最高人民法院民事判决书,(2012)最高法民提字第25号。

权人的债权丧失,债权人有法定救济途径,追偿权不受影响。[①] 在本案中,二审法院认为,被告未充分履行告知义务的行为让原告丧失了要求被告清偿债务或提供担保的权利。这一阐述有待商榷,现行《公司法》第 177 条第 2 款是对债权人救济权行使途径的明确,而非救济权的唯一成立要件,债权人的救济权只会因公司的违法行为而被临时阻却,但并不因此就当然丧失。本案的后续裁判走向也印证了此观点。

作为第一责任人和独立法人,公司理所当然对债务承担责任,但从另一角度出发,公司减资时股东会决议的结果,根本上是由股东意志所决定。当公司清偿不能时,可以刺破公司独立人格之面纱,要求减资决议的实际参与者和作出人,即股东,在减资数额内对公司债务所不能清偿的部分承担补充赔偿责任。

简易减资规定

公司依照本法规定方式弥补亏损后,仍有亏损的,可以进行简易减资,但不得向股东进行分配,也不得改变原有股东的持股比例和免除股东缴纳股款的义务。简易减资不受前款规定第二款约束,但应当在报纸上和统一的企业信息公示系统上公告。

公司简易减资后,在法定公积金累计额超过公司注册资本前,不得分配利润。

条文主旨

本条是对公司就亏损部分进行简易减资的规定。

要点提示

现行《公司法》第 177 条的减资条款未结合减资类型进行区别规定,对所有减资都一律实施严格的程序约束。但形式减资通常发生于公司经营严重亏损的时期,不

① 参见薛波:《公司减资违反通知义务时股东的赔偿责任——〈最高人民法院公报〉载“德力西案”评释》,载《北方法学》2019 年第 3 期。

会导致公司资本流出，此时如仍采用一样的标准，难免会导致公司因惧怕程序烦琐而放弃减资，反而会造成资本不实，更不利于债权人及交易第三方的利益维护。

由此，《公司法(修订草案)》第 221 条[《公司法(修订草案二次审议稿)》第 221 条]规定当公司按照法律规定弥补亏损后，仍然有亏损的，可以进行减资，这实质上是吸收了区分规定的思想，简化了形式减资的程序。但是，简易减资对减资程序的要件规定不充分，《公司法(修订草案)》及《公司法(修订草案二次审议稿)》提出的要求是公司不得向股东分配，也不得免除股东缴纳股款的义务，需要认识到，股东持股比例的构成及股东组成结构也是债权人及交易相对人交易时考察的因素之一，也不应发生变化。

本书建议，首先，简易减资不得改变原有股东的持股比例；其次，简易减资虽然不受前款规定第二款约束，但应当同时在报纸上和统一的企业信息公示系统上公告。

背景依据

一、背景考察

近年来，域外公司法也正逐步柔化既有规则的板正和严苛，公司法修订正迈向高效化和灵活化，这不仅是世界各国修正公司法的变革目标，也是应对全球资本市场激烈竞争的应有举措。德国立法便是典例之一。与法定资本制不同，德国《有限责任公司法》奉行许可资本制规范，区分规定减资规范，[①]在一般减资流程外再纳入简易减资程序。德国的一般减资程序与我国的立法规定相似，要求 3/4 以上持有表决权的股东经股东会同意并通过减资决议，决议作出后，公司需要催告债权人申报债权，如债权人有异议，公司需要提供担保或提前清偿，否则减资不能。而如果公司满足简易减资要求，则不再履行告知债权人流程，仅需要由股东会作出决议，且公司满足不存在盈余转结要求即可。欧盟立法也设立了简易减资规定，同样豁免了公司通知债权人、对债务提供担保等要求。这些规定与我国《公司法(修订草案)》所确立的简易减资规定有诸多相同之处，都有利于增强公司治理的灵活性，能在一定程度上保证公司注册资本的真实有效。

---

① 参见李建伟：《授权资本发行制与认缴制的融合——公司资本制度的变革及公司法修订选择》，载《现代法学》2021 年第 6 期。

二、理论依据

公司减资分为形式减资和实质减资两类，实质减资，是指公司净资产真实流向公司，公司偿债能力与对外担保能力都会因此降低；而形式减资意在避免向外传达虚假的资本信息和偿债能力信息，强调注册资本和净资产的吻合，公司资产并不会发生实质变化。[①] 资本流出与否的区别决定了对债权人利益侵害与否的差别，《公司法》第177条规范的核心在于实质减资，重点在对资本从公司流向股东这一行为进行规制。形式减资不仅无害于公司和债权人利益，反而能促进公司实际资本与注册相匹配，能对债权人及交易第三人传达真实有效的信息。基于此，应当区分形式减资与实质减资，不能再统一用一个程序规制两类不同的行为，需要剥除冗杂限制，单设简易规定。《公司法（修订草案）》及《公司法（修订草案二次审议稿）》第221条也正是在这个背景下设立。

不过要认识到的是，法条的引入和设立是创举，但法条的精细化、规范化也同样重要。《公司法（修订草案二次审议稿）》第221条所明确的触发简易减资的条件是：公司经营过程中出现亏损，即使已经按照本法规定尽力弥补，但仍有部分亏损未能填平，即此时公司减少注册资本是从中去除亏损的部分，与公司原有的股权结构、各方持股比例等均不相关，不涉及公司内部的治理变革和组织调整，那么这些都不应当成为简易减资中可以调整的部分，立法也应当明确。同时，公司的股权结构也是债权人及交易相对人与公司交易时考量的因素之一，持股比例的变化也会导致交易基础变动。为此，从保护债权人利益的角度衡量，原有股东的持股比例也不应当随减资而变动。

最后，为了提高效率，立法已经免除了公司告知债权人的义务，但公司仍应当对债权人及交易相对人尽到合理范围内的通知义务。[②] 现有立法以登报公告或者统一的企业公告系统的方式厘定告知方法，二者间并不应当是择一关系，而应当为并列。理由与前款“减资中债权人利益保护”的理由相同，此处不再赘述。

---

① 参见郭传凯：《“认缴制”下公司合同债权人利益保护问题研究——以公司减资为具体情境展开》，载《东岳论丛》2016年第4期。

② 参见彭真明：《论资本认缴制下的股东出资责任——兼评“上海香通公司诉昊跃公司等股权转让纠纷案”》，载《法商研究》2018年第6期。

典型案例

A 公司与 B 公司股权变更纠纷案①

基本案情

2008 年,A 公司投资 5000 万元设立了 a 公司。2011 年,A 公司与 B 公司等四方签订《增资扩股协议书》,约定 B 公司以 9800 万元货币出资入股 a 公司。后 B 公司分 3 次将 9800 万元汇入 a 公司账户。2012 年,A 公司与 B 公司等四方决议终止合作。2012 年,甲公司和乙公司分别出资 2000 万元和 4000 万元入股 a 公司。2013 年,a 公司在《黑龙江日报》发布减资公告,宣布由于公司经营不善,经公司股东会决议,a 公司注册资本由 1.1 亿元减少至 3000 万元,甲公司和乙公司的出资全部撤出。2014 年,B 公司与 a 公司在履行《增资扩股协议书》的过程中发生纠纷,B 公司提起诉讼,要求 a 公司返还投资款 1500 万元及利息。

审判

本案经一审、二审和再审审理,二审法院在论述中提到:a 公司是因为公司经营不善所以才减少注册资本由 5000 万元减至 3000 万元,A 公司并未抽回出资。此外,在 a 公司减资前后,公司的实际资产并未发生变化,a 公司对外承担责任的财产没有因此减少,公司的偿债能力也没有下降。最高人民法院经再审审理,维持二审判决。

点评

本案的争议焦点是 a 公司减少注册资本的行为是否属于抽逃出资,此问题也是实践中最易混淆的问题,但与本条规定关系不大,所以本处不作讨论。最高人民法院在阐述中提到,虽然 A 公司将对 a 公司的出资从 5000 万元减少到 3000 万元,但是 a 公司的资产总量并未因此而减少、公司的偿债能力也没有因此下降,所以原告的权益并不因此受到损害。此处说理充分、理由扎实。此外,A 公司虽然减少注册出资,但无论是在与 B 公司签订《增资扩股协议书》时,还是在履行协议发生矛盾的过程中,a 公司的股权结构都没有发生变化,仍旧是由 A 公司独资。由此,双方签订协议的基础条件没有变化,减资也只是公司正常经营过程中的变化,不涉及资本流出。

---

① 参见最高人民法院民事判决书,(2019)最高法民再 144 号。

第十章
公司清算规则的修订完善

如何有序实现公司退出,是公司法绕不开的论题,尤其是在退出过程中如何平衡股东、债权人等主体之间的利益,已然成为一项十分棘手的挑战。虽然牵涉繁多,但是本书将重点选取司法解散事由、清算义务人、清算组信义义务以及解散清算与破产清算的程序衔接四个方面,力图回答公司"人合性障碍"的构成以及强制解散的路径选择。而当公司走向解散时,专司公司经营之责的董事应当替代(中小)股东而成为法定的清算义务人。当然,清算义务人应该完成的事项从积极组建清算组到及时通知债权人不一而足,若用"信义义务"予以概括,则可以提纲挈领地框定清算义务人的履职边界与核心要求。随着清算进程的推进,对于部分资不抵债的公司,则可能会由解散清算转入破产清算,其中又涉及对策行为的应对等诸多问题。

司法解散事由

公司管理发生下列严重困难,继续存续会使股东利益受到重大损失,通过其他途径不能解决的,持有公司百分之十以上表决权的股东,可以请求人民法院解散公司。

(一)公司持续两年以上无法召开股东会或者股东大会,公司管理发生严重困难的;

（二）股东表决时无法达到法定或者公司章程规定的比例，持续两年以上不能做出有效的股东会或者股东大会决议，公司管理发生严重困难的；

（三）公司董事长期冲突，且无法通过股东会或者股东大会解决，公司管理发生严重困难的；

（四）管理发生其他严重困难，公司继续存续会使股东利益受到重大损失的情形。

条文主旨

本条是对股东提起司法解散公司的事由规定。

要点提示

司法解散的根本事由在于"人合性障碍"。相较于公众公司可以利用公开市场的流动性较方便地退出组织体，封闭公司的股东退出方式有限，因此，一旦股东之间信任基础缺失，则亟须为异议股东提供止损通道。推而论之，经营状况良好但人合性较差（或称"公司僵局"）的公司，同样会存在司法解散的可能。所以，本书径直将原条文中的"经营困难"删除，而明确为"管理发生严重困难"，以免造成词义解释的混淆。与此同时，中小股东基于自身利益诉求也可能成为导致"公司僵局"的主因，从而逼迫控股股东就范。但不论中小股东是否存在上述过错，它在实质上形成了公司的人合性障碍，便符合司法解散的触发事由。对此，司法实践也认为"公司能否解散……不取决于公司僵局产生的原因和责任。公司法没有限制过错方股东解散公司"。①

"股东利益"的规范表达，为非法定权利的保护提供了制度空间，尤其是便利了"股东压制"等情形的司法适用。恰如《民法典》第 120 条采用"权益"二字所体现的开放性，本条将"利益"作为启动司法解散的核心，也顺应了金融创新背景下股东权利的结构化发展趋势，比如，收益权信托等交易模式便可能超越或模糊传统法定股东权的边界。如果一味将后者（如机构投资者）排除出组织法的框架，转而采用契约法

① 参见四川省高级人民法院民事判决书，（2016）川民终 318 号。

的保护方式,则难谓周延。当然,司法解散作为一种强制消灭商业主体资格的手段,也存在一定的制度成本。所以,本条第 2 款的各项适用场景与其说是明确解散事由,不如说是在一定程度上扩大保护范围的同时限缩解散适用的具体条件。另外,从维护团体利益的角度出发,本条所称“股东利益”虽以多数股东为原则,但是也并不排除个别股东的起诉权,尤其是股东个体已经将司法解散(的诉权)作为与公司及其控股股东的重要谈判砝码。

背景依据

一、适用原则

有限公司的投资者通过司法解散的方式结束目标公司的“人合性障碍”,具有提高投资流动性、遏制控股股东机会主义行为等制度必要性。《公司法》虽然提供了多种司法途径以保障受排挤或压制的股东利益,但是仍对这些制度的实际功效存疑。比如,少数股东针对多数股东的公司财产侵占行为,而提起派生诉讼的,即使获胜,返还公司的财产还是会重新处于多数股东控制之下。更重要的是,这些救济方式都是一次性的,公司依然由多数股东掌控。股东间的敌意将会随诉讼而加深,出现“案结而事不了”的情况。当然,我们在强调司法解散必要性的同时,还需要正视其可能的弊端,以达成制度运用之扬长避短。这种突破商事主体维持原则,可能彻底消灭公司主体资格的“撒手锏”,却同样会被有关当事人滥用,诱发对策行为,尤其是在司法解散的适用条件把控不严或者意见莫衷一是的情况下。比如,标的公司经营尚佳,但此时个别股东因为自身利益受损,经内部协商仍无法达成令其满意的事后处理方案,便可能与控股股东形成对立态势。相较于股权转让、知情权诉讼等自我救济方式,司法解散显然更能对公司其他股东形成威慑效应,从而逼迫后者就范。在此种情况下,不仅原本适用于处理“公司僵局”或“股东压制”情形下的大量制度规则落空,而且还将直接动摇《公司法》上资本多数决、财产锁定等基础性制度,贻害无穷。所以,公司解散的司法适用条件应当“宜严不宜宽”。实际上,就司法实践和市场反馈而言,股东的强制清算权不过是抑制公司经营管理层以及控股股东机会主义行为的重要力量。后者为维持公司主体资格、维护既得利益,将会通过买断异议股东股权等强制转售的方式最终化解“好公司”走向消亡的风波。对此,有学者建议将控股股东以合理价格收购异议股东股权直接设定为法定义务，以有效应对“公司僵局”。[①] 但是，为有效应对公司僵局的差异化情形，给企业家预留足够的自主空间，本书建议先行借助市场监督管理部门示范性公司章程条款，植入“公司僵局”情形下控股股东以合理价格强制收购的制度安排，以缓释司法解散之诉累。

二、构成要件

“（经营）管理困难”主要是指“公司僵局”。本条对此进行了列举。《公司法》仅赋权股东可以提起解散公司之诉，而有别于公司资不抵债时外部债权人可以申请以破产方式消灭公司主体资格的规定。由此可见，司法解散的指向一定是股东矛盾的不可调和。因此，所谓“其他途径不能解决”，实则不能解决的是股东矛盾。申言之，部分案件当事人围绕董事会、监事会的停摆来阐释“公司经营管理困难”，其实力道不足，毕竟他们还有可能借助股东会的运筹帷幄而获得重生，并非公司解散的当然事由。与此同时，股东知情权、分红权等领域的争端，也不足以触发司法解散，毕竟《公司法》已经为此类股东矛盾设置了诸如股东权益诉讼的缓释通道。此外，还有学者建议，《公司法》第182条增设“股东压制”作为司法解散的事由，将因“暴政”形成的“压制”，与既有的因“对峙”而形成的“僵局”等量齐观。[②]

“继续存续会使股东利益受到重大损失”被视为“经营管理发生严重困难”的自然延伸，并且拥有丰富的内涵“公司经营管理已经发生严重困难，但未给股东造成重大利益损失的，不用解散；如股东遭受的重大利益损失并非公司经营管理困难所致，则也不用解散”[③]。对此，司法实践发展了多种“继续存续会使股东利益受损”的情形，比如“公司持续亏损，没有盈利年度，公司经营能力和偿债责任能力显著减弱”；或者“未来经营业务已不能正常开展，开发新项目的希望则十分渺茫，继续存续会产生更多经营成本、摊薄股东利润”。综上，公司当前的盈利能力并不意味着股东利益不受损害，主要在于对未来经营前景的研判。与此同时，为了打消公众由“商业判断规则”可能引发的质疑，“股东利益受损”并非孤立存在，它往往与前述公司治理的失灵（“人合性障碍”）并举。最高人民法院在“富钧公司案”的判决书中载明，僵局形

---

① 参见李凌霜：《公司司法解散制度的功能主义比较与立法完善》，载《金融法苑》2021年第2期。

② 参见李建伟：《股东压制的公司法救济：英国经验与中国实践》，载《环球法律评论》2019年第3期。

③ 李建伟：《司法解散公司事由的实证研究》，载《法学研究》2017年第4期。

成后(人合性障碍),公司经营即陷入非常态模式……公司业务虽然没有停顿,但持续亏损,没有盈利年度。[①]

“其他途径”的具体内涵,本书建议围绕《公司法》已经提供的处置公司僵局和股东压迫的制度予以检视。例如,原告是否启用了直接诉讼、股权转让、股份回购等其他救济途径,以免原告径直选取对各方利益威胁最大的制度方式,从而伤及法律体系的完整性和妥帖性。但是,部分法院将“其他途径不能解决”视为立案标准,并认为原告负有举证责任以证明己方穷尽“其他途径”,则多有不当。基于“立案登记制”的考量,上述限缩公司解散条件的立法主张应当交由实体审判阶段来完成,而不宜将其作为立案标准(或称诉讼前置程序)。

需要注意的是,虽然《公司法司法解释(二)》第 1 条前 3 项为司法解散提供了相对清晰的行动路线图,但是其条件的真正成就却又可能排除中小股东,从而导致保护小股东的制度目标落空。这是因为,在股权结构相对集中的公司当中,小股东即便根据法律或章程提起异议,也不能够左右股东(大)会的召开与作出有效的决议,更遑论中小股东及其代表能够高概率地担任董事。换言之,中小股东实质权益受损,但并不体现在权力机关的运行效率之上,更有可能构成所谓的“股东压制”。对此,当事人只好“就事论事”地寻求制度救济。比如,最高人民法院 2012 年发布的第 10 号指导性案例“李某某诉上海佳动力环保科技有限公司公司决议撤销纠纷案”,便将无法影响董事会决议而实质受到多种不公平待遇的股东(兼任总经理)的主要救济手段引向《公司法》第 22 条第 2 款关于决议效力的认定之上。

典型案例

A 公司与 B 公司、S 集团有限公司公司解散纠纷案[②]

基本案情

2015 年,S 集团与 A 公司联合成立 B 公司。未经公司股东会、董事会审议决定的情况下,B 公司将注册资本金 9.6 亿元出借给 S 集团的关联方,直至案件起诉时仍

---

① 参见最高人民法院民事判决书,(2011)民四终字第 29 号。

② 参见最高人民法院民事裁定书,(2019)最高法民申 1474 号。

未获清偿。随后的公司治理环节亦排除了A公司的参与,致使B公司成立两年多年来未召开董事会、股东会。A公司曾提出,由S集团收购其持有的B公司20%股权,亦无疾而终。因此,A公司诉至人民法院请求解散B公司。

审判

最高人民法院于本案再审裁定书载明:(1)从经营方面,S集团利用对B公司的控制地位,未经股东会、董事会审议决定,便擅自将注册资本中9.6亿元借给其关联公司,成为股东之间矛盾的诱因。此外,由于上述借款行为造成B公司无法正常展业,公司设立目的落空。从管理机制运行方面看,B公司多年未召开董事会、股东会。在案件诉讼过程中,S集团曾组织了股东会和董事会,但均遭到A公司的效力否定,以此证明股东之间、董事之间的矛盾已经激化且无法自行调和,股东会、董事会机制已经不能正常运行和发挥作用。综上,法院认为,公司经营管理发生严重困难,继续存续会使股东利益受到重大损失。(2)针对上述关联交易的矛盾,双方当事人多次协商无果,并且在诉讼过程中经人民法院组织调解,试图通过股权转让、公司增资等方式化解纠纷,双方均不予认可。由此可见,公司困境通过其他途径不能解决。因此,最终判决B公司予以解散。

点评

公司强制解散的根本事由在于"人合性障碍",即股东之间的信任基础不复存在。为此,《公司法》提供了多条证据识别路线图,包括连续两年未召开股东会或者连续两年不能作出有效的股东会决议等。本案被告方虽然在临近"两年"的时点召开了股东会,但是该股东会决议未生效,何况是在诉讼过程中的应急选择,最终也未能获得法院采信。另外,本案"偏离主业"的争论,也一度被外界解读为其构成公司强制解散的事由。实际上,"偏离主业"只是股东矛盾的诱因,属于证据范畴。"偏离主业"造成了公司设立目的的落空,形成了公司经营发生严重困难的局面,才是强制解散的法定事由。当然,本书在承认好公司也会被强制解散的同时,也就意味着上述"偏离主业"的经营情况分析,最终还是为了论证"公司继续存续会使股东利益受到重大损失"。

清算义务人

公司因本法第一百八十条第一款第(一)项、第(二)项、第(四)项、第(五)项规定而解散的,公司董事应当在解散事由出现之日起十五日内组建清算组,担任清算义务人。公司章程对清算组组成另有规定的除外。

条文主旨

本条旨在确立公司自行组织清算时的清算义务人规则,构成本次公司法修订的又一亮点。本条首次明确并统一提出由公司董事担任清算义务人,而一改过去由有限公司的股东、股份公司的董事或控股股东组成清算组的区分规则,并改变了长期存在的"清算义务人"与"清算组工作人员"的微妙界分。①

要点提示

股东会停摆亦是启动公司司法解散并可以自行组织清算的前置条件,若事后再赋权股东会决议排除"董事组成清算组",则可行性存疑。从尊重公司自治的角度,事前以公司章程的形式另行设定清算组的构成方式,并无不当。只不过,鉴于清算组及其成员在清算过程中的重要地位和作用,尤其是清算组将在多个法定情形下承担清算不力的责任(只有在无须经过清算,可以径直注销的简易注销流程中,面向公司外债权人的责任主体才回归股东)。并且,根据《公司法(修订草案二次审议稿)》第236条第3款之规定,即便简易注销程序,股东承诺不实亦需对公司注销前债务承担连带责任,本书建议,该章程事先确立的清算组成员也应当是熟悉公司业务范畴、掌握公司财务信息的个人,即在根本上不耽误公司清算的制度实现,从而避免有人利用章程将不能真正实现清算目的的当事人预设成公司未来走向消亡时的清算组成员。更何况,除股东之外,其他人并无机会挑战公司章程的合理性。

---

① 参见蒋大兴:《公司清算义务人规范之适用与再造——"谁经营谁清算"vs."谁投资谁清算"》,载《学术论坛》2021年第4期。

背景依据

一、规则演化

“清算义务人”曾长期与“清算人”“清算组”“清算组工作人员”等概念相互混淆,并经历了从《公司法司法解释(二)》的分立原则到2021年《公司法(修订草案)》统一原则的过程。实际上,“清算人”是自《公司法》到《公司法司法解释(二)》一以贯之的概念,并表述为“清算组”。但是,“清算义务人”却是启动清算事务的义务主体,并非如“清算组”那样具体执行清算事务的组织或个人,具有十分重要的现实和法律意义。根据《公司法司法解释(二)》第18条关于“未在法定期限内成立清算组”的规定,最高人民法院意在将“有限责任公司的股东、股份有限公司的董事和控股股东”列为启动清算程序的“清算义务人”,从而补充《公司法司法解释(二)》第7条赋权股东、债权人申请司法清算而不得的情形。与此同时,该司法解释第18条第2款的赔偿责任主体失之偏颇——清算义务人可能并不是执行具体清算工作的当事人,并没有当然条件造成公司主要财产、账册和重要文件的灭失,所以不宜将其直接列为无法清算的责任主体。相反,比如,有限公司根据《公司法司法解释(二)》第8条被人民法院指定由公司董事、监事和高级管理人员组成的清算组,则董事、中介组织等都将是应负赔偿责任的适格主体。

二、理论背景

清算义务人的认定问题曾长期困扰着理论界和实务界。虽然,《公司法》第183条勾勒了清算义务人的范围边界,即有限公司由股东组成,股份公司由董事或股东大会确立,但是不少观点却认为,从有利于清算的角度出发,董事更适宜担任公司清算义务人。详言之,董事具备如下优势:(1)身处清算过程中的公司依然具有一定的行为能力,并不排除董事会经营管理公司的天然职权;(2)董事对公司负有忠实和注意义务,为清算活动提供了有效约束,而公司股东并不负有相似的信义义务;①(3)董事基于职能分工而全面掌握了公司的经营状况和财务状况;(4)公司法基本原则是“谁经营谁负责”。② 还有学者指出,当公司从正常经营走向清算阶段时,意味着公司股

---

① 参见周淳、肖宇:《封闭公司控股股东对小股东信义义务的重新审视——以控股股东义务指向与边界为视角》,载《社会科学研究》2016年第1期。

② 参见梁上上:《有限公司股东清算义务人地位质疑》,载《中国法学》2019年第2期。

东与债权人利益在可分配财产相对确定的场景下不可避免地会发生冲突,此时若继续赋予股东以清算义务人地位,则难免存在极大损害债权人利益而股东获利的道德风险。①

董事担任清算义务人,还可以节省债权人追究清算(组)责任的成本。这是因为股东之间不可避免地存在积极/消极或者控股/中小等结构性差异,从而导致不同持股比例或投资初衷的股东在公司清算过程必然中对账簿、财产等标的物存在控制力差异。出于公平的目的,《公司法司法解释(二)》第21条以及《九民纪要》第14条均免除了中小股东在非怠于清偿情形下的赔偿责任。因此,当债权人试图追究作为清算义务人的股东责任时,势必产生你来我往的攻讦与对抗,并且大量争讼将围绕股东是否对清算过程拥有真实的控制力而展开。但是,作为公司日常经营和决策执行机构的董事会及其成员,并不存在法定意义上的差异化,其一并向公司、股东以及债权人承担信义义务,甚至在董事会的决策过程中也奉行“人头多数决”的原则,由此可见董事职权的均质化。申言之,董事作为清算义务人就意味着董事内部将难以区别适用“怠于履行清算义务”,从而降低了公司债权人的追责成本。如果曾经因为公司注销文件存在股东签名被伪造的情形而引发大量争讼,那么董事担任清算义务人并依法组建清算组之后,因董事签名被伪造而是否需要担责的问题将失去论辩基础,毕竟后者自始至终都应该而且势必参与清算过程。当然,2021年《公司法(修订草案)》明确将董事作为清算义务人,也是对《民法典》第70条“法人的董事……为清算义务人”规则的延续。

就本质而言,董事基于得天独厚的经营权,掌握着公司实际经营状况的真实信息和材料,具有申请解散清算或破产清算的先天优势。但是,董事权力的来源却依然在于公司股东会,尤其是对于股权结构较集中的公司来说,控股股东往往能够借助股东会决议的形式客观决定董事任职及其重要行为的选择。因此,对于解散清算消极怠工的董事(会),控股股东完全可以利用临时股东会职权予以监督和撤职。所以,当董事因为解散清算不力而需要承担(连带)赔偿责任时,可以考虑通过施以控股股东补充赔偿责任。当然,上述股东责任的范围主要限于能够通过临时股东会决议对董事(会)形成实质约束力的个体(主要是控股股东),而非全体股东。

---

① 参见叶林、徐佩菱:《关于我国公司清算制度的评述》,载《法律适用》2015年第1期。

另外,值得注意的是,在强制解散的情形下,自行由公司董事组建清算组,可能无助于真正维护异议股东的权益,毕竟董事会的权力来源仍旧在于股东会,董事又多受控股股东指派。所以,股东会的分裂依然会传导至董事会,从而制约后者的清算效率和公允性。换言之,若公司消亡的最后环节依然赋予主要代表控股股东的董事(会)以操盘机会,实则削弱了少数股东的参与权利,与强制解散的立法目的相悖。虽然《公司法司法解释(二)》第23条为上述异议股东提供了救济通道,但是清算过程的公平与高效不宜全部寄托于事后追责。从这一意义上讲,无论《公司法》将清算义务人界定为谁,只要司法解散的事由还是"人合性障碍"(股东之间的冲突),那么清算过程最终也离不开人民法院以指令方式助推。质言之,《公司法(修订草案)》第229条可以考虑增加异议股东提出司法清算的事由,而不局限于董事作为清算义务人的懈怠行为。《公司法(修订草案二次审议稿)》第229条规定,针对公司出现司法解散事由等情形,公司董事若逾期不成立清算组进行清算或者成立清算组后不清算的,利害关系人(不再限于债权人)可以申请司法强制清算。

典型案例

A公司诉蒋某某、王某某等买卖合同纠纷案[①]

基本案情

S公司因未年检而被工商部门吊销营业执照,且未予清算,但是拓恒公司还欠A公司钢材款1,395,228.6元。为实现上述债权,A公司诉请法院判令拓恒公司股东房某某、蒋某某和王某某承担连带清偿责任。

审判

蒋某某和王某某在庭审中辩称:(1)两人从未参与过拓恒公司的经营管理;(2)拓恒公司实际由大股东房某某控制,两人无法对其进行清算;(3)拓恒公司并非由于蒋某某、王某某怠于履行清算义务而导致财产灭失,在其被吊销营业执照前便已背负了大量债务;(4)两人也曾委托律师进行公司清算,但因财务哄抢而未

---

① 参见最高人民法院指导性案例9号(2012年)。但是,该案例根据《最高人民法院关于部分指导性案例不再参照的通知》(法〔2020〕343号)不再参照,特此注意。

果。但是,生效判决认定:(1)有限责任公司的全体股东均为法定清算义务人,而不论其占股比例大小、是否参与公司经营。(2)拓恒公司在其他案件中因无财产可供执行被中止执行的情况,只能证明人民法院在执行中未查找到拓恒公司的财产,不能证明拓恒公司的财产在被吊销营业执照前已经全部灭失。两人怠于履行清算义务与财产、账册灭失之间存在因果关系。(3)委托律师的行为,仅证明两人清算公司的意图,但最终客观未予进。因此,最终判令两人需要向债权人承担连带清偿责任。

点评

上述指导性案例认为公司清算义务人应该是全体股东,而不论其所占股份多少、是否参与公司经营管理,均需要一体承担清算义务。随着认知的不断更新,清算义务人的范围重新获得界定,即应该与其清算能力相匹配,而不再将全体股东均视为清算义务人。《九民纪要》第14条明确规定"股东举证证明其已经为履行清算义务采取了积极措施,或者小股东举证证明其既不是公司董事会或者监事会成员,也没有选派人员担任该机关成员,且从未参与公司经营管理的",则不构成"怠于履行义务",无须对公司债务承担连带清偿责任。《公司法(修订草案)》将清算义务人的认定讨论向前推进了一大步,不再纠结于中小股东是否可以推动公司清算,以及是否该为怠于履行清算义务而担责的问题,一并转向公司董事作为清算义务人。前者因结构性差异,在公司控制和履职方面存有差异,但是董事(会)作为公司的经营管理中心,并无孰亲孰远的分别,均有组织清算的能力和条件。所以,《九民纪要》第14条旨在改变该案例而赋予中小股东免责"怠于履行清算义务"的抗辩规则,亦将因《公司法(修订草案)》而存疑乃至作废。

清算组的信义义务

清算组履行清算职责,负有忠实义务和勤勉义务。清算组怠于履行清算职责,给公司或债权人造成损失的,应当承担赔偿责任。

条文主旨

本条属于清算组(法定清算义务人为主)信义义务的概括性条款。

要点提示

该条款也是清算义务人行为规则的又一创新之举。它打破了《公司法司法解释(二)》第23条以"法律、行政法规或者公司章程"作为清算义务人归责基础的传统理路,以更加开放和多元的信义义务作为清算义务人的行为准则,从而提高了清算义务人的职责标准。忠实和勤勉义务分属信义义务的两支,前者以禁止利益冲突为核心,后者要求受托人全心全意为受益人服务。显然,后者的行为要求更进一步。信义义务规制进路的形成,有赖于《公司法(修订草案)》确立了统一的清算义务人——董事,即董事应当向公司承担的信义义务延伸至公司清算环节。只不过,由于公司进入清算环节意味着可分配财产的有限性,此时董事的信义义务的对象不再是常态经营下的公司股东会,而是转向此前缺乏公司话语权的外部债权人。针对董事应向公司承担信义义务的正当性解释,源于两者之间的信义关系:(1)董事作为公司受托人,提供社会需要且专业性较强的服务;(2)为有效完成受托任务,董事被授予权利和财产;(3)现代公司的"两权分离",可能形成董事的权力滥用或道德风险;(4)市场机制无法保护公司免于上述风险,或者交易成本畸高而导致保护机制无法建立。[①]

所谓"怠于履行清算职责"的核心要义势必要围绕清算义务人的信义义务而展开,即避免清算环节的利益冲突,充分保障债权人利益。详言之,这不仅包括清算义务人消极组建清算组,而且包括恶意处置公司财产以及以虚假清算报告骗取法人注销登记,乃至于《公司法司法解释(二)》未曾列举的处理关联交易时的披露与豁免规则。与此同时,由于董事担任清算义务人,对清算报告和最后的注销申请负责,普遍适用信义义务约束的董事亦不再适用《九民纪要》第14条原本为中小股东提供的"未选派人员担任董事会或监事会成员""未参与公司经营管理"等免责事由。另外,根据《公司法(修订草案二次审议稿)》第237条之规定,若公司因吊销营业执照、责令关闭或者被撤销等行政处罚而需要解散清算的,公司董事会、清算组怠于组建或履行清算义务,致使上述事由出现满三年而未得清算完毕的,公司登记机构有权予以强

① [美]塔玛·弗兰科:《信义法原理》,肖宇译,法律出版社2021年版,第12页。

制注销登记(不少于60日的公告期届满后予以注销)。当然,公司主体资格的法定消灭,并不免除原公司董事会成员、清算组等人依法应当承担的相关责任。综上,《公司法(修订草案)》为董事施加了更高的清算注意和忠实义务。并且,《公司法(修订草案二次审议稿)》第237条第2款也明确规定,即便公司依法被强制注销登记,原公司股东、清算义务人的责任不受影响。《公司法(修订草案二次审议稿)》第234条将清算信义义务明确指向为"清算组成员"。

背景依据

一、信义义务的对象

清算义务的一般规则(信义义务)应该指向"清算组(成员)"。从立法体系的角度看,《公司法(修订草案)》第230条关于清算职权的规定也是针对清算组的,由此两者能够形成呼应之势。与此同时,"清算组的成员"也容易与"清算组工作人员"相混淆,从而造成责任归属的错位。包括会计师、律师等在内的清算组工作人员多受清算组聘任而承担辅助清算义务,并按照委托合同向委托人清算组承担法律义务,但"法定的清算组织工作和重大的清算事项决策"①,依然归属于清算组,它才是清算义务的最终责任人。当然,清算组担责除落实到董事这一清算义务人身上外,还包括《公司法司法解释(二)》所确立的人民法院指定外部律师、会计师等组成清算组的情形,他们同样需要遵从本条所称信义义务,并向以公司债权人为代表的受益人负责。

清算义务的保护对象应以债权人为中心。《公司法(修订草案)》将董事列为公司清算义务人,相同规定也被《公司法(修订草案二次审议稿)》第228条所延续。而按照《公司法》第147条的规定,董事、监事和高级管理人员的信义义务以公司利益为核心。由此可见,清算义务人承担信义义务,属于董事注意义务与忠实义务在公司解散阶段的自然延伸与必然要求。② 但是,笔者认为清算义务人(组)信义义务的保护对象不宜再是公司。在常态经营下,公司董事可以通过不断提高公司营收等方式,实现公司利益与外部债权人利益的统一。但是,公司清算的非常态情形却意味着公

---

① 蒋大兴:《公司清算义务人规范之适用与再造——"谁经营谁清算"vs."谁投资谁清算"》,载《学术论坛》2021年第4期。

② 参见梁上上:《有限公司股东清算义务人地位质疑》,载《中国法学》2019年第2期。

司行为能力的受限以及清算财产的相对不变,公司股东作为剩余财产分配请求权人,与外部债权人之间存在此消彼长的矛盾,不可避免地会形成公司内部股东与外部债权人之间的利益冲突。为了有效防范内部股东的道德风险,并对造成公司步入解散清算环节的内部股东有所"惩戒",公司清算组信义义务的核心关切应该转移至外部债权人。所以,2021 年《公司法(修订草案)》第 234 条第 2 款认为,清算组成员怠于履行清算职责,只有在故意或重大过失情形下给债权人造成损失的才予赔偿,实则降低了清算组对外部债权人的注意义务,确有不当。

二、违信行为的归责

忠实义务和勤勉义务属于信义义务的两大范畴。前者要求"受托人"舍己为人,始终以受益人的利益为依归,禁止利益冲突;而勤勉义务多与注意义务混用,其标准高于忠实义务,主要指受托人尽力提升受益人的收益水平,并且在学说上存在商业判断规则、谨慎投资人标准、善良管理人以及诚实信用四种理论标准。① 对此,有学者还指出,勤勉义务在司法环节主要是程序性审查,而应避免实质性审查。②

对于违信行为的归责,理论界多选择从侵权责任入手,毕竟衡平法所称"注意义务"也源于普通法的侵权规则。首先,针对违信行为的理解,《公司法(修订草案)》第 234 条第 2 款所称"怠于履行清算职责"应属开放概念,其实不限于《公司法司法解释(二)》的既有概括。当然,《公司法(修订草案二次审议稿)》第 234 条第 2 款亦将"怠于履行清算职责"作为清算组成员违反信义义务的基本担责事由。要言之,清算组成员"怠于履行清算职责"的主要情形包括《公司法司法解释(二)》第 18 条、第 19 条和第 20 条的规定。其一,清算义务人未在法定期限内开始清算,造成公司财产贬值、流失、毁损或者灭失的,以及《公司法司法解释(二)》第 19 条所称"恶意处置公司财产给债权人造成损失";其二,清算义务人怠于履行义务,导致公司主要财产、账册、重要文件等灭失而无法进行清算的;其三,与公司不能清算的严重程度类似,《公司法司法解释(二)》第 20 条还规定"公司未经清算即办理注销登记,导致公司无法进行清算的",清算义务人也需要承担连带清偿责任,以及《公司法司法解释(二)》第

---

① 参见徐化耿:《信义义务的一般理论及其在中国法上的展开》,载《中外法学》2020 年第 6 期。

② 参见王军:《公司经营者忠实和勤勉义务诉讼研究——以 14 省、直辖市的 137 件判决书为样本》,载《北方法学》2011 年第 4 期。

19条所称“以虚假清算报告骗取公司登记机关办理法人注销登记”，从而造成公司不能有效清算的情形。与此同时，当董事作为清算义务人应当依法组成清算组时，《公司法（修订草案）》第228条第3款所称“未及时履行清算义务”显然构成违信行为之“怠于履行清算责任”的情形之一。《公司法（修订草案二次审议稿）》第234条第2款直接将“怠于履行清算责任”作为清算组成员向公司或债权人承担赔偿责任的基本事由。与此同时，按照《九民纪要》第14条的规定，“怠于履行清算责任”的主要情形在于有限责任的股东（而非董事）在法定清算事由出现后，可以清算但却故意拖延、拒绝清算的，或者因过失导致无法清算的消极行为。若因此造成损失的，则应当按照侵权规则予以赔偿。所以，本书建议删除该条款以避免可能存在的冗余。诚如理论界对信义义务内涵的诸多探究，最终共识依然认为，信义义务多以概括性条款的形式确立，其丰富内涵有待不断发展和细化的司法实践。比如，清算义务人应当完成的通知债权人、制定清算报告以及了结公司业务等多个事项，均可能涉嫌发生违信行为。申言之，本条可以视为是对《公司法司法解释（二）》第23条第1款的重大革新，即清算组（成员）担责的制度依据不再限于“违反法律、行政法规或者公司章程”等显性规则，而是包括从禁止利益冲突以及全力实现受益人目的等信义义务角度而论的柔性标尺，从而增加了清算义务人的合规压力。其次，有学者指出，忠实义务属于强式法定义务，“违反忠实义务的成立不以过错为要件”①。比如，清算组在处理公司未了结业务时涉及关联交易的，则需要履行披露义务并取得豁免授权，以便有效缓释清算义务人与公司、债权人等主体之间的利益冲突。否则，无论信息披露等程序性错漏是否属于有意为之，均构成清算义务人的违信行为，因此需要承担损害赔偿以及财产归入的法律责任。最后，除过错要素外，违信行为与损害结果之间的因果关系也成为业界关注的焦点。根据《公司法司法解释（二）》第18条“……未在法定期限内成立清算组开始清算，导致……”以及第20条“公司未经清算即办理注销登记，导致……”等规定的文义解释，因果关系的证成显然是清算组担责的必备要件。《九民纪要》第15条甚至申明清算义务人在证明消极不作为与无法清算之间没有因果关系时，可以免除连带清偿责任。部分司法判决认为，公司解散清算前已经存在生效判决

① 周淳：《证券服务机构诚信义务统合论》，载《兰州大学学报（社会科学版）》2020年第6期。

确认债权无法获得清偿,那么清算义务人即使存在违信行为也可予以免责。[①] 当然,上述案例也反映了违信行为的赔偿范围与因果关系链条下的损害结果相一致,从而也才会产生《公司法司法解释(二)》所规定的不同责任形式。对于财产贬值、流失等危害后果,清算义务人应向公司或债权人承担(损失范围内的)赔偿责任,而账册或文件灭失的以及未经清算或虚假清算报告骗取不可逆的公司注销登记的,则需要对公司债务承担连带清偿责任。

典型案例

王某等与S公司等股东损害公司债权人利益责任纠纷上诉案[②]

基本案情

A公司成立于1994年,并由理工公司作为其控股股东,王某等7人担任其董事。2000年,A公司向建设银行长安支行借款1000万元,此后经多次债权转让,最终由S公司承接该债权。鉴于A公司未按期归还借款,并因其未及时履行企业年检手续,被北京市工商行政管理局于2008年吊销营业执照,S公司诉至人民法院,请求判令王某等董事对A公司的上述债务承担连带清偿责任。

审判

本案一审法院认为,终结本次执行程序的裁定可以表明S公司已无法从A公司受偿,而王某等人作为中兴公司董事构成法定清算义务人,无论其是否实际参与公司经营管理,是否掌握公司账册等重要文件,均在公司被吊销营业执照后负有清算义务,所谓清算义务人的过错仅具有内部责任再划分的意义,无法对抗信投公司等外部债权人。就Y公司的举证责任而言,债权人仅需举证证明无法清算之事实状态,至于怠于履责与章册丢失之间的因果关系以及董事自身的过错,无须进一步举证。北京一中院最后认定,王某等人作为A公司董事,在公司被吊销营业执照后怠于履行法定的清算义务,并造成账册丢失而无法清算公司,主观具有故意,结果亦有损S公司合法权益,并且该结果与怠于履行清算义务之间存在必然关系。最终,二审法院支

① 参见最高人民法院民事判决书,(2016)最高法民再37号。

② 参见北京市第一中级人民法院民事判决书,(2019)京01民终503号。

持了董事作为清算义务人怠于履行职责造成公司账册丢失而无法清算时，应向债权人承担连带责任的诉请。

点评

2021年《公司法（修订草案）》之前的清算义务人包括公司董事、控股股东等，但上述主体是否担责，尤其是是否需要向公司债权人承担连带清偿责任，其关键之处在于《公司法司法解释（二）》第18条第2款所称"因怠于履行义务，导致公司主要财产、账册、重要文件等灭失，无法进行清算"。包括上述案例在内的诸多司法判决，从侵权责任的构成要件出发，对怠于履行清偿义务的责任认定予以细化，即致害行为、主观过错、损害事实以及因果关系。其中，"公司无法清算"而不一定是"债权无法清偿"的（损害）事实，属于债权人（原告）的举证责任范畴。怠于履行清偿义务导致账册丢失等行为属于公司董事的内部事务，债权人难以发现，因此，从公平角度出发不宜将此举证责任分配给原告债权人。至于清算义务人的主观过错以及无法清算与怠于履行清算义务之间的因果关系，人民法院大多径行推定。当然，《九民纪要》第15条也赋予清算义务人关于因果关系的抗辩机会。

公司解散清算与破产清算的衔接

清算组在依法清理公司财产、编制资产负债表和财产清单后，发现公司财产不足以清偿债务的，应当与债权人协商制作有关债务清偿方案。

如果债务清偿方案没有达成，或者债务清偿方案没有最终获得股东会或人民法院的确认，那么，清算组应当依法向人民法院申请宣告公司破产。

条文主旨

本条是对公司解散清算向公司破产清算转化的法律规定，旨在明确债务清偿方案协商机制的法律地位，解决清算环节可能存在的对策行为，维护债权人合法权益。

要点提示

2021 年《公司法(修订草案)》第 233 条第 1 款虽然同时适用于强制清算和自行清算时发现公司资不抵债的问题,但是忽略了《公司法司法解释(二)》第 17 条所确立的债务清偿方案协商机制。《公司法(修订草案二次审议稿)》第 238 条可视为是对《公司法(修订草案)》第 233 条及《公司法》第 187 条的延续,因为其适用前提便是"公司被依法宣告破产的",并将其转至"依照有关企业破产的法律实施破产清算"。申言之,如果经由全体债权人同意且不损害其他利益关系人的合法权益,显然"公司财产不足以清偿债务"的情况可以迎刃而解,这也充分彰显了私法自治的基本原则。只不过,需要留意此处债权人的范围,本书主张,此外的债权人包括税务机关、职工、已申报债权的债权人(含非主动债权人)等均属于清算义务人应当征求意见的对象。其实,该债务清偿方案的协商机制并不局限于强制清算环节,即便是公司自行组织的清算活动遵从相似的处理方式也并无不当。对此,本书建议本条对清算组的组织性质不予限制,直接将债务协商机制赋权于"清算组"即可。相应地,债务清偿方案除需获得全体债权人的同意外,还需要经由股东会或者人民法院的确认。这不仅是对《公司法司法解释(二)》第 15 条第 1 款程序性规则的延续,而且也体现了清算活动"不损害其他利益关系人利益"的基本要求。此外,本条所称"清理公司财产",还包括《公司法司法解释(二)》第 22 条关于公司资本金追缴的相关内容,即清算组"可以向未缴纳出资的股东,以及公司设立时的其他股东或者发起人在未缴纳出资范围内对公司债务承担连带清偿责任"。质言之,"清理公司财产"的题中之义即为清算组已经依法、切实且全面地履行了清算义务。此后,公司财产依然不足清偿债务的,才可以启用清算程序转化规则。

背景依据

一、强制清算的对策行为

按照《公司法司法解释(二)》关于清算(义务)人赔偿事由的规定,包括:(1)"未在法定期限成立清算组开始清算,造成公司财产贬值、流失、毁损或者灭失"(第 18 条第 1 款);(2)"因怠于履行义务,导致公司主要财产、账册、重要文件等灭失,无法进行清算的"(第 18 条第 2 款,连带责任);(3)"恶意处置公司财产或骗取注销登记的"(第 19 条);(4)"公司未经清算即注销或者伪造法律文件骗取注销登记的"。上述情形，并不能够完全被现行解散清算向破产清算过渡的制度规则所囊括。按照《公司法》第 187 条的规定，清算组在编制资产负债表后发现，“财产不足清偿债务的”，应当转成破产清算环节。这一转换条件，同样为《公司法司法解释（二）》第 17 条第 3 款所吸收。按照《最高人民法院关于适用〈中华人民共和国企业破产法〉若干问题的规定（一）》第 4 条的规定，债务人虽然账面资产大于负债，但法定代表人下落不明且无其他人员负责管理财产而无法清偿债务的，也属于“明显缺乏清偿能力”的情形。可见，因目标公司“人合性障碍”（如无人管理财产）而转至公司破产清算的，同样存在一定的规范基础。只不过，《企业破产法》依然恪守公司的独立人格，比如第 128 条确立的个体赔偿责任，也限于目标公司的法定代表人及其直接责任人员，而且相应责任事由也主要在于恶意处分财产（含减免债权），并不包括解散清算下的延迟组建清算组、文件灭失等情形。换言之，虽然《企业破产法》属于《公司法》在商业组织规则上的自然延伸，但是按照《公司法司法解释（二）》对清算义务人（连带）责任的规定，即使部分场景（人合性障碍致使无人管理财产）可以过渡至破产清算，但是并不会因此而全部减免解散清算义务人的赔偿责任。所以，债权人优先选择解散清算的制度激励依然存在。

更何况，当股东构成公司清算的法定义务人，且需要对《公司法司法解释（二）》第 18 条以及第 20 条所称“公司无法清算”的情形承担连带赔偿责任时，将会对债权人形成逆向激励：与其申请公司破产，遭遇清偿率普遍偏低的后果，不如主张公司无法清算，将公司投资人拖入无穷无尽的债务深渊。显然，这种制度激励的后果，将从根本上动摇《公司法》股东有限责任的制度基石。所以，为了扭转债权人的逆向激励机制，除确定公司清算的真正义务人以及“无法清算”的基本内涵外，还需要建立公司解散（无法）清算向公司破产清算平稳过渡的制度框架。

二、“清理公司财产”的丰富意涵

《公司法司法解释（二）》第 22 条确立了“未缴纳出资股东”在公司解散清算时的加速到期责任，即应该在未缴纳出资范围内对公司债务承担连带清算责任，而这也是符合《公司法》第 3 条的基本精神，即“有限责任公司的股东以其认缴出资额为限，对公司承担责任”。只不过，由于两者的权利主体存在一定的差别，因此，在具体的权利实现程序上，本书建议将其作为清算组的义务，即清算组怠于主张而造成应收未收的财产性损失时，外部债权人可以依据《公司法司法解释（二）》第 23 条之规定，向清算组成员主张赔偿责任。

如果说“非破产加速到期”旨在平衡公司债权人与股东责任之间的利益而作出的例外规定，那么其适用条件还需要满足股东的“先诉抗辩权”，即“债权经审判或仲裁所确立”，以及“债权经强制执行而不得”。那么，解散清算环节则无须多此一举，因为公司主体即将灭失，若股东当初约定的认缴义务再不兑现，则将随之消灭，但此前根据股东身份所享有的诸多权益，尤其是外部债权人据此形成的信赖利益，却并未获得对等安排，违背权责一致原则。因此，《公司法司法解释（二）》第 22 条第 1 款申明“公司解散时，股东尚未缴纳的出资均应作为清算财产”。或许有人会担心“非破产加速”可能侵害公司债权人的公平地位。实际上，当公司进入解散清算环节，外部债权人（无论债权是否已届清偿期）均应当/可以向清算组申报债权，并获得同期的公平对待。由此可见，清算过程中的资本认缴加速到期制有助于对全体债权人予以保护。

典型案例

S 公司清算组、S 公司申请公司清算、申请破产清算案①

基本案情

S 公司经股东会决议，一致同意予以解散。但是，公司股东 Y 置业、J 公司以及 Z 公司在自行清算过程中争议不断，Y 置业遂向人民法院提出强制清算请求，最终人民法院指定某律师事务所担任清算组。

审判

在 S 公司清算过程中，清算组根据评估报告、审计报告发现，S 公司的资产不足以清偿全部债务，并且无法与债权人协商制作有关债务清偿方案。因此，清算组转而向人民法院申请破产清算。人民法院根据《公司法司法解释（二）》第 17 条、《最高人民法院关于审理公司强制清算案件工作座谈会纪要》第 32 条以及《九民纪要》第 117 条的规定，裁定受理清算组对 S 公司的破产清算申请。

---

① 参见贵州省贵阳市乌当区人民法院民事裁定书，（2021）黔 0112 破申 1 号。

点评

无论是自行清算,还是强制清算的公司,不可避免地会涉及多方外部债权人,而后者在《公司法司法解释(二)》第 18 条等规制的保护下将策略性地选择将前述清算程序进行到底,以求个人利益的最大化。但是,当公司资不抵债之时,强制(自行)清算久拖不决或者由清算组自由决策,势必会危及职工、税收乃至股东等其他债权人利益。因此,以《九民纪要》第 117 条为代表的制度规则,旨在解决个别债权人的策略行为,应当严格执行"及时适用破产清算程序实现对债权人利益的公平保护"之规定。